"十三五"普通高等教育本科规划教材

微机原理与接口技术

主　编　王亭岭

副主编　熊军华　周　玉

编　写　杨冬霞　孙　标

　　　　王赛爽　张　星

主　审　高金峰

中国电力出版社

CHINA ELECTRIC POWER PRESS

内 容 提 要

本书为"十三五"普通高等教育本科规划教材。

本书从工程应用的角度出发,以 Intel 80x86 微处理器和 IBM-PC 系列微机为主要对象,系统阐述微型计算机的基本组成、工作原理和接口技术等相关知识。全书共分为 10 章,主要内容包括微型计算机概述、80x86 微处理器及其系统、8086/8088 指令系统、汇编语言程序设计、存储器、输入输出接口与总线、中断系统、计数器/定时器与 DMA 控制器、并行接口与串行接口、模/数和数/模转换通道。本书遵循编写由浅入深、循序渐进、理论联系实际的原则,列出了大量的例题和习题,方便读者检验学习效果。

本书可作为高等院校非计算机专业教材使用,也可供从事微机应用与开发的科技人员参考。

图书在版编目(CIP)数据

微机原理与接口技术/王亭岭主编. —北京:中国电力出版社,2016.1
"十三五"普通高等教育本科规划教材
ISBN 978-7-5123-8664-8

Ⅰ.①微… Ⅱ.①王… Ⅲ.①微型计算机－理论－高等学校－教材②微型计算机－接口技术－高等学校－教材 Ⅳ.①TP36

中国版本图书馆 CIP 数据核字(2015)第 302534 号

中国电力出版社出版、发行
(北京市东城区北京站西街 19 号 100005 http://www.cepp.sgcc.com.cn)
三河市百盛印装有限公司印刷
各地新华书店经售

*

2016 年 1 月第一版 2016 年 1 月北京第一次印刷
787 毫米×1092 毫米 16 开本 16.5 印张 397 千字
定价 35.00 元

敬 告 读 者

前　言

　　"微机原理与接口技术"为电类本科专业一门重要的专业基础课，是提高微型计算机应用与开发能力的重要课程。通过本课程的学习，学生可以从理论与实践两方面掌握微型计算机的组成和工作原理，掌握汇编语言程序设计和微机常用接口技术，掌握接口电路的设计与编程方法，建立微机系统整体概念，了解微型计算机的新技术和新理论。

　　每当主讲"微机原理与接口技术"课程时，都有学生要问："现在使用的通用计算机中大部分是 32 位或 64 位多处理器内核的 CPU，为什么还要学 20 世纪 70 年代的 8086/8088 微处理器呢？"如今虽然高性能的 32 位或 64 位微型计算机大量使用，但 8086 的典型性和后来的 80x86 系列微处理器对它的兼容性，都使得 8086 微机系统始终是初学者的首选。所以本书仍以 16 位的 8086 为主线，系统介绍有关微处理器的结构、指令系统概念、程序设计方法、存储器接口、各类可编程接口芯片和总线等相关知识。同时，扼要讲述 32 位微机系统的基本工作原理。尽管目前所使用的计算机中分立的接口芯片已很难找到，但在主板的芯片组中都有实现对应功能的相关模块，因此本书仍然分章独立讲述各接口知识及接口芯片。

　　本课程具有实践性强的特点，尤其是程序设计能力只能在程序设计的过程中学习，读者应多上机调试程序，实践能力才能提高，才能真正体会到编程的乐趣。

　　参加本书编写的有华北水利水电大学的王亭岭、熊军华、周玉、王赛爽，哈尔滨学院的杨冬霞，郑州航空工业管理学院的孙标和许昌学院的张星。王亭岭任主编，熊军华、周玉任副主编。全书共分 10 章，王亭岭编写了第 1、第 2 章和第 4 章，熊军华编写了第 6 章和第 7 章，周玉编写了第 3 章，杨冬霞编写了第 8 章，周玉和杨冬霞共同编写了第 5 章，孙标和熊军华共同编写了第 9 章，王赛爽编写了第 10 章，张星编写了附录，杨冬霞参与了课后习题的审定。全书由王亭岭和熊军华统稿、定稿，由郑州大学的高金峰教授审阅。

　　在本书编写的过程中，参考了国内外大量的文献，在此表示真挚的感谢！由于编者水平所限，书中难免存在一些疏漏和不当之处，敬请同行和各位读者朋友批评指正。

编　者

2015 年 12 月

目　　录

第1章 微型计算机概述

计算机技术是 20 世纪发展最为迅速、普及程度最高、应用最为广泛的科学技术之一。经过 60 多年的发展，计算机已经渗透到国民经济和社会生活的各个领域，极大地改变着人们的工作和生活方式，并转化为推动社会进步的巨大生产力，而微机原理与接口技术是学习和使用微型计算机的基础。

本章主要介绍计算机的发展、微型计算机系统的组成和微型计算机的运算基础。重点学习内容为微型计算机系统的组成与工作原理，微处理器的性能评价指标，计算机中数制转换及其运算。

1.1 计算机的发展

1.1.1 计算机的诞生

1946 年 2 月 14 日，世界上公认的第一台电子计算机（Electronic Numerical Integrator and Computer，ENIAC）由美国宾夕法尼亚大学研制成功。ENIAC 占地面积 150m^2，重达 30000kg，使用了 18000 多个电子管，功率为 150kW，运算速度为 5000 次/s。今天看来，ENIAC 体积庞大，运行效率不高，且采用十进制运算，输入和更换程序十分不便，但它的问世开创了计算机科学技术的新纪元。

1947 年，贝尔实验室 Shockley 博士发明了被誉为 "20 世纪最伟大发明" 的晶体管。晶体管与电子管相比，体积小、功耗低、载流子运行速度快，它开辟了电子时代的新纪元。

1949 年，英国剑桥大学数学实验室率先制成了电子离散时序自动计算机（Electronic Discrete Sequential Automatic Computer，EDSAC）。EDSAC 是世界上第一台采用冯·诺依曼体系结构的计算机。

此后 60 多年，计算机的发展日新月异，至今已经历了电子管计算机、晶体管计算机、集成电路计算机和（超）大规模集成电路计算机 4 代的发展。表 1-1 简要地描述了这一发展过程。

表 1-1 计算机的发展历程

	计算机时代	年份	存储器	重要特征
第一代	电子管时代	1946~1957	磁鼓存储器	采用机器语言
第二代	晶体管时代	1958~1963	磁芯存储器	发展到高级语言
第三代	集成电路时代	1964~1970	半导体存储器	发展到总线结构
第四代	（超）大规模集成电路	1971~	半导体存储器	发展到微处理器

在 20 世纪 70 至 80 年代，派生出大小不一、花样繁多的各种类型的计算机。按规模、性能、用途和价格等特征来分，可把计算机分为巨、大、中、小、微型计算机。20 世纪 90 年

代后，计算机一方面向着高速、大容量、智能化的超级巨型机的方向发展；另一方面向着微型机的方向发展。

1.1.2　微处理器的发展

将计算机中的运算器和控制器集成在一片硅片上制成的集成电路作为微型计算机的中央处理部件（Central Processing Unit，CPU），称为微处理器。微处理器出现于 20 世纪 70 年代，是大规模集成电路发展的产物。微型计算机以微处理器为核心，再配上适量内存、接口电路和外部设备组成。

微处理器的品质决定了微型计算机的性能，因此微处理器的发展历程也是微型计算机的发展历史。美国 Intel 公司于 1971 年成功开发出全球第一块微处理器 4004 芯片，这一芯片最初应用于一种计算器中。这一创举也开始了人类将智能理论内嵌于无生命设备的历程。近 40多年来，微处理器本身不断更新换代，从 4 位发展到 8、16、32 位乃至 64 位。其应用范围几乎渗透到社会的各个领域。研制与生产微处理器的厂家遍及全球，然而 Intel 等几家公司始终保持着这个领域中的领先地位，从 Intel 公司产品发展历程中就可以大体浏览微处理器的发展历程，见表 1-2。

表 1-2　　　　　　　　　　　　　Intel 历代微处理器的典型产品

型号	推出时间	时钟频率 （主频）	处理器位宽 （位）	地址总线 （根）	外部数据总线 （根）	晶体管数
4004	1971	108kHz	4			0.23 万
8080	1974	2MHz	8	16	8	0.5 万
8085	1976	3MHz	8	16	8	0.6 万
8086	1978	8MHz	16	20	16	2.9 万
8088	1979	8MHz	16	20	8	2.9 万
80186	1982	8MHz	16	20	16	5.6 万
80286	1982	12.5MHz	16	24	16	13.4 万
80386	1985	≥20MHz	32	32	32	27.5 万
80486	1989	≥25MHz	32	32	32	120 万
Pentium	1993.03	≥60MHz	32	32	64	310 万
Pentium Pro	1995.11	≥200MHz	32	36	64	550 万
Pentium MMX	1997.01	≥166MHz	32	36	64	450 万
Pentium 2	1997.05	≥266MHz	32	36	64	750 万
Pentium 3	1999.01	≥500MHz	32	36	64	950 万
Pentium 4	2000.11	≥1.3GHz	32	36	64	3400 万
Pentium M 二代	2004.10	≥1GHz	32	36	64	1.4 亿
Pentium D 双核	2005.04	3.2GHz	32	36	64	2.3 亿
Core2 双核	2006.07	1.66~2.93GHz	64	36	64	2.91 亿
Core i7 四核	2008.11	2.66~3.2GHz	64	36	64	7.31 亿

由表 1-2 可见，正如著名的摩尔定律所预言：每过 18 个月，微处理器的集成度将翻一番，

性能会提高一倍或价格降低一半。

　　计算机发展初期，处理器性能的提高主要是为了满足科学和工程计算的需求，非常重视浮点运算能力，而且主频不是很高，功耗的问题不是很突出。随着互联网和媒体技术的迅猛发展，网络服务和移动计算逐渐成为一种非常重要的计算模式，这一新的计算模式迫切要求微处理器具有响应实时性、处理流式数据类型的能力，支持数据级和线程级并行性，更高的存储和 I/O 带宽，低功耗，设计的可伸缩性及缩短芯片进入和退出市场的周期等。这就需要对处理器的微体系结构进行突破性变革，这场变革应该是一场由复杂到简单的变革，应该面向网络服务和媒体的应用，应该考虑低功耗的要求，应该采用层次的结构来简化物理设计的复杂度。目前，片内多处理器及多线程技术正在成为处理器体系结构设计的热点。

1.1.3　计算机的工作原理

　　1946 年 6 月，冯·诺依曼等人在《电子计算机装置逻辑初探》的报告中，首次提出了"程序存储"和"二进制运算"的概念，这个报告的内容可简要概括为以下几点：

　　（1）计算机由运算器、控制器、存储器、输入和输出设备五大部分组成。

　　（2）数据和指令以二进制代码形式不加区别地存放在存储器中，地址码也是二进制形式，计算机能自动区分指令和数据。

　　（3）编写好的程序事先存入存储器。控制器根据存放在存储器中的指令序列（即程序）来工作，由程序计数器（Program Counter，PC）控制指令的执行顺序。控制器具有判断能力，能根据计算结果选择不同的动作流程。

　　目前，计算机硬件体系结构基本上还是经典的冯·诺依曼结构，如图 1-1 所示。

　　由图 1-1 可见，计算机五大部分之间有两类信息在流动：数据信息和控制信息。数据信息用双线箭头表示，包括原始数据、中间结果、计算结果和程序指令；控制信息用单线箭头表示，它由控制器发出，指挥和协调其他各部件动作的信号。不论是数据还是控制命令，计算机中都是用"0"和"1"表示二进制信息。

　　其中，指令是命令计算机完成某种基本操作的代码。将各种算术运算、逻辑运算及存储器的读/写等作为基本操作，为每一个基本操作规定一个代码，这个代码称为指令。

图 1-1　计算机硬件体系结构

　　当需要计算机完成某项任务时，就将其分解成一系列的基本操作并用指令来表示，预先存放到存储器中。计算机工作时就逐条执行指令，完成一系列的基本操作，从而完成整个任务。我们把能完成某项任务的指令序列称为程序。

　　使用计算机时，首先存储程序，即将指令序列存放到存储器；然后在计算机工作时，控制器从存储器中逐条取出指令、分析指令并执行指令。执行指令时，控制器依次发出各种控制命令信号给其他部件，使运算器完成某种算术、逻辑运算或实现寄存器与存储器之间的数据传送等。计算机的工作过程就是执行指令的过程。

　　程序中的指令一般按序存放在存储器的连续区域中。计算机开始执行程序时，PC 中存放着第一条指令所在存储单元的地址，然后每取出一条指令（或每取出一个指令字节），PC 的内容自动加 1，指向下一条指令地址，从而保证了自动按顺序取指令和执行指令。

1.2　微型计算机系统

1.2.1　系统组成与结构

微型计算机系统（Micro Computer System，MCS）是以微型计算机为主体，再配以相应的外围设备、电源、辅助电路和控制微型计算机工作的软件而构成的完整计算机系统。微型计算机系统可分为硬件和软件两大部分：硬件是基础，软件是灵魂，二者缺一不可。硬件和软件分别由多个部分组成，自成系统，也常称为硬件系统和软件系统。微型计算机系统（简称微机）组成如图 1-2 所示。

1. 硬件系统组成

微型计算机硬件系统是机器的实体部分，由运算器、控制器、存储器、输入设备和输出设备五大部分组成。其中运算器和控制器常常集成在一起，称为微处理器，即 CPU。

（1）微处理器。微处理器是微型计算机的核心芯片，它主要包括运算器、控制器及相关寄存器等。

运算器也称为算术逻辑运算单元（Arithmetic and Logic Unit，ALU），它完成数据的算术逻辑运算。

控制器一般由指令寄存器、指令译码器和控制电路组成：指令寄存器用于暂存从存储器中取出将要执行的指令码；指令译码器用来将指令寄存器中的指令进行译码分析，以确定执行什么样的操作；控制电路则是起协调与定时作用。控制器的作用是根据指令的要求对微机各部件发出相应的控制信息，使它们协调工作，从而完成对某个微机系统的控制。

微处理器的内部寄存器用来存放常用的、正在使用的数据。

（2）存储器。存储器用来存放数据和程序。按照在系统中的位置，存储器一般分为内存储器和外存储器两类。内存储器又称为内存或主存，CPU 可以直接访问；外存储器属于外设的范畴。

```
                              ┌ 运算器
                    ┌ 微处理器 ┤ 控制器
                    │         └ 寄存器阵列
                    │         ┌ ROM
                    │ 内存储器 ┤
                    │         └ RAM
              ┌ 主机┤ I/O接口：定时/计数器、中断控制器、
              │     │          DMA控制器、串/并行接口等
              │     │         ┌ 地址总线
        ┌ 硬件┤     │ 系统总线 ┤ 数据总线
        │     │     │         └ 控制总线
        │     │     ┌ 输入设备：键盘、鼠标、扫描仪等
微型     │     └外部 ┤
计算机   │       设备 └ 输出设备：显示器、打印机、绘图仪等
系统    ┤                             ┌ 汇编程序
        │           ┌ 操作系统        │
        │     ┌系统 ┤ 语言处理程序 ───┤ 解释程序
        │     │软件 └ 支持软件        └ 编译程序
        └ 软件┤           ┌ 工程计算软件
              │     ┌应用 │
              └     │软件 ┤ 数据处理软件
                    │     └ 辅助设计软件
```

图 1-2　微型计算机系统组成

内存中存放的数据和程序从形式上看都是二进制数。一般将 8 位二进制数记作一个字节（Byte）。每个内存单元都有一个地址，每个单元中存放一个字节信息，内存容量就是它能包含的内存单元的数量。通常内存单元地址都是从 0 开始编号的。

CPU 对内存的操作有两种：读或写。读操作是 CPU 将内存单元的内容读入 CPU 内部，而写操作是 CPU 将其内部信息传送到内存单元保存起来。当然写操作的结果改变了被写内存

单元的内容，是破坏性的。

按工作方式，内存可分为两大类：随机读写存储器（Random Access Memory，RAM）和只读存储器（Read Only Memory，ROM）。

RAM 可被 CPU 随机读写，故称随机读写存储器。这种存储器用于存放用户装入的程序、数据及部分系统信息。当系统断电后，所存信息消失。

ROM 中的信息只能被 CPU 读出，不能由 CPU 任意写入，故称只读存储器。机器断电，信息仍可保留。这种存储器用于存放固定程序，如基本的 I/O 程序、BASIC 解释程序等。ROM 的内容只能用专用设备写入。

（3）输入/输出（I/O）设备和输入/输出接口（I/O Interface）。I/O 设备是微型计算机系统的重要组成部分。程序、数据及现场信息要通过输入设备输入给微型计算机。CPU 的计算结果通过输出接口输送到输出设备。常用的输入设备有键盘、鼠标、扫描仪等；常用的输出设备有显示器、打印机、绘图仪等。

由于各种外设的工作速度、驱动方法差别很大，无法与 CPU 直接匹配，所以不可能将它们简单地连接到系统总线上，而需要通过 I/O 接口电路来充当外设与 CPU 之间的桥梁，来辅助 CPU 工作，实现 CPU 与外设之间的速度匹配、信号电平匹配、信号格式匹配、时序控制、中断控制等。主要接口芯片有锁存器 74LS373，缓冲器 74LS245，可编程中断控制器 8259A，可编程计数/定时器 8253，可编程并行/串行接口 8255/8251A，可编程 DMA 控制器 8237A，数-模和模-数转换器等。在现在的计算机系统中，这些芯片的功能都被集成在大规模集成电路芯片中。

2．体系结构

硬件系统的五大部分加上电源，通过系统总线有机地连在一起。系统总线是各个部件之间传输信息的公共通道。一般有三组总线：地址总线、数据总线和控制总线。典型的微机系统总线结构如图 1-3 所示。

（1）地址总线（Address Bus，AB）。AB 传送 CPU 发出的地址信息，是单向总线。

（2）数据总线（Data Bus，DB）。DB 传送数据信息，是双向总线。CPU 既可通过 DB 从内存或输入设备读入数据，又可通过 DB 将 CPU 内部数据送至内存或输出设备。

图 1-3　典型的微机系统总线结构

（3）控制总线（Control Bus，CB）。CB 传送控制信息。其中有的是 CPU 向内存或外设发出的信息，有的是外设向 CPU 提供的信息，因此 CB 中每一根线的传送方向是一定的、单向的，但 CB 作为一个整体是双向的。

3．软件系统组成

软件系统主要分为系统软件和应用软件。系统软件是由设计者提供给用户的、充分发挥计算机效能的一系列软件。系统软件包括操作系统、语言处理程序和各种支持软件。

操作系统是系统软件的核心，它的主要功能是对系统的软硬件资源进行合理的管理。

程序设计语言是用来编写程序的语言，是人和计算机交换信息所用的工具，通常分为机器语言、汇编语言和高级语言三类。

其中机器语言和汇编语言都是直接对应于微处理器的指令系统，是面向机器的程序设计语言。使用它们能利用计算机的所有硬件特性，直接控制硬件。机器语言直观性差，易错，在实际应用中很少直接采用。汇编语言的符号指令与机器代码一一对应，从执行时间和占用存储空间来看，它和机器语言同样是高效率的。因此汇编语言在要求高效率的应用中是最常用的一种语言。掌握汇编语言有助于了解微型计算机的工作原理，所以本书讲述微机原理和接口应用的软件是以汇编语言为主，这样能直接阐明其编程原理和方法。高级语言是相对汇编语言而言的，它是较接近自然语言和数学公式的编程语言，与计算机的硬件结构及指令系统无关。语言处理程序是为用户设计的编程服务软件，其作用是将高级语言源程序翻译成计算机能识别的目标程序，一般由汇编程序、解释程序、编译程序等组成。

应用软件是用户利用计算机提供的系统软件，为解决实际问题而研制的程序。应用程序包括各种应用软件包、数据库管理系统以及用户根据需要而设计的各种程序。

在大规模集成电路技术支持下，出现了各种半导体只读存储器 ROM，可以将软件固化于这样的硬件中，发展带有软件固化的微型计算机系统已成为一个重要方向。现在微型计算机都具有固化的监控程序、Basic 解释程序以及操作系统的引导程序和 I/O 驱动程序等。除此之外，微型计算机系统的软件还可存储在各种存储介质中，例如磁带、磁盘、光盘等，这样就构成商品化的软件产业。微型计算机根据使用场合不同和利用形态不同，可以配置不同的软件规模。

1.2.2 微型计算机分类

1. 按字长分类

微型计算机按字长可分为 4 位机、8 位机、16 位机、32 位机和 64 位机。

2. 按组装结构分类

微型计算机按组装结构可分为单片机、单板机和多板机。

（1）单片机。利用大规模集成电路技术将微型机的各组成部分（CPU、内存、I/O 接口等）集成在一片硅片上，组成单芯片微型计算机，简称单片机。单片机因广泛应用于嵌入式系统，又称为微控制器或嵌入式计算机。

（2）单板机。将微型机的 CPU、内存、I/O 接口电路安装在一块印制电路板上，就组成了单板机。

（3）多板机。即个人计算机，是将主板、微处理器、内存、I/O 接口卡、外部存储器、电源等部件组装在一个机箱内，并配置显示器、键盘、鼠标、打印机等基本外部设备所组成的计算机系统。

3. 按用途分类

微型计算机按用途可分为通用计算机和嵌入式计算机。

（1）通用计算机为满足高速、海量的数值计算，技术发展方向是不断提高运行速度，不断扩大存储容量，通用微处理器迅速从 8086、80386、80586 发展到奔腾系列，操作系统则迅速提高高速处理海量数据文件的能力和多媒体等多功能应用能力，使通用计算机日臻完美。

（2）嵌入式计算机要嵌入到对象体系中，因而向着单芯片化道路的方向发展，技术要求则是对象的智能化控制能力，发展方向是不断提高嵌入性能、控制能力与可靠性。嵌入式计算机系统简称嵌入式系统，它一般由嵌入式微处理器、外围硬件设备、嵌入式操作系统及用户的应用程序等四个部分组成。嵌入式系统的控制核心可分为：嵌入式微处理器（EMPU，如 386EX、ARM 系列)、数字信号处理器(DSP,如 TMS320 系列)、微控制器(MCU,如 80C51 系列)及嵌入式片上系统(SoC,如 C8051F 系列)。

微型计算机的出现,使计算机进入到现代计算机发展阶段;嵌入式计算机的诞生,则标志着微型计算机进入了通用计算机与嵌入式计算机两大分支并行发展的时代,推动了计算机产业革命的高速发展。微型计算机技术发展的两大分支的意义在于:它不仅形成了计算机发展的专业化分工,而且将计算机技术扩展到各个领域,使人类迅速进入全球化的网络、通信、虚拟世界和数字化生活的新时代。

1.2.3 微型计算机的性能指标

一台微型计算机的性能如何,是由它的系统结构、指令系统、硬件设备组成和软件配置情况等因素决定的,以下是评价微型计算机性能的主要指标。

1. 字长

在计算机中,所有信息都是用二进制数码(0,1)表示的,其最小单位是位(bit),即一个二进制数位。CPU 在处理和传送信息时,往往是把一组二进制数码看成一个整体来并行操作。并行处理的一组二进制数称为一个字(Word),字所含有的二进制位数称为字长。字长是 CPU 交换、加工和存放信息时,其信息位的最基本长度,它通常与寄存器、运算器及传输线的宽度一致。字长标志着计算精度,字长越长,一次传送同样位数的数据速度就越快,它能表示的数值范围越大,计算结果的有效位数就越多,精度也越高。但字长越长,制造工艺越复杂。目前微型计算机从 8、16、32 位到 64 位各档次都有,都在发挥各自不同的作用。

2. 运算速度

计算机完成一个具体任务所花费的时间就是完成该任务的时间指标,时间越短,表明计算机的速度越高。但是计算机各种指令执行时间是不一样的,以每秒执行基本指令的条数来大致反映计算机的运算速度,单位是 MIPS(百万条指令/s)。

现在,人们用计算机的主频——时钟频率来表示运算速度,以 MHz 或 GHz 为单位。主频越高,表明运算速度越快。

3. 存储容量

存储器(通常指主存储器或内存储器)是计算机存放二进制信息的"仓库",由若干存储单元组成。存储单元的编号称为存储器单元地址。存储容量与 CPU 构成的系统能够访问的存储单元数有关。存储单元的数目是由传送地址信息的地址线条数决定的。若有 10 条地址线,所能编出的地址码有 2^{10}=1024 种,由此可区分 1024 个单元。计算机中把 2^{10}=1024 规定为 1K,2^{20}=1024K=1M,2^{30}=1G,2^{40}=1T。若有 20 条地址线,则有 1M 个单元地址码。

一般存储单元都是以字节(B,1B=8bit)为单位的,信息的写入和读出也以字节为单位。所以存储容量可以看作存储器能够存放信息的最大字节数,如存储容量为 1MB,是指 1M 个字节。

4. 指令系统

计算机在设计时,就确定了它能完成的各种基本操作。一台计算机所固有的基本操作指令的集合,称为该计算机的指令系统。指令系统的指令数越多,计算机能完成的基本操作种类就越多,说明其功能越强。执行这种指令系统的计算机称为复杂指令集计算机(Complex Instruction Set Computer,CISC)。

复杂指令集指令码不等长,指令数量多。当 CISC 发展到一定程度后,人们发现很多复杂指令很少使用，且普遍遵循二八定律，即 20%的指令承担着 80%的工作。1980 年 Patterson 和 Ditzel 首先提出了精简指令集计算机（Reduced Instruction Set Computer，RISC）的概念。RISC 具有简单的指令集，指令少、指令码等长，寻址方式少、指令功能简单，强调寄存器的使用，采用超标量和超级流水线。

CISC 技术和 RISC 技术都在不断发展，相互竞争且互相渗透，最新的 CISC 设计也都融进了不少 RISC 特征。

5. 内核数目

内核数目是指封装在一个 CPU 硅片内的处理器内核数目，内核越多则 CPU 处理并行计算的能力越强，目前处理器中的内核数目有 1、2、4、8 个，甚至 64 个。

6. 高速缓存

高速缓存又称 Cache，提供"高速缓存"的目的是为了让数据存取的速度适应 CPU 的处理速度，当前 CPU 的高速缓存一般分为一级高速缓存（L1 Cache）和二级高速缓存（L2 Cache）两级。对于同类的 CPU 来说，高速缓存的容量越大，则 CPU 的执行效率越高，速度越快。

7. 总线性能

由于 CPU 是通过总线实现读取指令，并实现与内存、外设之间的数据传输，因此，在 CPU、内存与外设确定的情况下，总线速度成为制约计算机整体性能的关键。

8. 系统配置

一台计算机要能正常工作，必须提供必要的人机联系手段，这包括配置相应数量的外设（如键盘、显示器、磁盘驱动器、打印机、扫描仪等）和配置实现计算机操作的软件。外设配置越高档，软件配置越丰富，计算机的使用就越便利，工作效率也就越高。

1.3　微型计算机的运算基础

数制是人们利用符号计数的方法，它有很多种，如二进制、十进制、八进制、十六进制等。数在机器中是以器件的物理状态来表示的，一个具有两种不同稳定状态且这两种稳定状态能相互转换的器件，就可以用来表示 1 位二进制数。由于用电子器件表示两种状态容易实现，所以电子计算机中一般采用二进制计数。但人们习惯使用十进制数，因此在掌握计算机原理之前，需要了解二进制、十进制、十六进制的表示方法及其相互转换。此外，人们常使用的字母、符号、图形等，在计算机中也一律用二进制编码来表示。计算机中常用计数制见表 1-3。

表 1-3　　　　　　　　　　　　　　　计算机中常用计数制

数制	后缀	特　点	基数	数　　码	举例
二进制	B	逢二进一，借一当二	2	0，1	1101.101 B
八进制	Q	逢八进一，借一当八	8	0，1，2，3，4，5，6，7	4516.753 Q
十进制	D	逢十进一，借一当十	10	0，1，2，3，4，5，6，7，8，9	3890.568 D
十六进制	H	逢十六进一，借一当十六	16	0，1，2，3，4，5，6，7，8，9，A，B，C，D，E，F	12AB.2C5 H

计算机中的数是用二进制来表示的，数的符号也是用二进制表示的。在机器中，把一个连同其符号在内的、数值化表示的数称为机器数。

计算机要处理的数分无符号数和有符号数两种。无符号数通常表示一个数的绝对值或存储单元的地址，数的各位均为数值位，都用来表示数的大小；有符号数表示有正负意义的机器数，数的最高有效位为符号位，表示数的符号，正数用 0 表示，负数用 1 表示，其余位为数值位。

1.3.1 无符号数的表示方法

用一组符号表示数据时，其代表的数值大小与符号所在的位置有关，这种表示数的方法称为位置计数表示法。按进位的原则进行计数，称为进位计数制。每一种进位计数制都有自身的数码个数，如十进制有 10 个数码，二进制有 2 个数码，而十六进制就有 16 个数码。

1. 十进制数的表示法

十进制数有 0，1，2，…，9 共 10 个数码，后缀为 D 或不加后缀。计数时，数码在不同的位置，代表不同的数值大小。低位对高位的进位规则是"逢十进一"。

任意一个十进制数 N_D 可表示为

$$N_D = \sum_{i=-m}^{n-1} D_i \times 10^i \tag{1-1}$$

式中，m 表示小数位的位数；n 表示整数位的位数；D_i 为十进制数字符号 0～9；10^i 为第 i 位权值，10 为十进制基数。

【例 1.1】 十进制数 3890.568 可以表示为

$$3890.568 = 3 \times 10^3 + 8 \times 10^2 + 9 \times 10^1 + 0 \times 10^0 + 5 \times 10^{-1} + 6 \times 10^{-2} + 8 \times 10^{-3}$$

2. 二进制数的表示法

二进制数只有 2 个数码：0 和 1，后缀为 B。计数时，是按"逢二进一"的原则计算的。

任意一个二进制数可以表示为

$$N_B = \sum_{i=-m}^{n-1} B_i \times 2^i \tag{1-2}$$

【例 1.2】 二进制数 1101.101B 可以表示为

$$1101.101B = 1 \times 2^3 + 1 \times 2^2 + 0 \times 2^1 + 1 \times 2^0 + 1 \times 2^{-1} + 0 \times 2^{-2} + 1 \times 2^{-3}$$

3. 十六进制数的表示法

十六进制数需要用 16 个数码符号表示，采用 0～9 和 A～F，后缀为 H。计数时，是按"逢十六进一"的原则计算的。

任意一个十六进制数可以表示为

$$N_H = \sum_{i=-m}^{n-1} H_i \times 16^i \tag{1-3}$$

【例 1.3】 十六进制数 12AB.2C5H 可以表示为

$$12AB.2C5H = 1 \times 16^3 + 2 \times 16^2 + A \times 16^1 + B \times 16^0 + 2 \times 16^{-1} + C \times 16^{-2} + 5 \times 16^{-3}$$

1.3.2 数制的转换与运算

1. 任意进制数转换为十进制数

任意进制数转换为十进制数时，该数每位上的数字与其对应的权值的乘积之和，便是其对应的十进制数。如二进制数、十六进制数，可按式（1-2）和式（1-3）展开求和即可。例如二进制数 1101.101B 可表示为

$$1101.101B = 1 \times 2^3 + 1 \times 2^2 + 0 \times 2^1 + 1 \times 2^0 + 1 \times 2^{-1} + 0 \times 2^{-2} + 1 \times 2^{-3} = 13.625$$

2. 十进制数转换成二进制数

（1）十进制整数转换为二进制整数。

【例1.4】 13D=1101B

```
2 │ 13
2 │  6      商6余1……B₀
2 │  3      商3余0……B₁
2 │  1      商1余1……B₂
    │  0      商0余1……B₃
```

十进制整数转化为二进制整数的方法是：用 2 连续去除十进制数，直至商为零为止，逆序排列余数，便是与该十进制数相对应的二进制数各位的数值。

（2）十进制小数转换为二进制小数。

【例1.5】 0.6875D=0.1011B

0.6875D×2=1.375　……　$B_{-1}=1$

0.375D×2 =0.75　 ……　$B_{-2}=0$

0.75D×2=1.5　　 ……　$B_{-3}=1$

0.5D×2=1.0　　 ……　$B_{-4}=1$

十进制小数转换为二进制小数的方法是"乘 2 取整"法，连续用 2 去乘十进制小数，直至乘积的小数部分等于 0。顺序排列每次乘积的整数部分，便得到二进制小数相应各位的系数，所以 0.6875D=0.1011B。

3. 二进制数的运算

二进制数的运算分为算术运算和逻辑运算。算术运算主要有加、减、乘、除等运算；逻辑运算主要有与、或、非、异或等运算。计算机二进制数算术与逻辑运算规则见表 1-4。

表 1-4   计算机二进制数算术与逻辑运算规则

加	减	乘	除
0+0=0 0+1=1 1+0=1 1+1=10（逢二进一）	0−0=0 1−0=1 0−1=1（借一当二） 1−1=0	0×0=0 1×0=0 0×1=0 1×1=1	与十进制除法类似 除数不能为 0 0÷1=0 1÷1=1
与（AND）	或（OR）	非（NOT）	异或（XOR）
0∧0=0 0∧1=0 1∧0=0 1∧1=1	0∨0=0 0∨1=1 1∨0=1 1∨1=1	$\bar{0}=1$ $\bar{1}=0$	0⊕0=0 0⊕1=1 1⊕0=1 1⊕0=0

1.3.3　符号数的表示及运算

1. 符号数的表示法

机器数可以用不同的码制来表示，常用的有原码、反码、补码表示法。

（1）原码。在用二进制原码表示的数中，符号位为"0"表示正数，符号位为"1"表示负数，其他各数值取原值不变。有符号数的这种表示法称为原码表示法，在机器中的表示形式如下。

原码的表示范围为：$-(2^{n-1}-1) \sim +(2^{n-1}-1)$，即

8 位的原码表示范围为 $-127 \sim +127$

16 位的原码表示范围为 $-32767 \sim +32767$

原码简单易懂，且与真值转换方便，但使用两个原码将两个异号数相加或两个同号数相减就要做减法。这样计算机中就需要加一个符号比较电路和一个减法电路，增加了运算电路的复杂性。为了把上述运算转换成加法运算，简化计算机运算电路的结构，在计算机中引入了反码和补码。

（2）反码。对于正数，反码的表示与原码相同，即 $[X]_原 = [X]_反$；对于负数，负数的反码表示，除符号位仍为"1"外，其余各位数值位按位取反，形式如下：

（3）补码。正数的补码与它的原码和反码均相同；负数的补码符号位仍为"1"，其余各数值位按位取反再加 1，即 $[X]_补 = [X]_反 + 1$，形式如下：

对于 8 位二进制补码的数值范围为 $-128 \sim +127$；对于 16 位二进制补码的数值范围为 $-32768 \sim +32767$。

由于原码、反码中的"0"有两个代码，而补码中的"0"只有一种代码，所以 8 位二进制补码可以比原码、反码多表示一个负数，即 -128。部分 8 位二进制数的原码、补码、反码见表 1-5。

表 1-5　　　　　　　　　　部分 8 位二进制数的原码、补码、反码

二进制数	无符号数	有 符 号 数		
		原码	补码	反码
0000 0000	0	+0	0	+0
0000 0001	1	+1	+1	+1
0000 0010	2	+2	+2	+2
...	...	...	...	...
0111 1110	126	+126	+126	+126
0111 1111	127	+127	+127	+127
1000 0000	128	-0	-128	-127
1000 0001	129	-1	-127	-126
...	...	...	...	...

二进制数	无符号数	有 符 号 数		
		原码	补码	反码
1111 1101	253	−125	−3	−2
1111 1110	254	−126	−2	−1
1111 1111	255	−127	−1	−0

2. 码制转换

正数的原码、补码和反码的表示方法相同，不存在转换问题。故只讨论负数的情况。

（1）已知[X]$_原$，求[X]$_补$。方法是符号位不变，数值部分逐位取反后末位加1。

例：[X]$_原$=10011011，则[X]$_补$=11100101。

还可以总结出一个更简单的规律：符号位不变，数值部分从低位开始向高位逐位行进，在遇到第一个 1 以前，包括第一个 1 按原码照写；第一个 1 以后，逐位取反。

（2）已知[X]$_补$，求[X]$_原$。由补码的定义，不难得出[[X]$_补$]$_补$=[X]$_原$，所以由[X]$_补$求[X]$_原$，只要求[[X]$_补$]$_补$即可。

例：[X]$_补$=11011010，则[[X]$_补$]$_补$=[X]$_原$=10100110。

（3）已知[X]$_补$，求[−X]$_补$，即求补。求补的方法是将[X]$_补$连同符号位一起逐位变反，然后在末位加 1，便得到[−X]$_补$。这时要注意的是，不管[X]$_补$是正数还是负数，都应按上述方法进行。

例：[X]$_补$=01010110，则[−X]$_补$=10101010。

已知[X]$_补$，求[−X]$_补$，在进行补码减法运算时，特别有用。

3. 补码运算

补码的加法规则是[X+Y]$_补$=[X]$_补$+[Y]$_补$

补码的减法规则是[X−Y]$_补$=[X]$_补$+[−Y]$_补$

在计算机中，利用补码的减法规则，通过对减数进行求补运算而将减法变成加法。

补码表示带符号数的优点如下：

1）负数的补码与对应正数补码之间转换可用求补运算实现，因而可简化硬件。

2）可以将减法运算变为加法运算，省去了减法器。

3）无符号数与带符号数的加法运算可用同一电路完成，结果都是正确的。

1.3.4 计算机中的定点数和浮点数

对于任意一个二进制数，都可以表示为

$$N = 2^J \times S$$

式中，J 称为数 N 的阶；S 称为数 N 的尾数。尾数 S 为数 N 的全部有效数字，阶 J 则表示出小数点的位置。若 J 为固定值，则称数的这种表示方法为定点表示法，这样的数称为定点数；当 J 可变时，称数的这种表示方法为浮点表示法，这样的数称为浮点数。二进制数的浮点表示法类似于十进制数的科学计数法。

1. 数的定点表示法

常用的定点数有两种：定点纯整数和定点纯小数。

（1）定点纯整数。$J=0$，且小数点固定在尾数之后，这时定点数表示定点纯整数。

（2）定点纯小数。$J=0$，且小数点固定在尾数之前，这时定点数表示定点纯小数。

在计算机中，定点表示法可以表示整数也可以表示小数，一般用来表示整数，而实数的表示则用浮点表示法。符号以数字 0 或 1 来表示，"0"代表"+"，"1"代表"–"。整数的原码、补码与反码的表示方法同样适用于定点小数，也适用于浮点数。

2. 数的浮点表示法

浮点数在计算机中表示为

J_f	J	S_f	S

J_f 为阶符，表示阶的符号。$J_f=0$，阶码为正；$J_f=1$，阶码为负。

J 为阶码，表示阶的大小，J 为整数。

S_f 为数符（尾符），表示数的符号。$S_f=0$ 表示正数；$S_f=1$ 表示负数。

S 为尾数，表示有效数字。S 一般为纯小数。

【例 1.6】 将 $N=5.5$ 表示成字长为 8 的浮点数，要求阶码为 2 位，尾数为 4 位，阶符及数符各为一位，阶码与尾数均用原码表示。

二进制浮点数表示形式为 $N = 2^{011} \times 0.1011$

它在计算机中的表示形式为

0	1	1	0	1	0	1	1

16 位计算机表示浮点数，若阶符、阶码占 8 位，数符、尾数占 8 位，则最大正数的浮点数表示为：0 1111111 01111111。其中，阶码+1111111=2^7-1=127，尾数+0.1111111=$1-2^{-7}$。

最大正数的十进制表示为 $(1-2^{-7}) \times 2^{(2^7-1)} = (1-2^{-7}) \times 2^{127}$。

16 位计算机表示定点整数的最大无符号数为 $2^{16}-1$=65535。

1.3.5 计算机中的编码

计算机中都是按照数字化来处理问题的，计算机中的一切数据，包括各种字符和符号（英文字母、标点符号、各种运算符）均采用二进制数码的组合来表示，即采用二进制数来编码。

1. BCD 码

计算机内部对数据的处理采用二进制数，但是二进制数书写冗长、不直观，因此计算机输入/输出时通常还是采用十进制数，但是这些十进制数也是用二进制数来进行表示的，即采用二进制数来编码的。一个十进制数用 4 位二进制编码表示，这种二进制编码的十进制数称为 BCD（Binary–Coded Decimal）码。4 位二进制编码有 16 种组合，舍去 6 种组合，保留 10 种组合作为代码，分别表示十进制数中的 0~9 这 10 个数字。

BCD 码有两种表示形式：压缩 BCD 码和非压缩 BCD 码。压缩 BCD 码的每一位用 4 位二进制数表示，一个字节表示两位十进制数，例如 01010110B 表示十进制数 56；非压缩 BCD 码用一个字节表示一位十进制数，高 4 位为 0000，低 4 位用 0000~1001 表示 0~9。例如，00001001B 表示十进制数 9。

2. ASCII 码

在计算机中，除了数字外，还需要处理各种字符，如字母、运算符号、标点符号等，这些字符在计算机中也采用二进制数来编码，最常用的编码是 ASCII（American Standard Code for Information Interchange）码，即美国标准信息交换代码。基本 ASCII 码共 128 个，其中控制符 32 个，数字 10 个，大写英文字母 26 个，小写英文字母 26 个，专用字符 34 个，见附录 A。

在计算机内部，通常以字节为单位存放数据，因此实际上每个 ASCII 码都是用 8 位二进制数表示，低 7 位为有效编码位，最高位可用于校验位或用于 ASCII 码的扩充。

思 考 与 练 习

1-1　冯·诺依曼提出的计算机的结构特点是什么？

1-2　典型微型计算机有哪三大总线？它们传送的是什么信息？

1-3　什么叫微处理器？什么叫微型计算机？什么叫微型计算机系统？三者有什么区别和联系？

1-4　评价微型计算机性能的主要指标有哪些？试举例说明目前主流微型计算机机型的性能参数。

1-5　用 8 位和 16 位二进制数写出下列数的原码、反码、补码。

（1）-1　　　　（2）-0　　　　（3）+0

（4）-127　　　（5）+127　　　（6）-128

1-6　已知[X]$_{补}$=01010101B，求 X 的真值。

1-7　已知[X]$_{补}$=11010101B，求 X 的真值。

1-8　微型计算机某内存单元的内容为 F8H，若它表示的是一个有符号数，则该数对应的十进制数是什么？

1-9　用组合和非组合 BCD 码分别表示十进制数 386 和 16。

1-10　将 N=2.5 表示成字长为 8 的浮点数，要求阶码为 2 位，尾数为 4 位，阶符及数符各为一位，阶码与尾数均用原码表示。

第 2 章 80x86 微处理器及其系统

　　微处理器是采用大规模或超大规模集成电路技术做成的半导体芯片。它将控制单元、寄存器组、算术逻辑单元（ALU）及内部总线集成在芯片上，组成具有运算器和控制器功能的部件。计算机系统中的各个部件都在微处理器的统一调度下协调工作。微处理器的性能和特点基本上决定了微型计算机的性能。

　　Intel 8086/8088 微处理器开创了个人计算机时代，Intel 8086/8088 微处理器是微处理器发展史上的一块里程碑。本章主要介绍 8086/8088 微处理器内部结构、工作原理、工作方式、外部引脚，以及高性能微处理器 80386 工作原理、系统总线概念、系统主板等相关知识。本章重点为 8086/8088 微处理器存储器分段技术、存储器中逻辑地址和物理地址的概念及其转换方法。

2.1 8086 微处理器

2.1.1 8086 微处理器的逻辑结构

　　8086/8088 CPU 属于高性能 16 位微处理器，它们是 Intel 公司继 8080 之后于 1978 年推出的一款 CPU。它采用了 HMOS 工艺制造，芯片上集成了 2.9 万个晶体管，该处理器地址引脚为 20 位，寻址空间为 1MB。8086 数据线引脚为 16 位，而 8088 为 8 位。

　　要掌握一个 CPU 的工作性能和使用方法，首先应该了解它的逻辑结构。所谓逻辑结构就是指从程序员和使用者的角度看到的内部结构，这种结构与 CPU 内部的物理结构和实际布局是有区别的。按功能划分，8086 CPU 由总线接口部件（Bus Interface Unit，BIU）和执行部件（Execution Unit，EU）两部分组成。8086 的逻辑结构如图 2-1 所示。8086 与 8088 逻辑结构类似，只是 8086 的指令队列为 6 个字节，而 8088 为 4 个字节。

　　1. 总线接口部件

　　总线接口部件（BIU）的功能是根据执行部件的请求，负责完成 CPU 与存储器、I/O 设备之间的数据传送。具体任务如下：

　　1）负责从存储器的指定单元取出指令送至指令队列中排队，或直接送至 EU 执行。

　　2）负责从存储器指定单元或外设端口中取出指令规定的操作数传送给执行单元，或者将执行单元的操作结果传送到指定的存储单元或外设端口中。

　　3）计算并形成访问存储器的 20 位物理地址。

　　总之，BIU 的主要功能是负责完成 CPU 执行指令时全部外部总线（引脚）上的信息传送操作，而所有的这些外部总线操作都必须有正确的地址和适当的控制信号。BIU 中的各部件主要是围绕这一目标设计的。

　　BIU 内部设有四个段寄存器（代码段寄存器 CS、数据段寄存器 DS、堆栈段寄存器 SS 和附加段寄存器 ES）、20 位地址加法器、一个指令队列缓冲器、一个 16 位的指令指针寄存器 IP 和总线控制电路。

图 2-1 8086 的逻辑结构

（1）段寄存器和地址加法器。地址加法器和段寄存器实现存储器逻辑地址到 20 位物理地址的转换。逻辑地址由 16 位段基址（段寄存器给出）与 16 位段内偏移地址（指令给出）两部分组成。转换方法为段基址左移 4 位加上偏移地址，形成 20 位物理地址。

（2）指令队列缓冲器。8086 的指令队列为 6 字节（8088 为 4 字节），当 EU 正在执行指令且不需要占用总线时，BIU 会自动预取下一条或几条指令操作，将所取得的指令按先后顺序存入指令队列缓冲器中排队，然后再由 EU 按顺序执行。

当 EU 执行转移、调用和返回指令时，则自动清除指令队列缓冲器，并要求 BIU 从新的地址重新开始取指令，新取指令将填入指令队列缓冲器。

（3）指令指针寄存器。指令指针寄存器（Instruction Point，IP）总是存放 EU 要执行的下一条指令的偏移地址。该寄存器不提供给用户使用。

（4）总线控制电路与内部暂存寄存器。总线控制电路用于产生外部总线操作时的相关控制信号，而内部暂存寄存器用于暂存 BIU 和 EU 之间的变换信息。

2. 执行部件

执行部件（EU）的功能是从总线接口部件（BIU）的指令队列中取出指令代码并执行，具体过程如下。

1）从 BIU 的指令队列中取出指令，由控制器单元内部的指令译码器进行译码，同时将译码信息发给各部件并发出相应的控制信号。

2）对操作数进行算术或逻辑运算，并将运算结果的特征状态保存到标志寄存器中。

3）控制 BIU 与存储器或 I/O 端口进行数据变换，并提供访问存储器和 I/O 端口的有效地址。

执行部件（EU）包含 1 个 16 位的算术逻辑单元（ALU）、8 个 16 位的通用寄存器组、1 个 16 位的标志寄存器、1 个数据暂存器和 EU 控制电路。各部件通过一个 16 位的 ALU 总线连接在一起，在内部实现快速的数据传递。值得注意的是，这个内部总线与 CPU 的外部总线是隔离的，即这两个总线有可能同时工作而互不干扰。EU 对指令的执行是从取指令操作码开始的，而不直接同外部总线相连。它从总线接口单元的指令队列中获取指令，当指令要求访问内存单元或外部设备时，EU 就向 BIU 发出操作请求，并提供访问的数据和地址，由 BIU 完成相应操作，所以 EU 主要完成两种类型的操作：① 算术/逻辑运算；② 计算相关指令中要求寻址所在存储单元的 16 位偏移地址并送至 BIU，由 BIU 最后形成 20 位的物理地址。

EU 各组成部分的功能如下。

1）算术逻辑单元（ALU）。ALU 可用于进行算术逻辑运算，也可按照指令的寻址方式算出寻址单元 16 位偏移量。ALU 只能运算不能寄存数据。在运算时数据先送到暂存寄存器，再经 ALU 运算处理。运算结果经过内部总线送回到累加器、其他寄存器或存储单元中。

2）标志寄存器（FLAGS）。它用来反映 CPU 最后一次运算结果的状态特征或存放控制标志。

3）数据暂存寄存器。它协助 ALU 完成运算，暂时存放参与运算的数据。

4）通用寄存器组。它包括 4 个 16 位寄存器（AX、BX、CX、DX）、两个 16 位地址指针（SP、BP）、两个变址寄存器（SI、DI）。

5）EU 控制电路。它是控制定时与状态的逻辑电路，接收从 BIU 中的指令队列取来的指令，经过指令译码形成各种定时控制信号，对 EU 各部件实现特定的定时操作。

总线接口部件（BIU）和执行部件（EU）两部分是按流水线方式并行工作的，即取指令和执行指令可以重叠。在 EU 执行指令的过程中，BIU 可以取出多条指令到指令队列中排队，当 EU 执行完一条指令后，可以立即执行下一条指令，减少了 CPU 因等待取指令所需的时间，提高了运算速度，降低了对存储器存取速度的要求。这是 8086/8088 的突出优点。

早期的 8 位微处理器中，程序的执行是由取指令和执行指令这两个动作的反复循环来完成的，取指令期间，CPU 必须等待，CPU 执行过程如图 2-2 所示。8086/8088 CPU 的执行过程如图 2-3 所示。

图 2-2　早期 CPU 的执行过程

图 2-3　8086/8088 CPU 的执行过程

CPU（BIU 与 EU）的工作过程如下。

首先，EU 向 BIU 提出总线申请，BIU 响应请求，将第一条指令经指令队列缓冲器后直接送至 EU 执行，EU 将该指令译码，发出相应的控制信息。数据在 ALU 中进行运算，运算结果保留在标志寄存器 FLAGS 中，当 EU 从指令队列中取走指令，指令队列中出现空字节时，BIU 即从内存中取出后续的指令代码放入队列中；当 EU 需要数据时，BIU 根据 EU 给出的地址，从指定的内存单元或外设中取数据供 EU 使用；当运算结束时，BIU 将运算结果送入指定的内存单元或外设。当队列空时，EU 就等待，直到有指令为止。若 BIU 正在取指令，EU 发出访问总线请求时，则必须等 BIU 取指令完毕后请求才能得到响应，一般情况下，程序顺序进行，当遇到跳转指令时，BIU 使指令队列复位，从新地址取出指令，并立即传给 EU 去执行。

2.1.2   8086/8088 的内部寄存器

对于微型计算机系统的应用者来说，CPU 中的各寄存器、存储器、I/O 端口是他们进行编程基本活动的"舞台"，而且大部分指令都是在寄存器中实现对操作数的预定功能的，因此应该熟练掌握 CPU 内部寄存器的结构和功能。

8086/8088 内部有 14 个 16 位寄存器。按功能可分为三类：第一类是通用寄存器（8 个），第二类是段寄存器（4 个），第三类是控制寄存器（2 个）。

1. 通用寄存器

通用寄存器可分为两组：数据寄存器、地址指针和变址寄存器。

（1）数据寄存器。数据寄存器包括 AX、BX、CX 和 DX 4 个 16 位的寄存器，它们中的每一个又可根据需要将高 8 位和低 8 位当作两个独立的 8 位寄存器使用。16 位寄存器主要用于存放 CPU 的常用数据，也可用来存放地址。8 位寄存器（AH/AL、BH/BL、CH/CL、DH/DL）只能用于存放数据。

上述 4 个寄存器一般作为通用寄存器使用，但它们又有各自的习惯用法。

AX（Accumulator）称为累加器，所有的 I/O 指令都使用该寄存器与外设的接口传送信息。

BX（Base）称为基址寄存器，在计算内存地址时常用来存放基址。

CX（Count）称为计数寄存器，在循环和串操作指令中用作计数器。

DX（Data）称为数据寄存器，在寄存器寻址的 I/O 指令中，存放 I/O 端口的地址。在作 16 位乘除法运算时，DX 与 AX 合起来存放一个 32 位运算结果。

（2）地址指针和变址寄存器。

1）设置地址指针和变址寄存器的目的。程序执行过程中，经常要到存储器中存取操作数。为了给出被寻址单元的地址，在指令中必须设置要访问操作数所保存存储单元的偏移地址，存储器的地址一般都比较长，如果存储单元的地址完全由指令中的地址码来表示，则必然加长指令的长度。因此，通常不采用在指令中直接给出存储器偏移地址的方法，一般将存放指令操作数存储单元的偏移地址放置在某个专用寄存器中，并给那些能够用来存放存储器偏移地址的寄存器编码，这样指令不用给出存储器偏移地址，只需给出寄存器编码就可以。通用寄存器编码为 2～3 位，所以采用这种方法给出操作数地址，大大缩短了指令的长度，此外还可以方便地通过修改寄存器内容来达到修改地址的目的，提高了指令寻址的灵活性。

2）地址指针和变址寄存器功能。地址指针和变址寄存器包括 SP、BP、SI 和 DI。这组寄存器在功能上的共同点是：对存储器操作数寻址时，形成 20 位物理地址的组成部分。在任何情况下，访问存储器的地址码由段地址（存放在段寄存器中）和段内偏移地址两部分组成，而这 4 个寄存器用于存放段内偏移地址的全部或一部分。

SP（Stack Pointer）堆栈指针和 BP（Base Pointer）基址指针通常作为 16 位的地址指针使用。SP 特定指向堆栈段内某一存储单元（字）的偏移量。当进行堆栈操作时，隐含使用的就是堆栈指针 SP。如果指令中不另加说明，用 BP 作地址指针时，它也是指向堆栈段内的某一存储单元。这时其段地址由段寄存器 SS 提供。

SI（Source Index）和 DI（Destination Index）变址寄存器用来存放段内偏移地址的全部或一部分。在字符串操作指令中，SI 用于源变址寄存器，DI 用于目的变址寄存器。

综上所述，通用寄存器主要用于暂存 CPU 执行程序的常用数据或地址，以便减少 CPU 在运行程序中通过外部总线访问存储器或 I/O 设备来获得操作数的次数，从而可以加快 CPU 的速度。因此，可以把它们看成是设置在 CPU 工作现场的小型快速"存储器"。

2. 段寄存器

CS（Code Segment）称为代码段寄存器，SS（Stack Segment）称为堆栈段寄存器，DS（Data Segment）称为数据段寄存器，ES（Extra Segment）称为附加段寄存器。段寄存器用于存放段基值。

（1）设置段寄存器的原因。由于在 8086 系统中需要用 20 位的物理地址访问 1MB 的存储空间，但是 8086 CPU 内部数据的直接处理能力和寄存器只有 16 位，只能直接提供 16 位地址，寻址存储空间最大为 64KB。如何用 16 位数据处理能力实现 20 位地址寻址呢？这里用 16 位的段寄存器和 16 位的偏移地址巧妙地解决了这一矛盾。为实现寻址 1MB 的存储空间，在 8086/8088 CPU 中引入存储器分段概念。

存储器分段就是将 1MB 存储空间划分成若干独立的逻辑段，每个逻辑段最多由 64KB 连续单元组成。这里要求每个逻辑段的起始地址必须是被 16 整除的地址，即 20 位段起始地址的低 4 位二进制代码必须是 0，而把一个段起始地址剩下的高 16 位称为该段的段基值，并存放在段寄存器中。显然在 1MB 的存储器地址空间中最多可以有 64KB 段基值。

存储器地址空间被划分成若干个逻辑段后，每个存储单元的逻辑地址由两部分组成：段基值和偏移量（也称偏移地址或有效地址）。偏移量是指一个存储单元与它所在段的基址之间的距离，在 8086/8088 CPU 中，偏移量用一个 16 位的无符号二进制数表示。因此一个段的存储空间最大为 64KB。一个存储单元的逻辑地址可以表示如下：

段基值：偏移量

【例 2.1】　1800H：1234H

物理地址的计算公式如图 2-4 所示。计算结果如图 2-5 所示。

在 8086/8088 系列微机中，每个存储单元都有两种地址：物理地址（Physical Address）和逻辑地址（Logical Address）。在 1MB 存储空间中，每个存储单元都有唯一的 20 位物理地址，而把程序设计中使用的地址称为逻辑地址。

图 2-4　物理地址计算公式

图 2-5　物理地址形成示意图

在程序设计中，使用逻辑地址而不是物理地址，这样做不仅有利于程序的开始，而且对存储器的动态管理非常有利。由逻辑地址计算物理地址的方法为：把段基值乘以 16（左移 4

位，低位补 0），再加上偏移地址，就形成了物理地址，公式如下

$$物理地址=段基值×10H+偏移量$$

段的起始地址

8086/8088 CPU 访问存储器时，物理地址的计算是在总线接口单元（BIU）中由地址加法器来完成的。

（2）段寄存器的功能。8086/8088 共有 4 个 16 位的段寄存器，它们用于存放 CPU 当前可以访问的 4 个逻辑段的基址。程序可以从 4 个段寄存器给出的逻辑段中存取代码和数据。若要从别的段而不是当前段中存取信息，程序必须首先改变对应的段寄存器内容，将其设置成所要存取段的基值。

（3）信息与段存储器的关系。段寄存器的利用不仅使存储空间扩大到 1MB，而且为信息按特征分段存储带来了方便。存储器中的信息可分为程序、数据和计算机状态等；为了操作方便，存储器可相应地划分为程序区（用来存储程序的指令代码）、数据区（用来存储原始数据、中间结果和最终结果）和堆栈区（用来存储需要压入堆栈的数据或状态信息）。

段寄存器的分工：CS 划定并控制着程序区，DS 和 ES 控制着数据区，SS 控制着堆栈区。

3. 控制寄存器

（1）指令指针（IP）。IP 用于控制程序中指令的执行顺序，正常运行时，IP 中含有 BIU 要取的下一条指令的偏移地址。一般情况下，每取一次指令代码，IP 就会自动加 1，从而保证指令的顺序执行。IP 实际上是指令机器码存放单元的地址指针，IP 的内容可以被转移类指令强迫改写。当需要改变程序的执行顺序时，只要改写 IP 的内容就可以了。应当注意，用户程序不能直接访问 IP。

（2）标志寄存器（FLAGS）。FLAGS 是一个 16 位寄存器，8086/8088 CPU 只用了其中的 9 位，这 9 位包括 6 个状态标志和 3 个控制标志。

状态标志记录了 ALU 操作结果的特征标志，如结果是否为"0"，是否有进位、错位，结果是否有溢出等，这些标志常常作为条件转移指令的测试条件控制程序的运行。状态标志寄存器如图 2-6 所示。

15	14	13	12	11	10	9	8	7	6	5	4	3	2	1	0
				OF	DF	IF	TF	SF	ZF		AF		PF		CF

图 2-6　状态标志寄存器

状态标志中用 6 位来反映 EU 执行算术或逻辑运算以后的结果特征。这 6 位都是逻辑值，判断结果为逻辑真时，其值为 1；判断结果为逻辑假时，其值为 0。

1）进位标志 CF（Carry Flag）。CF=1 表示指令执行结果在最高位上产生一个进位或借位；CF=0 表示无进位或借位产生。

2）奇偶标志 PF（Parity Flag）。PF=1 表示结果低 8 位中有偶数个 1；PF=0 表示结果低 8 位中有奇数个 1。

3）辅助进位标志 AF（Auxiliary Flag）。AF=1 表示结果的低 4 位产生一个进位或借位；AF=0 表示结果的低 4 位无进位或借位产生。

4）零标志 ZF（Zero Flag）。ZF=1 表示运算结果为 0；ZF=0 表示运算结果不为 0。

5）符号标志 SF（Sign Flag）。SF=1 表示运算结果为负数，即结果的最高位为 1；SF=0 表示运算结果为正数，即结果的最高位为 0。

6）溢出标志 OF（Over Flow Flag）。OF=1 表示运算结果产生溢出；OF=0 表示运算结果无溢出。运算结果超出了计算机所能表示数的范围会得出错误的结果，这种情况称为溢出，如字节运算的结果超出了−128～+127 的范围。产生错误结果的原因是溢出时数值的有效位占据了符号位。溢出产生的条件为：最高位与次高位不同时产生进位或借位。

控制标志是一种用于控制 CPU 工作方式或工作状态的标志，控制标志设置后便对其后面的操作产生控制作用。控制标志共有 3 个，分别是跟踪标志 TF、中断允许标志 IF、方向标志 DF。

1）跟踪标志 TF（Trap Flag）。TF=1 表示 CPU 按跟踪方式执行指令。

2）中断允许标志 IF（Interrupt Flag）。IF=1 表示打开可屏蔽中断，此时 CPU 可以响应可屏蔽中断请求；IF=0 表示关闭可屏蔽中断，此时 CPU 不响应可屏蔽中断请求。

3）方向标志 DF（Direction Flag）。DF=1 表示串操作过程中地址会递减；DF=0 表示串操作过程中地址会递增。

2.1.3 8086/8088 的引脚信号

8086/8088 CPU 具有 40 个引脚，采用双列直插式封装形式。为了减少芯片引脚的数目，8086/8088 CPU 采用了分时复用的地址/数据总线。正是这种分时复用的方法，才使得 8086/8088 CPU 可用 40 个引脚实现 20 位地址、16 位数据及许多控制信号和状态信号的传输。8086/8088 CPU 引脚功能如图 2-7 所示。

图 2-7　8086/8088 CPU 引脚功能

8086/8088 引脚定义大致可分为如下 5 类。

1）只传送一种信息的引脚。如第 32 引脚 $\overline{RD}$ 读信号，低电平有效时表示正在对 I/O 端口或存储器进行读操作，需要配合第 28 引脚使用。

2）电平高低代表不同信号的引脚。如第 28 引脚高电平时访问的是 I/O 端口，低电平时访问的是存储器。

3）在 8086/8088 两种不同工作方式下有不同名称和定义的引脚。如第 29 引脚 $\overline{WR}/\overline{LOCK}$，当 8086/8088 工作于最小模式时，该引脚传送 CPU 发出的写信号 $\overline{WR}$，而当工作于最大模式时，该引脚是总线锁定信号。

4）可以传送两种信息的引脚。若两种信息在时间上是可以分开的，则可用一个引脚在不同时刻传送不同信息，通常这类引脚称为分时复用线。如 $AD_0 \sim AD_{15}$ 引脚，当 ALE=1 时，这些引脚上传输的是地址信息；当 $\overline{DEN}$ =0 时，这些引脚上传输的是数据信息；又如第35～第38引脚（$A_{19}/S_6 \sim A_{16}/S_3$），采用多路开关分时输出，在存储器操作的总线周期中，第一个时钟周期输出20位地址的高4位（$A_{16} \sim A_{19}$），其他时钟周期输出状态信号。

5）输入/输出分别传送不同信息的引脚。如 CPU 在最大模式下工作，第31引脚 $\overline{RQ}/\overline{GT_0}$ 输入时传送总线请求信息，输出时传送总线请求允许信息。

2.1.4　8086/8088 的工作方式

为了适应各种场合，8086/8088 CPU 有两种工作方式：最小方式和最大方式。

最小方式指系统中只有 8086/8088 一个微处理器。在这种系统中，8086/8088 CPU 直接产生所有的总线控制信号，系统所需的外加总线控制逻辑部件最少。

最大方式指系统中含有两个或多个微处理器，其中一个为主处理器 8086/8088 CPU，其他的称为协处理器，它们是协同主处理器来工作的。和 8086/8088 相配的协处理器有两个：一个是专用数值运算的协处理器 8087，系统中有了此协处理器后会大幅度提高数值运算速度；另一个是专用于输入/输出操作的协处理器 8089，系统中加入 8089 后会提高主处理器的效率，大大减少输入/输出操作占用主处理器的时间。在最大方式下工作时，控制信号是通过 8288 总线控制器提供的。

在不同的工作方式下，部分引脚（第24～第31引脚）会有不同的功能。

2.2　80386 微处理器

2.2.1　80386 的内部结构

如果说微处理器从 8 位到 16 位主要是总线的加宽，那么从 16 位到 32 位则是在体系结构设计上的革新。32 位微处理器的问世是微处理器发展史的又一里程碑。32 位微处理器普遍采用流水线技术、指令重叠技术、虚拟存储技术、片内存储管理技术、存储器分段技术、分页保护技术等。这些技术的应用使 32 位微机可以更有效地处理数据、文字、图像、图形、语音等各种信息，为实现多用户、多任务操作系统提供了有力的支持。

80386 采用流水线工作方式，其内部结构按功能划分由 6 大部件组成：总线接口部件（BIU）、指令预取部件（IPU）、指令译码部件（IDU）、指令执行部件（EU）、分段部件（SU）和分页部件（PU）。80386 的逻辑结构如图 2-8 所示。其中，分段部件和分页部件统称存储器管理部件（Memory Management Unit，MMU）。

总线接口部件（BIU）是微处理器与系统的接口。其功能是：在取指令、取数据、分段部件请求和分页部件请求时有效地满足微处理器对外部总线的传输请求。BIU 能接收多个内部总线请求，并能按优先权加以选择，最大限度地利用总线宽度为这些请求服务。

指令预取部件（IPU）的职责是从存储器预先取出指令。它是一个能容纳 16 条指令的队列。指令译码部件（IDU）的职责是从指令预取部件的指令队列中取出指令字节，对它们进行译码后存入自身的已译码指令队列中，并且做好执行部件处理的准备工作，如果在预译码时发现是转移指令，可提前通知总线接口部件（BIU）去取目标地址中的指令，取代原预取队列中的顺序指令。

CPU　　　　　　　分段部件　MMU　分页部件　　　　BIU

有效地址总线

输入加法器　　加法器　　　总线控制

请求判优器　　HOLD,INTR,NMI
ERROR,BUSY
RESET,HLDA

32

有效地址总线

描述符寄存器

32

页高速缓冲存储器

物理地址总线　控制

32

界限和属性PLA

控制和属性PLA

保护测试部件

内部控制总线

偏移量总线

线性地址总线

码获取/页表获取

地址驱动器　　BE₀#~BE₃#
A₂~A₃₁
M/IO#,D/C#,W/R#
LOCK,ADS#,NA#
BSIC#
READY#

流水线/总线宽度控制

桶形移位器
ALU
乘/除
寄存器组

状态标志

译码和定序

指令译码器

预取器/界限校验器

32

多路发送/接收器　D₀~D₃₁

ALU控制

控制ROM

已译码指令队列

16字节预取队列

数据处理部件　　控制部件　指令译码部件　指令预取部件

专用ALU总线

32

图 2-8　80386 的逻辑结构

指令执行部件（EU）由控制部件、数据处理部件和保护测试部件组成。控制部件中包含控制 ROM、译码电路等微程序驱动机构。数据处理部件中有 8 个 32 位通用寄存器组、1 个算术逻辑运算器 ALU、1 个 64 位桶形移位器、1 个乘/除法器和专用的控制逻辑，它负责执行控制部件所选择的数据操作。保护测试部件用于微程序控制下执行所有静态的与段有关的违章检验。指令执行部件中还有一条附加的 32 位内部总线及专门的总线控制逻辑，以确保指令的正确完成。

在由 80386 组成的系统中，存储器采用段、页式结构。页是按机械划分的，每 4KB 为 1页，程序或数据均以页为单位进入实存。存储器按段来组织，每段包含若干页，段的最大容量可达 4GB。在 80386 中，分段部件（SU）根据执行部件的要求完成有效地址的计算，以实现逻辑地址到线性地址的转换。分页部件（PU）将分段部件产生的线性地址转换成物理地址，提供对物理地址空间的管理。一个任务最多可包含 16KB 段，所以 80386 可为每个任务提供64TB 的虚拟存储空间。为了加快访问速度，系统中还设置了高速缓冲存储器（Cache），构成完整的高速缓存—主存—辅存三级存储体系。

80386 的存储器管理部件（MMU）和其中各部件集成于同一芯片中，可以把从形成有效地址到产生线性地址和物理地址的各个步骤都重叠起来，充分利用了流水线与并行执行的优点，且简化了电路设计，降低了系统的复杂性和价格，提高了可靠性和速度。

2.2.2　80386 的寄存器

80386 共有 34 个寄存器，按功能可分为 7 类：通用寄存器、段寄存器、系统地址寄存器、指令指针和标志寄存器、控制寄存器、调试寄存器和测试寄存器。

1. 通用寄存器

80386 中有 8 个通用寄存器，都是对 8086 通用寄存器的 32 位扩展，其用法与在 8086 中相似，支持 8、16、32 位操作。需要注意的是，进行 32 位操作时，寄存器名称前面冠以 "E"。8 个寄存器的名称如下：EAX（累加器）、EBX（基址）、ECX（计数）、EDX（数据）、ESP

（栈指针）、EBP（基址指针）、ESI（源变址）、EDI（目的变址）。

2. 段寄存器

80386 设置 6 个 16 位段寄存器，其中 CS、SS、DS 和 ES 与 8086 中的完全相同，新增加的 FS、GS 是两个支持当前数据段的段寄存器。

在保护虚拟地址方式时，段寄存器称为段选择器，用来存放虚拟地址指示器中的段选择子，它与段描述符寄存器配合实现段寻址。为了实现存储器分段管理，80386 把每个逻辑段的 32 位基地址、长度限值、属性等信息定义成一个称为段描述符的 8 字节共 64 位长的数据结构，把所有的段描述符设置成系统的段描述符表。

80386 有 6 个段描述符寄存器，它们与 6 个段寄存器一一对应。段描述符寄存器和段描述符的结构完全一样。64 位的段描述符寄存器对程序员是不可操作的。当一个段选择子装入段寄存器时，系统根据段选择子找到所对应的描述符项，同时装入对应的段描述符寄存器。这样，只要段选择子不变，就不需要到内存中查询描述符表，从而加快了段寻址的速度。

3. 系统地址寄存器

80386 设置了 4 个专用的系统表地址寄存器 GDTR、LDTR、IDTR 和 TR，用于保存保护方式下所需要的有关信息。

80386 设置了三种描述符表，即全局描述符表 GDT、局部描述符表 LDT 和中断描述符表 IDT。前两个定义了系统中使用的所有（最多有 8K 个）段描述符，IDT 则包含了 256 个中断程序入口的中断向量描述符。实际上，这些描述符表是长度为 8～64KB 的数组，段寄存器中选择子的高 13 位，就是所对应的描述符在表中的索引地址。

GDTR 和 IDTR 均为 48 位寄存器，其中 GDTR 用来存放 GDT 的 32 位基地址和 16 位段长限值，IDTR 存放 IDT 的 32 位基地址和 IDT 的 16 位段长限值。LDTR 和 TR 均是 16 位寄存器，LDTR 用来存放 LDT 的段选择子，而 TR 用来存放任务状态段表的段选择子。

4. 指令指针和标志寄存器

80386 设置了 1 个 32 位的指令指针 EIP 和 1 个 32 位的标志寄存器 EFLAGS。EIP 是 IP 的扩展，它包含着待执行指令的 32 位偏移量，该值总是相对 CS 所代表的段基址而言的，它可直接寻址 4GB 的实存空间。

EFLAGS 寄存器的低 12 位与 8086 的标志寄存器 FLAGS 一样，高 20 位增加了 4 个控制位。IOPL（I/O Privilege Level，$D_{13}D_{12}$）占两位表示 I/O 特权级标志，0～3 共 4 级，仅用于保护方式，用于为 I/O 设备选择特权级。NT（Nested Task，D_{14}）为任务嵌套标志，指出当前所执行的任务是否与另一个任务嵌套。RF（Resume Flag，D_{16}）为恢复标志，调试失败后，通过此位置 1 来强迫程序继续执行，当指令顺利执行时，RF 自动清零。VM（Virtual-8086 Mode，D_{17}）为虚拟 8086 方式标志，VM 被置 1 且 80386 已处于保护模式下时，则 CPU 切换到虚拟 8086 模式，此时对段的任何操作又回到了实模式，如同在 8086 下运行一样。

5. 控制寄存器

80386 设置了 4 个 32 位的控制寄存器，CR_0～CR_3。它们和系统地址寄存器一起保存着全局性的机器状态，主要供操作系统使用。

6. 调试寄存器

80386 有 8 个 32 位的调试寄存器 DR_0～DR_7。DR_0～DR_3 用于设置 4 个断点；DR_6 用于指示断点的当前状态；DR_7 用来设置允许或禁止断点调试的控制；DR_5、DR_4 保留。

7. 测试寄存器

80386 有两个 32 位的测试寄存器 TR_7 和 TR_6。TR_7 用来保留存储器测试所得的数据；TR_6 为测试控制寄存器，存放测试控制命令。

80386 共有 152 条指令，分为 9 类：数据传输指令、算术逻辑运算指令、循环移位指令、串处理指令、位处理指令、控制转移指令、高级语言支持指令、操作系统支持指令和处理器控制指令。指令分别有 16 位和 32 位寻址方式，其中 16 位寻址方式与 8086 的寻址方式完全相同。32 位寻址方式有一个重要的特点：通用寄存器都可作为基址寄存器使用，通用寄存器（除 ESP 外）也可作为变址寄存器使用，并可乘上一个比例因子（1、2、4 或 8），对数组的处理特别方便。

2.2.3　80386 的工作方式

80386 有高性能的存储管理部件（MMU），有力地支持了三种工作方式：实地址方式、保护虚拟地址方式和虚拟 8086 方式。

1. 实地址方式

80386 在加电或复位初始化时进入实地址方式，这是一种为建立保护方式做准备的方式。它与 8086 相同，由 16 位段选择子左移 4 位与 16 位偏移地址相加得到 20 位物理地址，可寻址 1MB 的存储空间。这时段的基地址在 4GB 物理存储空间的第一个 1MB 内。

2. 保护虚拟地址方式

80386 的保护虚拟地址方式是其最常用的方式，一般开机或复位后，先进入实地址方式完成初始化，然后立即转入保护虚拟地址方式。也只有在保护虚拟地址方式下，80386 才能充分发挥其强大的功能。

80386 在保护虚拟地址方式下，存储器用虚拟地址空间、线性地址空间和物理地址空间三种方式来描述，可提供 4GB 实地址空间，而虚拟地址空间可以高达 64TB。此时 80386 支持存储器的段页式结构，提供两级存储管理。

80386 支持两种类型的特权保护：通过给每个任务分配不同的虚拟地址空间可实现任务之间的完全隔离；在同一个任务内，定义 4 种执行特权级别，高特权级别的代码可以访问低特权级别的代码，由此实现了程序与程序之间、用户程序与操作系统之间的隔离与保护，为多任务操作系统提供了优化支持。

3. 虚拟 8086 方式

虚拟 8086 方式又称为 V86 方式。80386 把标志寄存器中的 VM 标志位置 1，即进入 V86 方式，执行一个 8086 程序把 VM 复位，即退出 V86 方式而进入保护虚拟地址方式，执行保护虚拟地址方式的 80386 程序。

一般情况下，80386 的实地址方式主要是为初始化使用的，它还可为运行保护虚拟地址方式所需的数据结构做好配置和分配。真正运行 8086 程序往往用 V86 方式，这些 8086 程序称为 VM86 任务。在 V86 方式中，实现虚拟化的方法是把有关存储器、输入/输出指令进入陷阱处理，并且使用一种称为虚拟机的监控程序对它们进行仿真。V86 方式下允许使用分页方式，将 1MB 分为 256 个页面，每页面 4KB。

V86 方式是 80386 设计的一个重要特点，它可以使大量的 8086 程序有效地与 80386 保护虚拟地址方式的程序并行运行，从而达到 8086 和 80386 的多任务并行操作。

2.2.4　80386 的存储器管理

80386 在保护虚拟地址方式下，采用分段、分页两级综合存储管理，用分段管理组织其逻辑地址空间的结构，用分页管理来管理其物理存储。80386 的分段部件把程序的逻辑地址变换为线性地址，进而由分页部件变换为物理地址。这种段管理基础上的分页管理是 80386 所支持的最全面、功能最强的一种存储管理方式。由于微处理器内还设置高速缓冲存储器（Cache）和其他功能部件，使得这种两级地址转换的速度很快。

1. 分段管理

80386 的段描述符为 8 字节，段基地址扩大到 32 位，段限值扩大到 1MB，增添了 4 位语义控制字段。80386 的段描述符格式如图 2-9 所示。

D_{63}				D_{48}						D_{39}		D_{15}		D_0
基地址 （31~24）	G	D	O	界限 （19~16）	P	DPL	S	类型	A	基地址 （23~0）		界限 （15~0）		

图 2-9　80386 的段描述符格式

80386 有两种主要的段类型，即系统段和非系统段（包括代码段和数据段）。段描述符中 S 位（段位）判别某一给定段是系统段还是代码段或数据段。若 S 为 1，则为代码段或数据段；若 S 为 0，则为系统段。段描述符各字段的意义如下。

1）基地址（32 位）指出段基地址。

2）界限（20 位）指出段长度的限值，表明段最大可为 1MB。

3）P（1 位）表示存在位置。P 为 1 在内存中，P 为 0 不在内存中。

4）DPL（2 位）表示描述符特权级，其值为 0～3。

5）S（1 位）表示段描述符。S 为 0 表示系统段描述符；S 为 1 表示代码段或数据段描述符。

6）类型（3 位）指出段类型。

7）A（1 位）表示已访问位。A 为 1 表示已访问过。

8）G（1 位）表示组织位。G 为 1，段长度以页面为单位；G 为 0，段长度以字节为单位。

9）D（1 位）表示代码段默认操作长度。D 为 1 表示 32 位代码段，D 为 0 表示 16 位代码段。

10）O（2 位）表示备用段。考虑与将来的处理机兼容，这两位必须为 0。

80386 的虚拟地址指示器提供 48 位地址指针：16 位段选择符和 32 位的偏移量。16 位段选择符由三字段组成：最低的两位为 RPL，表示请求者的特权级别，共有 4 级；接着的 1 位为 TI，是描述符表的指示符：若 TI 为 1 则表示选中局部描述符表 LDT，若 TI 为 0 则表示选中全局描述符表 GDT；其余 13 位为描述符表的偏移量，它和 TI 组合选中段描述符。

16 位段选择子中用 14 位作段描述符的寻址，加上偏移量的 32 位寻址，80386 为每个任务可提供 14+32=46 位，即 64TB 逻辑地址的寻址能力。逻辑地址通过分段部件转换得到 32 位线性地址，可用来寻址 4GB 物理空间。

分段存储管理就是要根据逻辑地址提供的段选择符和偏移量，通过段选择符从描述符表中找到相应的描述符，从描述符中取得段的 32 位基地址，加上逻辑地址提供的 32 位偏移量，形成 32 位的线性地址。分段存储管理的逻辑地址到线性地址的转换如图 2-10 所示。

分段部件使用保存在段描述符中的信息实现保护校验，如果出现保护冲突，分段部件将出现一次事故跟踪。

图 2-10　逻辑地址到线性地址的转换

2. 分页管理

80386 的物理存储器组织成若干个页面，一般每个页面为 4KB。

80386 分页采用了页目录表、页表两级页变换机制，低一级的页表是页的映像，由若干页描述符组成，每一个页描述符指示一个物理页面；高一级的页目录表是页表的映像，由若干页目录描述符组成，每一个页目录描述符指示着不同的页表，由 80386 的页目录基地址寄存器 CR3 指示页目录表在存储器中的位置。80386 的页表和页目录表中最多可分别包含 2^{10} 个页描述符和页目录描述符，每个描述符均由 4 字节（32 位）组成，其格式也基本相同。具体如下。

P（D_0）为存在位。页面或页表转入存储器时 P 为 1，否则为 0。

R/W（D_1）为读/写控制位。R/W 为 1 表示写，为 0 表示读。

U/S（D_2）为用户/监控位。U/S 为 1 表示用户操作，为 0 表示监控操作。

A（D_5）为访问位。对该页面或页表进行过读写访问时 A 为 1，否则为 0。

D（D_6）为出错位。D 为 1 表示出错，为 0 表示未出错。

SYSTEM（$D_{11} \sim D_9$）为系统位，留给系统使用。D_3、D_4、D_7、D_8 默认为 0。

页面地址指针或页表地址指针（$D_{31} \sim D_{12}$）分别对应页面或页表的基地址。

80386 的页面和页表均起始于存储空间的 4KB 界上，因此页面地址和页表地址的低 12 位全为 0。在 80386 分页系统中，由 CR3 给出页目录表的基地址，利用 32 位线性地址的高 10 位在页目录表的 1024 个页目录描述符中选定 1 个，从而获得对应页表的基地址；利用线性地址的中间 10 位，在对应页表的 1024 个页描述符中选定 1 个，得到页面地址；利用线性地址的低 12 位可在指定页面的 4KB 中选中一个物理存储单元，实现从线性地址到物理地址的转换。这种地址转换是标准的二级查表机制。如图 2-11 所示。

在这个分页系统中，通过页目录表可寻址多达 1K 个页表，每个页表可寻址多达 1K 个页

图 2-11　80386 的分页机制

面，因此可寻址 1M 个页面，而一个页面有 4KB，即可寻址 80386 的整个物理空间 4GB。

3．高速缓冲存储管理

为了加快段内地址的转换速度，在 80386 芯片上有高速缓冲存储器（Cache），可把当前段描述符存入 Cache 中，在以后进行的地址转换中就不用再访问描述符表，而只与 Cache 打交道，这样就大大提高了地址转换的速度。

分页系统也支持 Cache，把最新、最常用的页表项目自动保存在称为转换后备高速缓存（TLB）中。TLB 共可保存 32 个页表信息，32 个页与对应页的 4KB 相联系，从而覆盖了 128KB 的存储器空间。对一般的多任务系统来说，TLB 具有大约 98%的命中率，也就是说在处理器访问存储器过程中，只有 2%必须访问两级分页机构，所以加快了地址转换的速度。

2.3　高性能微处理器

2.3.1　Pentium 微处理器

1993 年 3 月，Intel 公司推出了新一代名为 Pentium（奔腾，即 P5）的微处理器。它拥有 32 位寄存器、64 位数据总线和 32 位地址总线、高性能浮点处理部件和多媒体处理 MMX 部件。采用 0.80μm 制造工艺，支持 60 和 66MHz 前端总线速度（FSB），安全工作电压为 5V。Pentium 处理器采用全新的设计，与 80486 相比内部结构也作了很大改进，但是依然保持了和 80x86 系列的二进制兼容性，在相同的工作模式上可以执行所有的 80x86 程序。片内存储管理单元（MMU）也与 80386 和 80486 兼容，可以在实地址模式引导下转入保护模式和虚拟 86 模式，其指令集包括了 80486 的所有指令，并增加了新的指令。

其下一代产品是一年后推出的 P54，它支持 3.3V 的内核电压，使用了 0.50μm 甚至是 0.35μm 的制造工艺，处理器的时钟频率达到 75～200MHz，总线频率为 50～66MHz。P5 带有 16KB 的一级缓存。要特别提到的是，这次 Intel 首次运用了两个独立的一级高速缓存，8KB 用于数据，另外的 8KB 用于指令。采用 Socket5 和 IA-32 架构。

Intel 下一个最重要的转变就是 P55 处理器的推出，这是第一款采用增加了 57 条 MMX 指令集（主要用于多媒体和网络通信）的 CPU。随着 CPU 制造工艺的继续发展，处理器已转向 0.35μm 制造工艺上，运行电压变成 2.8V，这就要求主板进行相应结构上的改变以支持此 CPU 的电压，也就是说要对主板增加一个电压调整器。新 CPU 的一级缓存也增加到 32KB。

Pentium MMX 处理器在 Socket7 的架构下工作于 166～233MHz 的时钟频率，它的总线频率为 66MHz。Pentium 处理器的逻辑结构如图 2-12 所示。

2.3.2　Pentium 微处理器的技术特点

除了具有与 80x86 系列微处理器完全兼容的特点以外，在 CPU 的结构体系上，还有如下一些新的特点。

图 2-12　Pentium 处理器的逻辑结构

（1）Pentium 的片内高速缓存采用了分离式结构。Cache 分为两个成组相联的 8KB 指令 Cache 和 8KB 数据 Cache，这种将片内高速缓存分开的做法使各自的 Cache 能够加快速度，减少等待时间及搬移数据的次数和时间，从而提高整体性能。

（2）Pentium 采用 RISC 技术。Pentium 虽然属于 CISC 处理器，但在执行单元的设计中采用了较多的 RISC 技术。例如，Pentium 具有超标量指令流水线功能，超标量指令流水线的基本思想是 RISC 技术的重要内容之一。一个处理器中有多个指令执行部件时，Intel 公司称之为超标量结构。奔腾微处理器有两个执行部件，这些执行部件也称为流水线，用于执行程序指令。每个执行部件都有自己的 ALU、地址生成电路及数据高速缓存接口。

（3）Pentium 具有高性能的浮点运算部件。Pentium 中的浮点运算部件完全重新设计，根据测试，Pentium 中 FPU 的速度是 80486 中 FPU 的两倍，Pentium 中的浮点操作已高度流水线化，并与整数流水线相结合。

（4）具有分支指令预测功能。在指令流水线的处理过程中，分支指令（转移指令）有相当大的破坏作用，在 Pentium 处理器中设立了能预测分支指令的分支目标缓冲器（BTB，Branch Target Buffer）。如预测无分支指令，则预取将继续按顺序执行，如预测到有分支指令，则可在分支指令进入指令流水线之前根据预测预取指令记住分支目的地址，并允许分支发生前预取新指令，从而不致使指令流水线陷入混乱或停滞。

（5）数据总线位宽增加。Pentium 处理器的内部数据总线为 32 位，但处理器与内存进行数据交换的外部数据总线为 64 位，在一个总线周期内将数据传输量增加了一倍。另外，Pentium 还支持多种类型的总线周期，在突发方式下，可以在一个总线周期内传送 4 个 64 位数。

（6）常用指令固化。在 Pentium 处理器中，把一些常用指令（如 MOV、INC、DEC、PUSH 等）改为硬件实现，不再使用微代码进行操作，使指令的运行速度进一步加快。

（7）系统管理模式（System Management Mode，SMM）。SMM 最显著的应用就是电源管理，它可以使处理器和系统外围部件在暂不工作时休眠一定的时间，然后再按键唤醒它们，使之继续工作。通过使用引脚的信号，SMM 甚至能完全控制整个系统，包括输入/输出和 RAM。

2.3.3　Pentium 微处理器的发展

1. Pentium Pro

Pentium Pro（高能奔腾，686 级的 CPU）是第一个属于第六代 CPU 的产品。

Pentium Pro 是 P6 级的微处理器，1995 年由 Intel 公司推出。此核心架构代号为 P6，它也是后来 Pentium Ⅱ、Pentium Ⅲ所使用的核心架构。Pentium Pro 具有 36 条地址线，可寻址 64GB 的地址空间。Pentium Pro 具有 16KB 的一级缓存，时钟频率为 150～200MHz，其系统总线为 60MHz 或 66MHz，采用的是 Socket8 结构。

Pentium Pro 最引人注目的地方是它具有一项称为"动态执行"的创新技术，这是继奔腾在超标量体系结构上实现突破之后的又一次飞跃。由于当时缓存技术还不够成熟，加上当时缓存芯片还非常昂贵，因此尽管 Pentium Pro 性能不错，但远没有达到抛离对手的程度，加上价格十分昂贵，Pentium Pro 实际上出售的数目非常少，市场生命也非常短，Pentium Pro 可以说是 Intel 第一个失败的产品。当时 Pentium Pro 主要用于工作站和服务器。

2. Pentium Ⅱ

Pentium Ⅱ（奔腾Ⅱ）为 Intel 于 1997 年 5 月 7 日推出的微处理器。它基于 Pentium Pro 使用的 P6 微处理架构，但它的 16 位元处理能力获得优化，并加入 MMX 指令集。与 Pentium 及 Pentium Pro 处理器不同，Pentium Ⅱ使用一种插槽式设计。处理器芯片与其他相关芯片皆在一块类似子卡的电路板上，而电路板上有一块塑胶盖，有时也有一个风扇。Pentium Ⅱ把 L2 放到该电路板上，但只运行处理器时钟频率一半的速度。此举增加了处理器的良率（也称为合格率），从而降低制作成本。Pentium Ⅱ于 1999 年被 Pentium Ⅲ取代。

3. Pentium Ⅲ

Pentium Ⅲ仍是 32 位 Intel 结构（IA-32）CPU，于 1999 年 2 月 26 日推出。刚推出的版本与早期的 Pentium Ⅱ非常相似，最值得注意的不同是 SSE 指令的扩充，以及在每个芯片制造过程中加入了有争议的序号。与 Pentium Ⅱ相同，也有低阶的 Celeron 版本和高阶的 Xeon 版本。Pentium Ⅲ最后被 Pentium 4 取代，Pentium Ⅲ的改进设计就是现在的 Pentium M。

4. Pentium 4

Pentium 4（奔腾 4）是 Intel 生产的第 7 代 x86 微处理器，并且是继 1995 年出品的 Pentium Pro 之后的第一款重新设计过的处理器，这一新的架构称作 NetBurst。因为是全新设计的产品，它不同于 Pentium Ⅱ、Pentium Ⅲ和各种 Celeron 处理器，与 Pentium Pro 的关联也很小。值得注意的是，Pentium 4 有着快速到 400MHz 的前端总线，它其实由 4 条 100MHz 的并列总线构成，因此理论上它可以传送比一般总线多四倍的容量，所以号称有 400MHz 的速度。

2.3.4　多核微处理器

1. 多核微处理器简介

多核微处理器是指在一枚微处理器中集成两个或多个完整的计算引擎（内核）。多核技术的开发源于工程师们认识到仅仅提高单核芯片的速度会产生过多热量且无法带来相应的性能改善，先前的处理器产品就是如此。他们认识到，在先前产品中以那种速率处理器所产生的热量很快会超过太阳表面。即便没有热量问题，其性价比也令人难以接受，速度稍快的处理器价格要高很多。

多核微处理器就是基板上集成有多个单核 CPU，早期 PD 双核需要北桥来控制分配任务，各核之间存在抢二级缓存的情况。后期酷睿自己集成了任务分配系统，再搭配操作系统，能真正同时处理两份任务，速度过快时，如果其中一个单核死机，另一个 CPU 还可以继续处理关机、关闭软件等任务。

多核微处理器的出现似乎给人们带来了新的希望。早在 20 世纪 90 年代末，就有众多业界人士呼吁用 CMP（单芯片多处理器）技术来替代复杂性较高的单线程 CPU。IBM、惠普、Sun 等高端服务器厂商，更是相继推出了多核服务器 CPU。不过由于服务器价格高、应用面窄，并未引起大众的广泛注意。直到 AMD 抢先推出 64 位处理器后，Intel 才想起利用"多核"这一武器进行"帝国反击战"。2005 年 4 月，Intel 仓促推出简单封装双核的奔腾 D 和奔腾四至尊版 840。AMD 在之后也发布了双核处理器。但真正的"双核元年"则被认为是 2006 年。这一年的 7 月 23 日，Intel 基于酷睿（Core）架构的处理器正式发布。2006 年 11 月，又推出面向服务器、工作站和高端个人计算机的至强（Xeon）5300 和酷睿双核和四核至尊版系列处理器。与上一代台式机处理器相比，酷睿双核处理器在性能方面提高 40%，功耗反而降低 40%。作为回应，同年 7 月 24 日，AMD 也宣布对旗下的双核 Athlon64 X2 处理器进行大降价。由于功耗已成为用户在性能之外所考虑的首要因素，两大处理器巨头都在宣传多核处理器时，强调其"节能"效果。Intel 发布了功耗仅为 50W 的低电压版四核至强处理器，而 AMD "Barcelona"四核处理器的功耗没有超过 95W。

Core i7（酷睿 i7，内核代号为 Bloomfield）处理器是 Intel 于 2008 年推出的 64 位四内核 CPU，沿用 x86-64 指令集，并以 Intel Nehalem 微架构为基础，i7 用于取代 Intel Core 2 系列处理器。

2. IA-32 与 IA-64 架构

IA-32 架构（Intel Architecture，32 位）常被称为 i386、x86-32 或是 x86，是由 Intel 公司推出的指令集架构，至今 Intel 最受欢迎的处理器仍然采用此架构。它是 x86 架构的 32 位元延伸版本，首次应用在 Intel 80386 芯片中。x86-64 兼容 x86-32 架构，可在同一时间内处理 64 位的整数运算，其中支持 64 位逻辑定址，同时提供转换为 32 位定址选项，但数据操作指令默认为 32 位和 8 位，提供转换成 64 位和 16 位的选项，支持常规用途的寄存器，如果是 32 位运算操作，就要将结果扩展成完整的 64 位。指令中有"直接执行"和"转换执行"的区别，其指令字段是 8 位或 32 位的，可避免字段过长。x86-32 处理器的寻址空间限制在 4GB 内存。

IA-64 架构是 Intel 公司推出的 64 位指令集架构，在 Intel 采用了 x86 指令集后，它又转而寻求更先进的 64 位微处理器，Intel 这样做的原因是想摆脱容量巨大的 x86 架构，从而引入精力充沛且功能强大的指令集，于是采用 EPIC（并行指令处理）技术的 IA-64 架构诞生了。Intel 公司 1999 年推出的 Itanium（安腾）微处理器是 IA-64 系列中的第一款，安腾一般用在高端应用上，运行的系统一般是 Unix 系统。IA-64 微处理器最大的缺陷是它们缺乏与 x86 的兼容，AMD 考虑顾客需求，加强 x86 指令集的功能，使这套指令集可同时支持 64 位的运算模式，因此 AMD 把它们的结构称为 x86-64。

微处理器发展至此，并不是极致，更新的处理器将会以前所未有的功能展现在我们面前。

2.4　80x86 微型计算机系统

标准的 PC 硬件由主机（CPU、主板、内存、显卡、网卡、声卡及其他接口卡）和外设组成。如果把计算机比作一个人，那么 CPU 就是人的大脑，主板就是人的躯体和脉络，而其他的功能部件便是人的相应器官。

2.4.1　微型计算机系统主板

系统主板（System Board，也叫 Main Board 或 Mother Board）是 PC 的重要组成部分。主板完成计算机系统的管理和协调，支持 CPU、内存、总线及接口卡的正常运行。主板上所用的芯片组、BIOS、电源器件和布线水平决定了它的级别。主板的外形多为矩形印制电路板（Printed Circuit Board，PCB），集成有芯片组、各种 I/O 控制芯片、键盘和面板控制开关接口、指示灯接插件、扩展槽、主板和电源接口等元器件。

1. CPU 与 CPU 插座或插槽

CPU 是 PC 的核心部件，它需要安装在主板上以发挥其作用。CPU 芯片有较多的引脚，主板需要使用专用插座或插槽将 CPU 连接到主板上。CPU 插槽主要分为 Socket 和 Slot 两种。Pentium CPU 使用 296 引脚的 PGA（Pin Grid Arrange）封装，采用 ZIF（Zero Insertion Force，零插拔力）插座 Socket7。

2. 芯片组

随着超大规模集成电路（Very Large Scale Integration，VLSI）技术的发展，目前已能将 PC 的总线控制（CPU、PCI、AGP 总线等）和图形显示、声卡、I/O 接口功能集成在 2～3 片芯片中，这些芯片组在系统中起到神经中枢的作用。有了芯片组，主板结构变得非常简洁，就一般应用而言，不再需要插入其他 I/O 接口卡就能使计算机工作。

3. 内存和内存条插槽

最早的 PC 直接使用存储器芯片构成内存，即芯片插入主板上的芯片插座。后来 PC 改为使用内存条，每个内存条上装入多片存储器芯片，组成较大容量的存储器。按内存条划分，内存插槽主要分为 EDO、SDRAM、DDR 等，目前系统板上常见的为 DDR 内存插槽。

4. 扩展槽

主板上设有若干扩展插槽，也称为总线插槽。各种板卡（接口电路）能够插入系统主板扩展插槽与系统总线相连，以实现系统的扩展。扩展插槽应遵循一定的标准，以使板卡具有通用性。目前 PC 系统主板上一般包括 4～6 个 PCI 插槽和 1～2 个 ISA 插槽。PCI 插槽的工作频率为 33MHz，在系统主板上为白色；ISA 插槽在系统主板上为黑色，工作频率为 8MHz。

5. BIOS 芯片

系统主板上有一个基本输入/输出系统（Basic Input/Output System，BIOS）芯片。该芯片内部存储了一组管理程序，包括上电自检程序、DOS 引导程序、日时钟管理程序、基本 I/O 驱动程序等，这些程序固化在 ROM 芯片中，计算机上电后先执行其中的程序。

6. 硬盘机和光盘驱动器接口

硬盘、光驱使用 IDE 接口或者串行接口。芯片组包含 IDE 控制，一般可连接 4 个 IDE 设备，如 Intel 440 芯片组中的 82371 可挂 4 个 IDE 接口的硬盘或光驱。目前系统主板上通常有 1 个 IDE 接口，4 个高速串行接口。

7. 系统主板供电电路

PC 主板由主机电源提供 4 组电源，分别是+5V、–5V、+12V 和–12V。另外，主板上还有电源变换电路，以适应现在 CPU 使用低电源电压的要求。

2.4.2　80x86 典型芯片组 440BX

芯片组不仅对 CPU、主板起着极其重要的协调、支持和控制作用，而且在很大程度上也决定了 PC 的结构和性能，不同 Pentium 处理器必须有相应的芯片组配合才能正常工作，因此芯片组的发展也是十分迅速的。

Intel 440BX 作为一代经典芯片组曾经畅销 28 个月之久。440BX 芯片组由两片芯片组成，一片是 492 引脚的北桥芯片 82443BX，另一片是 324 引脚的南桥芯片 82731EB（PIIXE），而 Pentium Ⅲ使用南桥芯片 82731AB。采用 440BX 芯片组的典型主板结构框图如图 2-13 所示。

图 2-13　采用 440BX 芯片组的典型主板结构框图

南桥芯片与北桥芯片共同组成了芯片组，主要连接 ISA 设备和 I/O 设备。北桥芯片是 CPU 与外部设备之间的纽带，AGP、DRAM、PCI 插槽和南桥芯片等设备通过不同的总线与它相连。

北桥芯片 82443BX 的主要功能如下：

1）支持单、双 Pentium Ⅱ处理器，总线频率可达 100MHz。

2）集成了内存控制器，支持 100/66MHz 的 SDRAM，最大支持 512MB 内存。

3）PCI 总线接口遵循 PCI2.1 版规范，支持工作电压为+3.3/5V 及工作频率为 33MHz 的设备，支持除南桥芯片以外的 6 个 PCI 总线主设备。

4）集成了 AGP（Accelerated Graphics Port）接口，支持工作电压为+3.3V 及工作频率为 66/133MHz 的设备，以 133MHz 工作时带宽为 533Mb/s。

南桥芯片负责管理中断及 DMA 通道，其作用是使所有的信息能够有效传递。南桥芯片 82731EB（PIIXE）的主要功能如下：

1）PCI/ISA 桥连器，支持 ISA 总线。

2）集成了 IDE 控制器，可连接 4 个 IDE 设备，支持 16Mb/s 的 PIO 模式传输，支持 Ultra DMA33 模式传输，数据传输率可达 33Mb/s。

3）集成了 USB 控制器，支持两个 USB 端口。

4）集成了 7 个通道的 DMA 控制器、两个 82C59A 中断控制器、82C54 定时/计数器和实时时钟。

5）遵循 ACPI（Advanced Configuration and Power Interface，高级配置和电源接口）电源管理，支持系统挂起/再启动（挂起到 RAM 及磁盘）等功能。

6）支持 I/O APIC（Advanced Programmable Interrupt Controller）模块。

无论何种 PC 主板，除主存储器外，其上还有 ROM 与 RAM 两种不同类型的存储器芯片，其中 BIOS 是一片 ROM，而 COMS RAM 则需要电池供电，两个芯片中存放着指令代码和有关数据，相互之间有紧密的依存关系。

2.4.3　BIOS 功能与设置

1. BIOS 功能

BIOS 是微型计算机系统的一个底层管理程序，包括 4 个功能模块。

（1）上电自检。计算机接通电源后，系统有一个对各部件和设备进行检查的过程，这是由 BIOS 中的上电自检（Power on Self Test，POST）程序来完成的。它包括对主板上的 CPU、芯片组、主存储器、COMS 存储器、主板 I/O 接口、显示卡、软盘/硬盘子系统和键盘/鼠标等的测试。自检中若发现问题，系统将会给出屏幕提示信息并鸣笛报警。

（2）系统启动自检程序。在完成 POST 自检后，BIOS 将按照系统 CMOS RAM 中设置的启动顺序搜寻操作系统启动程序，如先看软盘驱动器 A 是否可启动，不行再看硬盘驱动器 C 是否可启动，仍不行则检查 CD-ROM 及网络服务器等有效的启动驱动设备。这一过程读入操作系统的引导记录，然后将系统控制权移交给引导记录，由引导记录完成操作系统的启动。

（3）BIOS 功能调用程序。这是系统软硬件之间的一个接口子程序库，操作系统对软盘、硬盘、光驱、鼠标、键盘和显示器等外设的输入/输出管理即建立在这一功能调用上。用户程序也可以方便地调用这些功能子程序，从而方便与简化了应用程序的设计。

（4）BIOS 系统参数设置程序。即使是使用同一型号主板转配的 PC，各个部件的配置也可以差别很大，如都是 Pentium 4 或者 Pentium Ⅲ，但其内部主频的差异也可以相差很大，因此应对每台机器的具体配置首先进行登记才能达到识别、诊断与管理的目的。系统参数设置程序就是收集这些配置参数，并将它们存放在一片可读/写的 CMOS RAM 芯片中。其中除了保存系统的 CPU 识别、存储器容量、软盘/硬盘驱动器容量规格、键盘和鼠标等部件的各类信息外，还有日期、时间、用户上机口令与密码等信息。为了在关机后不丢失这些数据，系统主板上通过一块后备电池向 CMOS RAM 供电。

2. BIOS 设置

在 BIOS ROM 芯片中有一个"BIOS SETUP"人机交互界面程序，专门用来设置 CMOS RAM 中的上述参数。例如，有些 PC 在开机时根据提示按下"DEL"键即可进入。机器装配成功后都要首先完成 BIOS 设置，以后根据需要可重新设置。Pentium 系统主板的 BIOS ROM 多采用 Flash 型 EEPROM 芯片，可以对其进行主板改写，方便用户对 BIOS 进行版本升级。

顺便指出，在许多其他设备中也可以见到 BIOS 芯片，只是功能不同且有局限性而已。例如，显示卡上有视频管理 BIOS，硬盘控制器中也有自身的 BIOS，有些网卡上的启动 ROM 也可称为 BIOS。

3. CMOS RAM

CMOS RAM 本身没有存放程序，而对 CMOS 中各项参数的设定要通过执行固化在 BIOS ROM 中的"BIOS SETUP"程序。这就说明了 ROM 型 BIOS 与 RAM 型 CMOS 参数之间的主从关系。换言之，CMOS 中的数据是通过 BIOS 中的设置程序存放的，而 BIOS ROM 中的自检等程序又必须调用 CMOS RAM 中存放的参数才能有效地识别、诊断各类部件及基本 I/O 设备。

早期的 CMOS 是一块单独的芯片，如 146818A、82C6818，共有 64 个字节存放系统信息。80386 以后的微机一般使用 82C206、85C206 等集成芯片。Pentium 系统主板上后来使用了 CMOS RAM、系统实时时钟和后备电池集成到一块的新产品，如 DALLAS 的 DS1287、12B887 等。

随着微型计算机技术的不断发展，需要设置的系统参数也在逐步增加，使得现在的 CMOS RAM 空间容量一般都有 128 字节或 256 字节。为了保持同先前产品的兼容性，各 BIOS 厂商都将前面 64 字节基本设置保持同 MC146818A 的格式一致，而在扩展出来的后面一部分空间定义自己的特殊设置。

思 考 与 练 习

2-1 简述 8086 CPU 中 EU 和 BIU 的功能。

2-2 简述地址加法器的工作原理。

2-3 简述 8086 存储器的组织结构特点。

2-4 为什么 8086 CPU 存储器组织采用分段结构？

2-5 简述 80386 微处理器的技术特点。

2-6 什么是实地址管理方式？

2-7 简述 80386 分页管理的工作原理。

2-8 简述 Pentium 微处理器的技术特点。

2-9 简述系统主板的功能和组成。

2-10 BIOS 设置和平常所说的 CMOS 设置有什么异同。

第3章　8086/8088 指令系统

　　同系列计算机有相同的指令系统，指令系统功能的强弱决定了计算机硬件系统功能的高低。本章以 8086/8088 微型计算机的指令系统为基础，介绍指令系统中涉及的基本概念、指令的寻址方式以及各种指令的功能和使用方法。

　　本章学习的重点是掌握指令对操作数的各种寻址方式和 8086/8088 指令系统全部六大类指令的功能和使用方法，包括指令操作码的含义、指令对操作数的要求和指令的执行结果等。

3.1　概　　述

　　指令是控制计算机完成指定操作，并且能够被计算机所识别的命令。计算机所能识别的所有指令的集合称作指令系统，不同系列计算机（或者说不同的微处理器）有着不同的指令系统。指令系统定义了计算机硬件所能完成的基本操作，其功能的强弱在一定程度上决定了硬件系统性能的高低。

　　Intel 8086/8088 CPU 指令系统也是 Intel 80x86 系列 CPU 的基本指令系统。8086/8088 CPU 指令系统是在其上一代 8 位 8080/8085 CPU 指令系统的基础上设计的，同时又能在其后续的 80x86 系列 CPU 上正确运行。与上一代微处理器的指令系统相比，8086/8088 指令系统的功能有了很大扩充，主要表现在：

　　1）有 8 个通用寄存器均可作累加器使用。

　　2）可进行字节或字的处理。

　　3）有重复指令和乘除运算指令。

　　4）扩充了条件转移，移位/循环指令。

　　5）可进行有符号数的运算。

　　6）有软中断和协调多处理器工作的指令。

　　8086/8088 CPU 的指令系统共包含 92 种基本指令，按照功能可将它们划分为六大类：数据传送类指令、算术运算类指令、逻辑运算和移位指令、串操作指令、控制转移类指令和处理器控制指令，见表 3-1。前四种类型指令属于数据操作类指令，用于数据传送和数据处理；后两种类型指令属于控制类指令，用于改变程序流向与控制 CPU 的工作状态。

表 3-1　　　　　　　　　　　　　8086/8088 CPU 常用指令一览表

指令类型		助　记　符
数据传送	一般数据传送	MOV、PUSH、POP、XCHG、XLAT
	输入/输出指令	IN、OUT
	地址传送指令	LEA、LDS、LES
	标志传送指令	LAHF、SAHF、PUSHF、POPF

续表

指令类型		助　记　符
算术运算	加法指令	ADD、ADC、INC
	减法指令	SUB、SBB、DEC、NEG、CMP
	乘法指令	MUL、IMUL
	除法指令	DIV、IDIV
	十进制调整指令	DAA、AAA、DAS、AAS、AAM、AAD
	字位扩展指令	CBW、CWD
逻辑运算指令		AND、OR、NOT、XOR、TEST
移位指令		SHL、SAL、SHR、SAR、ROL、ROR、RCL、RCR
串操作指令		MOVS、CMPS、SCAS、LODS、STOS、REP、REPE/REPZ
控制转移指令		JMP、CALL、RET、LOOP、LOOPE、LOOPE、INT、INTO、IRET、JXX（各种条件转移指令）
处理器控制指令		CLC、STC、CMC、CLD、STD、CLI、STI、HLT、WAIT、ESC、LOCK、NOP

3.1.1　指令的基本构成

1. 指令的一般格式

一条指令通常由两部分组成，如图 3-1 所示。第一部分为操作码（也称指令码，指令助记符），用便于记忆的助记符表示（一般是英文单词的缩写）指令要进行什么样的操作，这一部分是指令中必须存在的部分。必要时，可在操作码的前面加上前缀，从而实现某些附加操作。第二部分是操作数，即指令操作的对象。有些指令不需要操作数，此时指令只由操作码组成；有些指令只需要一个操作数；有些指令则需要两个操作数，这时必须用逗号将两个操作数分开。

图 3-1　指令的一般格式

指令长度（所占的字节数）会影响到指令的执行时间。8086 指令的长度在 1～6 个字节之间。操作码占用一个字节或两个字节。指令的长度主要取决于操作数的个数以及所采用的寻址方式。在微处理器指令系统中，可以没有操作数，也可以有一个操作数或者两个操作数。相应地，根据操作数的个数，指令在格式上具有以下 3 种形式。

（1）零操作数指令。指令在形式上只有一个操作码。这类指令操作的对象通常是处理器本身，如指令"HLT"。

（2）单操作数指令。指令在形式上只有一个操作数，如指令"INC CX"。

（3）双操作数指令。指令在形式上有两个操作数，这两个操作数必须用逗号分开，分别表示目标操作数（也称目的操作数）和源操作数，格式如图 3-1 所示。如指令"MOV　AX，2000H"，其中 AX 表示目标操作数，2000H 表示源操作数。

2. 指令中的操作数类型

8086/8088 指令中的操作数有 3 种类型：立即数操作数、寄存器操作数和存储器操作数。

（1）立即数操作数。立即数是指具有固定数值的操作数，即常数，在程序执行过程中不会发生变化。在 8086/8088 系统中，立即数可以是有符号数，也可以是无符号数；立即数可以是 8 位的，也可以是 16 位的。立即数的长度决定了立即数的取值范围，如果立即数的值超过了规定的取值范围，就会发生错误。

需要注意的是，立即数操作数在指令中只能用作源操作数，原因是立即数只是一个常数，没有表示地址的含义，因此不能当作目标操作数进行使用。

（2）寄存器操作数。8086/8088 CPU 的 8 个通用寄存器和 4 个段寄存器可以作为指令中的寄存器操作数，它们都可以作为源操作数。除了代码段寄存器 CS，其他的寄存器也可以作为目标操作数。寄存器操作数可以是 8 位的，也可以是 16 位的。

通用寄存器通常用来存放参加运算的数据或者数据所在存储器单元的偏移地址。段寄存器用来存放当前操作数的段地址。

仅个别指令将标志寄存器 FLAGS 作为指令的操作数。

（3）存储器操作数。存储器操作数是指参加运算的操作数存放在存储单元当中。在实际应用中，由于大多数操作数都存放在存储单元中，因此存储器操作数是用得最多的操作数类型。存储器操作数的字长可以是字节、字，也可以是双字。存储器操作数既可作源操作数，也可用于目标操作数，但不允许源操作和目标操作数同时为存储器操作数。

前面介绍过，能够唯一标识一个存储器单元的是物理地址，而物理地址是由段地址和偏移地址组合而成的 20 位地址。所以，要寻找一个存储器操作数，首先要确定操作数所在段的段地址。如果指令中没有指明所涉及的段寄存器，CPU 就采用默认的段寄存器来确定操作数所在的段。存储器操作数的偏移地址，也称为有效地址（EA，Efficient Address），可以通过不同的寻址方式由指令给出。操作数的寻址方式将在 3.2 节介绍。

3. 段重设

当操作数在内存单元时，系统根据默认的段寄存器来确定操作数所在的段。然而，当操作数段地址不在默认的段寄存器时，可以使用段重设前缀取代其默认约定。段重设的方法是在有关操作数的前面写上寄存器的名字，再加上冒号，例如：

```
MOV AX,[SI]              ;段地址默认情况下在 DS 中
MOV AX,ES:[SI]           ;段地址默认情况下在 DS 中,经过段重设后段地址在 ES 中
```

8086/8088 对段寄存器使用的约定和允许段重设的情况见表 3-2。

表 3-2　　　　　　　　　　　　　　**8086/8088 对段寄存器使用的约定**

存储器存取方式	默认段	可重设的段寄存器	段内偏移地址的来源
取指令	CS	无	IP
堆栈操作	SS	无	SP
源串	DS	ES、SS	SI
目标串	ES	无	DI
BP 作基址	SS	DS、ES	有效地址 EA
通用数据读写	DS	ES、SS	有效地址 EA

3.1.2　指令的执行时间

了解指令的执行时间，在有些时候是非常重要的。例如用软件产生定时或延时时，需要估算出一段程序的运行时间。由于 8086/8088 系统的指令种类很多，详细讨论比较烦琐，也没必要，这里只作一般讨论。

一条指令的执行时间包括：取指令、取操作数、执行指令及传送结果等几个部分，单位用时钟周期数表示。不同指令的执行时间有较大的差别。寄存器操作数指令占用的时间最短，而存储器操作数指令占用的时间长一些，因为这还需要考虑计算偏移地址（EA）所花费的时间。不同的寻址方式，计算偏移地址所需要的时间也不尽相同，其指令执行的时间可能会相差比较大。

在之前讨论的 3 种类型的操作数中，寄存器操作数的指令执行速度最快，其次是立即数操作数指令，存储器操作数指令的执行速度最慢。这是由于寄存器在 CPU 内部，执行寄存器操作数的指令时，CPU 的执行单元（EU）可以直接从 CPU 内部的寄存器中获取操作数，不需要访问内存，因此执行速度很快；对于立即数操作数，由于立即数操作数是指令的一部分，因此它位于总线接口单元（BIU）的指令队列中，执行指令时也不需要访问内存，因此执行速度也比较快；而存储器操作数位于内存单元中，为了获取操作数，首先要由总线接口单元计算出该操作数所在的 20 位物理地址，由于对内存进行了访问，因此相对于前两类操作数指令而言，存储器操作数指令的执行速度最慢。

以通用数据传送指令（MOV）为例，若 CPU 的时钟频率为 5MHz，即一个时钟周期为 0.2μs，则从寄存器到寄存器之间的传送指令的执行时间为

$$t=2×0.2=0.4μs$$

立即数传送到寄存器的指令执行时间为

$$t=4×0.2=0.8μs$$

而存储器到寄存器的字节传送，设存储器采用基址—变址寻址方式，则指令执行时间为

$$t=(8+EA)×0.2=(8+8)×0.2=3.2μs$$

3.2　寻　址　方　式

寻址，顾名思义，就是寻找地址。寻址方式则是指获取地址的途径和方法。在 8086/8088 系统中，主要寻址的对象是操作数的地址和程序的地址（即要执行下一条指令的地址）。对于后者，主要在程序转移或过程调用时用来寻找目的地址或入口地址，这一部分将在调用指令 CALL 和程序转移指令 JMP 中详细介绍。通常一条指令的操作数包括源操作数和目标操作数。这些操作数主要存放在微机系统的三个部件中，即 CPU 的寄存器、存储器或 I/O 端口中。因此，操作数地址又分为寄存器地址、存储器地址和 I/O 端口地址。对于对 I/O 端口地址的寻址将在输入/输出指令（I/O 指令）中介绍。在本节中，只讨论存放在寄存器和存储器中的操作数的寻址方式。

在 8086/8088 指令系统中，说明存放在寄存器和存储器中操作数地址的寻址方式有 8 种，这 8 种寻址方式是我们学习指令和汇编语言的基础，掌握寻址方式对于理解和正确使用指令是极其重要的。

3.2.1　立即寻址

立即寻址（Immediate Addressing）方式只针对源操作数。此时源操作数是立即数，立即

数作为指令的一部分，紧跟在操作码后面，与操作码一起放在指令代码段中，在程序运行时，程序直接调用该操作数，而不需要到其他地址单元中去取相应的操作数。立即寻址的作用是对寄存器或内存单元赋初值。

立即寻址需要注意的几点：

1）立即寻址只针对源操作数，目标操作数不能是立即数。该规定与高级语言中"赋值语句的左边不能是常量"的规定相一致。例如指令"MOV 1234H，AX"是一条错误的指令。

2）8086/8088 系统中，立即数可以是 8 位的或 16 位的整数。对于 16 位的立即数，它严格按照"高高低低"的原则进行存储，即低 8 位在低地址单元中存放，高 8 位在高地址单元中存放。

【例 3.1】　指令"MOV　AX，1234H"表示将 16 位立即数 1234H 送入累加寄 AX 中，指令执行后，AH=12H，AL=34H。指令执行过程如图 3-2 所示。

3）根据数制类型不同，可以使用二进制、八进制、十进制、十六进制等表示方法，并在相应的数制类型后面加上 B、O、D、H 作为区分，例如 00001111B、02H 等。

采用立即寻址方式时，操作数（立即数）作为指令的一部分跟随在指令的操作码之后，存放在内存的代码段。由于指令在执行过程中，立即数作为指令的一部分直接从 BIU 的指令队列中取出，不需占用总线周期，因此这种寻址方式执行速度较快。

图 3-2　立即寻址方式指令执行过程

3.2.2　寄存器寻址

在寄存器寻址（Register Addressing）方式下，指令的操作数位于 CPU 的内部寄存器中。这些寄存器可以是 8 位的通用寄存器 AL、AH、BL、BH、CL、CH、DL 或者 DH，也可以是 16 位的通用寄存器 AX、BX、CX、DX，还可以是地址指针、变址寄存器以及段寄存器。寄存器寻址指令的操作数既可以是源操作数，也可以是目标操作数，指令中直接给出寄存器名称。

【例 3.2】　指令"MOV　AX，BX"表示将 BX 中的内容放入 AX 中。指令执行前 AX=1122H，BX=3344H，则指令执行后，BX 的内容保持不变，AX=3344H，指令的执行过程如图 3-3 所示。

寄存器寻址指令也可以是字节操作，如指令"MOV　CL，AH"是将 AH 中的 8 位数放入 CL 中。

由于指令所需的操作数已存储在寄存器中，在指令执行过程中，会减少读/写存储器单元的次数，所以使用寄存器寻址方

图 3-3　寄存器寻址指令的执行过程

式的指令具有较快的执行速度。通常情况下，我们提倡在编写汇编语言程序时，应尽可能地使用寄存器寻址方式。

3.2.3　直接寻址

直接寻址（Direct Addressing）方式表示操作数存放在内存单元中，存放的地址由指令直接给出，即指令中的操作数是存储器操作数。如指令"MOV　AX，[1200H]"的源操作数存

放在存储单元中，"[ ]"内用 16 位二进制常数（即 4 位十六进制常数）表示存储数据的偏移地址。由于操作数的地址直接给出而不需要经过某种变换，所以这种寻址方式称为直接寻址方式。通常情况下，操作数存放在数据段中，所以，其物理地址将由数据段寄存器 DS 和指令中给出的偏移地址直接形成，也可以允许使用段重设。直接寻址的操作数可以是字或字节。

直接寻址需要注意的几点：

1）在程序中，直接寻址的地址要写在方括号"[ ]"内，即对于表示有效地址的 16 位二进制数必须加上方括号。

2）在直接寻址中，指令操作数字段中存放的是操作数的 16 位偏移地址 EA，即操作数的偏移地址 EA 和操作码一起存放在代码段中，而操作数可以存放在数据段，也可以存放在其他段，操作数的物理地址由其所在段的寄存器内容左移 4 位与指令中给出的偏移地址 EA 相加形成。如果用数值表示 EA，则必须用括号括起来。在汇编语言中，有时也可以用一个符号来代替数值以表示操作数的偏移地址，通常把这个符号称为符号地址，如指令"MOV AX，[1234H]"，如果用符号地址 BUFFER 代替偏移地址 1234H，则该指令可以写成"MOV AX，[BUFFER]"。但是需要注意，符号地址 BUFFER 必须在程序的开始处予以定义。

3）如果没有特殊说明，直接寻址的操作数一般在内存的数据段中，即隐含的段寄存器是 DS。但是 8086/8088 也允许段重设，即允许使用 SS、ES 作为段寄存器，此时需要在指令中要用段重设符号加以声明。方法是在有关操作数的前面写上段寄存器的名字，再加上冒号。

【例 3.3】 指令"MOV　AL，　ES：[1234H]"表示将 ES 附加段中偏移地址为 1234H 单元的内容送到 AL 寄存器中。该指令是字节操作。

【例 3.4】 指令"MOV　AX，　[1234H]"表示将数据段中的偏移地址为 1234H、1235H 两个单元中的内容送到累加器 AX 中。该指令是字操作，高地址单元的内容送到累加器的高 8 位 AH，低地址单元的内容送到累加器的低 8 位 AL。

假设 DS=3000H，则所寻找的操作数的物理地址为

```
DS×10H+1234H = 31234H
```

指令的执行情况如图 3-4 所示。

要注意区别直接寻址和立即寻址两者的不同。直接寻址指令中的数值表示的是操作数的 16 位偏移地址，而非数据本身。为了区分二者，指令系统规定偏移地址必须用方括号括起来。如在例 3.4 中，指令的执行不是将立即数 1234H 送到累加器 AX，而是将偏移地址为 1234H 的内存单元中的内容送到 AX。

3.2.4　寄存器间接寻址

寄存器间接寻址（Register Indirect Addressing）与寄存器寻址的根本不同在于寄存器所表达的内容不同。寄存器间接寻址是用寄存器的内容表示操作数的偏移地址，而寄存器寻址是用寄存器的内容表示操作数本身。换句话说，在寄存器间接寻址中，操作数属于存储器操作数，操作数的偏移地址在寄存器中。

图 3-4　直接寻找方式指令的执行情况

寄存器间接寻址指令中的操作数在存储单元中，用于存放操作数偏移地址的寄存器只能是 BX、BP、SI 或者 DI 四个寄存器之一，因此它们也简称为间址寄存器或地址寄存器。在默

认情况下，选择 SI、DI、BX 作为间址寄存器时，操作数在数据段，段地址由 DS 决定；选择 BP 作为间址寄存器时，则操作数在堆栈段，段地址由 SS 决定。但无论选择哪一个间址寄存器都可以段重设，可在指令中用段重设符指明当前操作数在哪一个段。例如指令"MOV ES：[SI]，BX"和指令"MOV AX，DS：[BP]"。

书写汇编语言指令时，用作间址的寄存器必须加上方括号，以免与一般的寄存器寻址指令混淆。

【例 3.5】 选择 SI、DI、BX 作间址寄存器，则操作数的物理地址为

$$DS×10H+EA=DS×10H+（BX、SI、DI 之一）$$

如果 DS=1000H，SI=2000H，则执行指令"MOV AX，[SI]"，计算得存储单元物理地址=DS×10H+EA=DS×10H+SI=12000H。具体执行过程如图 3-5 所示。

执行结果：AX=2211H。

【例 3.6】 选择 BP 作间址寄存器，则操作数的物理地址为

$$SS×10H+EA=SS×10H+BP$$

若 SS=1000H，BP=3000H，AX=2211H，执行指令"MOV [BP]，AX"，计算存储单元物理地址=SS×10H+EA=SS×10H+BP=13000H。具体执行过程如图 3-6 所示。

图 3-5　寄存器间接寻址指令执行过程（1）

3.2.5 寄存器相对寻址

在寄存器相对寻址（Register Relative Addressing）中，操作数在内存中的偏移地址由间址寄存器的内容加上指令中给出的位移量组成。这个位移量可以是 8 位的，也可以是 16 位的。计算偏移地址的方法如下：

$$EA=\begin{pmatrix}BX\\BP\\SI\\DI\end{pmatrix}+\begin{pmatrix}8位偏移量\\16位偏移量\end{pmatrix}$$

因为位移量可以看作一个相对值，所以把这种带有位移量的寄存器间接寻址称为寄存器相对寻址。与寄存器寻址一样，当指令中指定的寄存器是 BX、SI、DI，则段寄存器默认为 DS，若指令中指定的寄存器是 BP，则段寄存器默认为 SS。同样也可以用段前缀来指定其他的段寄存器，例如指令"MOV AX，DS：[BP+1024H]"。

图 3-6　寄存器间接寻址指令执行过程（2）

【例 3.7】 指令"MOV AX，DATA[BX]"的寻址过程实例。

设 DS=1000H，BX=2000H，DATA=0005H，则操作数所在的物理地址=DS×10H+BX+DATA=10000H+2000H+0005H=12005H。

执行结果：AX=3344H。

指令的执行过程如图 3-7 所示。

寄存器相对寻址常用于存取表格或一维数组中的元素，具体操作是把表格的起始地址作为位移量，元素的下标值放到间址寄存器当中（反过来存放也可以），这样就可以方便存取表格中的任意一个元素。

【例 3.8】　某数据表的首地址（偏移地址）为 TABLE，要取出该表中的第 10 个字节并存放到 AL 中，可用如下指令实现：

```
MOV SI, 9          ;位移量是从 0 开始的,第 10 个数据的位移量是 9
MOV AL, [TABLE+SI] ;取第 10 个数的偏移地址为 TABLE+9
```

在汇编语言中，相对寻址指令的书写格式可以有几种不同的形式。例如，以下几种写法实质上是完全等价的：

```
MOV AL, DATA[SI]
MOV AL, [SI]DATA
MOV AL, DATA+[SI]
MOV AL, [SI]+DATA
MOV AL, [DATA+SI]
MOV AL, [SI+DATA]
```

3.2.6　基址—变址寻址

基址—变址寻址（Based Indexed Addressing）方式由一个基址寄存器的内容和一个变址寄存器的内容相加而形成操作数的偏移地址。在基址—变址寻址方式中，通常把 BX 和 BP 看作是基址寄存器，把 SI 和 DI 看作变址寄存器。而段寄存器则根据所使用的基址寄存器而定：若用 BX 作为基地址，则操作数在数据段区域，段地址由 DS 决定；若用 BP 作为基地址，则操作数在堆栈段区域，段地址由 SS 决定，但允许段重设。

图 3-7　寄存器相对寻址指令执行过程

【例 3.9】　指令"MOV AX, [BX] [SI]"的寻址过程如图 3-8 所示。

设 DS=1000H，BX=2000H，SI=1000H，则操作数的物理地址 =DS×10H+BX+SI= 10000H+2000H+1000H=13000H。

指令执行后，AL=（13000H）=77H，AH=（13001H）=88H，即 AX=8877H。

注意：使用基址—变址寻址方式时，不允许将两个基址寄存器或两个变址寄存器组合在一起使用，即指令中不允许同时出现

图 3-8　基址—变址寻址指令执行过程

两个基址寄存器或两个变址寄存器；也不允许出现其他的寄存器。例如以下指令的写法是错误的：

```
MOV AX, [BX][BP]            ;错误的原因是同时出现两个基址寄存器
MOV AX, [SI][DI]            ;错误的原因是同时出现两个变址寄存器
MOV AX, [DX][DI]            ;错误的原因是出现了 DX 寄存器
```

3.2.7 基址—变址相对寻址

基址—变址相对寻址（Relative Indexed Addressing）方式实际上是基址—变址寻址方式的扩充。指令中规定了一个基址寄存器（BX 和 BP 两者之一）和一个变址寄存器（SI 和 DI 两者之一），同时还给出一个 8 位或 16 位的位移量，将三者的内容相加得到操作数的有效地址。至于默认的段寄存器和基址—变址寻址方式一样，由所使用的基址寄存器决定，指令允许段重设。

【例 3.10】 指令"MOV AX，DATA[DI][BX]"的寻址过程示例。

假设 DS=8000H，BX=2000H，DI=1000H，DATA=200H。

由于使用的基址寄存器是 BX，且没有进行段重设，所以该指令操作数的物理地址是：DS×10H+BX+DI+DATA=80000H+2000H+1000H+200H=83200H。由于是字操作，所以该指令把地址为 83200H 的两个连续存储单元的内容送到 AX。

执行结果：AX=6655H。

指令执行过程如图 3-9 所示。

利用基址—变址相对寻址方式访问二维数组非常方便。例如，可用基址寄存器存放数组的首地址（偏移地址），变址寄存器和位移量分别存放数组行和列的值，则基址—变址相对寻址指令可直接访问二维数组中指定行和列的元素。

与基址—变址寻址方式类似，基址—变址相对寻址指令同样也具有多种形式，

图 3-9　基址—变址相对寻址指令执行过程

例如：

```
MOV AL, DATA[SI][BX]
MOV AL, [SI][BX+DATA]
MOV AL, [BX+DATA][SI]
MOV AL, [BX+SI+DATA]
MOV AL, [SI]DATA[BX]
MOV AL, [BX+SI]DATA
```

同样地，基址—变址相对寻址指令不允许同时出现两个基址寄存器或者两个变址寄存器；也不允许出现其他寄存器。例如，以下指令是错误的：

```
MOV     AX,DATA[BX][BP]
MOV     AX,DATA[SI][DI]
MOV     AX,DATA[SI][CX]
```

3.2.8　隐含寻址

有的指令操作码中，不仅包含操作码的性质，还隐含了部分操作数的地址，这种将一个操作数隐含在指令码中的寻址方式称为隐含寻址。如指令"MUL BL"的功能是把 AL 中的内容与 BL 中的内容相乘，乘积送到 AX 寄存器，这条指令隐含了被乘数 AL 及乘积 AX。

由于隐含寻址指令的操作数实质上也是位于 CPU 内部的寄存器中，所以有的教材把这种寻址方式归结为寄存器寻址。

以上 8 种寻址方式中，所要寻找的操作数为以下三种类型。

1.　立即数操作数

立即数操作数只能作为源操作数而不能作为目标操作数。因为立即数具有固定的数值，不会由于指令的执行而发生变化。此时，目标操作数必须是寄存器操作数或存储器操作数。

2.　寄存器操作数

寄存器操作数可以存放在 8086/8088 CPU 的通用寄存器、地址指针和变址寄存器或段寄存器中。

（1）寄存器操作数既可以用作源操作数，又可以作为目标操作数。

（2）不能简单地将一个立即数传送到段寄存器中，特别是代码段寄存器 CS 不需要赋初值。

（3）某些指令规定只能使用指定的操作数寄存器，有些指令从汇编形式看似乎没有指出操作数，但实际上隐含着某些寄存器操作数。

3.　存储器操作数

（1）存储器操作数可以分别作为源操作数或目标操作数，但不允许两个操作数同时为存储器操作数。

（2）存储器操作数的有效地址可以直接在指令中给出，也可用间接的方式给出。

（3）为了寻找操作数的物理地址，还必须确定操作数所在的段，即确定有关的段寄存器。

以上讨论的三种类型操作数中，从指令的执行速度来看，寄存器操作数指令的执行速度最快，立即数操作数指令次之，存储器操作数指令最慢。这是由于执行单元（EU）执行寄存器操作数时，可以简捷地从 CPU 内部寄存器取得操作数而不需要访问内存，因此执行速度最快；而立即数操作数作为指令的一部分，在取指时被 BIU 取出放入指令队列中，执行时也不需要访问内存；而存储器操作数为了取得操作数，首先在 BIU 中算出 20 位物理地址，然后再执行存储器读写操作，其指令执行速度最慢。

3.3　8086/8088　指　令

8086/8088 指令系统包含 133 条基本指令，这些指令与寻址方式组合，加上不同的数据形式（字/字节），可构成上千种指令。这些指令按功能可分为 6 类：数据传送类指令、算术运算类指令、逻辑运算和移位类指令、串操作类指令、控制转移类指令和处理器控制类指令。本节将详细介绍这 6 大类指令。

3.3.1　数据传送指令

数据传送（Data Transfer）指令是指令系统中应用最多的一类指令，主要用于数据的保存及交换等场合。数据传送指令的功能是控制数据信息在计算机各组成部件之间的传送操作。具体可以实现寄存器与寄存器、寄存器与存储器、寄存器与 I/O 端口之间的数据传送操作。

数据传送指令按功能不同可分为 4 小类：通用数据传送指令、输入/输出指令、目标地址传送指令和标志位传送指令。

由于数据在传送过程中不发生变化，没有新的结果，因此这类指令执行时，不影响标志寄存器 FLAGS（SAHF、POPF 除外）。

1. 通用数据传送指令

通用数据传送（General Purpose Transfer）指令包括 MOV（一般传送）指令、PUSH 和 POP（堆栈操作）指令、XCHG（交换）指令和 XLAT（查表转换）指令。

（1）一般传送指令 MOV。

指令格式：MOV　DST，SRC　；DST←SRC

MOV（Movement）指令是双操作数指令，这里 DST 表示目标操作数，SRC 表示源操作数（后面碰到 DST 均表示目标操作数，SRC 均表示源操作数）。指令的功能是将源操作数 SRC 的内容传送到目标操作数 DST 中。指令执行后，目标操作数发生了改变，而源操作数保持不变。注释中小括号"（ ）"表示取操作数的内容，如果操作数为寄存器寻址方式，则不用加小括号；如果操作数为寄存器间接寻址方式或其他存储器寻址方式，小括号"（ ）"表示以小括号内的操作数为有效地址所指向的存储单元的内容。

在汇编语言中，规定具有双操作数的指令必须将目标操作数写在前面，源操作数写在后面，两者之间用逗号隔开。

1）指令特点。MOV 指令是最普通、最常用的数据传送指令，其特点如下：

①既可以传送字节操作数（8 位），也可以传送字操作数（16 位）。一次传送的数到底是字节还是字取决于指令中涉及的寄存器是 8 位还是 16 位。例如：

```
MOV AL,12H          ;字节操作,将立即数12H送到寄存器AL
MOV AX,1234H        ;字操作,将立即数1234H送到AX
```

②可以使用 3.2 节讨论过的各种寻址方式。

2）指令实现的操作。MOV 指令可以实现以下各种传送。

①寄存器与寄存器、寄存器与段寄存器之间的传送，如：

```
MOV BX,SI
MOV DS,AX
MOV AX,CS
MOV AL,BL
```

②寄存器与存储器之间的传送。

MOV 指令可以在寄存器与存储器之间进行数据传送。若传送的是字操作数，那么将对连续两个存储单元进行存取，且寄存器的高 8 位对应存储器的高地址单元，寄存器的低 8 位对应存储器的低地址单元。如：

```
MOV [1000H],DX      ;将DX的内容送到DS段的1000H和1001H两个存储单元,其中DH的内
                      容送到单元1001H中,DL的内容送到单元1000H中
MOV AX,[1200H]      ;将DS段的1200H和1201H两个单元的内容送到寄存器AX,其中1201H
                      单元的内容送到AH,1200H单元的内容送到AL
MOV AH,[1200H]      ;将DS段的1200H单元的内容送到寄存器AH
```

③立即数到寄存器、立即数到存储单元，如：

```
MOV [1000H],10H
MOV AX,1020H
MOV [BX],1234H
```

④存储器与段寄存器之间的传送，如：

```
MOV DS,[1020H]
MOV [BX],ES
```

3）指令对操作数的要求。

①MOV 指令中两个操作数字长必须相同，可同为字节或字操作数，这决定于寄存器是 8 位还是 16 位，也取决于立即数的形式。例如，下面的使用是错误的：

```
MOV BX,AL              ;错误,寄存器字长不同
MOV AL,1234H           ;错误,两个操作数字长不同
```

②两个操作数不能同时为存储器操作数或段寄存器。如：

```
MOV   [SI],[DI]        ;错误,两个操作数不能同时为存储器操作数
MOV   DS,ES            ;错误,两个操作数不能同时为段寄存器
```

要想实现两个段寄存器之间的数据传送，需要两条 MOV 指令。例如，错误的指令"MOV DS，ES"可以改成以下两条指令：

```
MOV AX,ES
MOV DS,AX
```

③立即数不能传送到段寄存器中。例如：

```
MOV DS,1234H           ;错误,立即数不能传送到段寄存器中
```

同样，要想实现上述功能，也需要两条 MOV 指令，如：

```
MOV AX,1234H
MOV DS,AX
```

④一般情况下，段寄存器 CS 和指令指针寄存器 IP 不能作目标操作数，只能为源操作数。例如：

```
MOV   CS,AX            ;错误,CS 不能作为目标操作数
```

⑤虽然许多指令的执行都对状态寄存器 FLAGS 的标志位产生影响，但通常情况下，FLAGS 整体不作为操作数。

【例 3.11】 把内存中首地址为 MEM1 的 200 个字节送到首地址为 MEM2 的区域中。

题目分析：

两个内存单元间的数据传送需要用两条 MOV 指令实现，同时，由于是多个字节之间的数据传送，因此这里较好的方法是通过循环过程来实现这个数据块的传送。程序段如下：

```
        MOV SI,OFFSET MEM1        ;源数据块首地址(偏移地址)送 SI
        MOV DI,OFFSET MEM2        ;目标数据块首地址(偏移地址)送 DI
        MOV CX,200                ;数据块长度送 CX,即循环次数送 CX
NEXT:   MOV AL,[SI]               ;源数据块当前字节送 AL
        MOV[DI],AL                ;AL 内容送目标地址,完成一个字节数据的传送
        INC SI                    ;SI 加1,修改源地址指针
        INC DI                    ;DI 加1,修改目的地址指针
```

```
DEC CX                              ;CX 加 1,修改循环次数
JNZ NEXT                            ;若循环次数 CX 不为零,则转移到 NEXT 标号处
HLT                                 ;停止
```

（2）堆栈操作指令。

1）堆栈的概念。在子程序调用和中断处理过程中，分别要保存返回地址和断点地址，在进入子程序和中断程序后，还需要保留通用寄存器的值；子程序返回和中断处理返回时，则要恢复通用寄存器的值，并分别将返回地址和断点地址恢复到指令指针寄存器中。这些功能都需要通过堆栈来实现，即寄存器的保存和恢复需要由堆栈指令完成。

什么是堆栈呢？堆栈实际上是内存中的一个特定内存区域，在这个特定内存区域里有其规定的操作原则，即先进后出。8086/8088 指令系统提供了专用的堆栈操作指令，即压入堆栈指令（压栈指令）PUSH（Push Word onto Stack）和弹出堆栈指令（出栈指令）POP（POP word off Stack）。

堆栈在内存中所处的段称为堆栈段，其段地址存放在堆栈段寄存器 SS 中。可以将堆栈看作一个小存储器，但不能任意存取，必须遵循以下原则：

①堆栈操作必须是字操作，即堆栈的存取每次必须是一个字，堆栈指令中的操作数必须是字操作数。而且堆栈指令中的操作数只能是寄存器操作数或存储器操作数，不能是立即数。

图 3-10　堆栈区示意图

②堆栈段在内存的位置由堆栈段寄存器 SS 决定，SP 寄存器作为堆栈的指针，其始终指向栈顶所在存储单元；由于对堆栈的操作按"先进后出"的原则进行，因此堆栈只有一个出入口，这个出入口就是栈顶，即 SP 所指的位置，而栈底是固定不变的。堆栈区示意图如图 3-10 所示。

③向堆栈中存放数据（压栈操作）时，总是从高地址向低地址方向变化，此时，堆栈指针 SP 的值变小；从堆栈中取数据（出栈操作）时，总是从低地址向高地址方向变化，堆栈指针 SP 的值变大。由于只能是字操作，SP 的变化量是 2 的倍数。例如，压入一个操作数之后，SP 减少 2，弹出一个操作数之后，SP 增加 2。

2）堆栈操作指令。堆栈操作指令共有两条，分别是压入堆栈指令（压栈指令）PUSH 和弹出堆栈指令（出栈指令）POP。其格式是：

```
PUSH  SRC
POP   DST
```

指令中的操作数 SRC 和 DST 必须为 16 位的字操作数，它们可以是：①16 位的通用寄存器或段寄存器（CS 除外，PUSH CS 指令是合法的，而 POP CS 指令是非法的）；②存储器单元（地址连续的两个储存单元）。例如，以下指令是正确的：

```
PUSH AX                             ;通用寄存器内容压栈
PUSH WORD PTR[SI]                   ;数据段中两个连续存储单元内容压栈
POP AX                              ;从栈顶弹出一个字到通用寄存器
```

```
POP WORD PTR[BX]                    ;从栈顶弹出一个字到数据段两个连续的存储单元
```

以下指令是错误的：

```
PUSH  AL                            ;堆栈操作指令的操作数必须是 16 位的
POP   BTYE PTR[BX]                  ;堆栈操作指令的操作数必须是 16 位的
PUSH  1234H                         ;堆栈操作指令的操作数不能是立即数
```

3）堆栈操作指令的执行过程。

①压栈指令执行过程。压栈指令"PUSH OPRD"是将指令中指定的字操作数压入堆栈，指令的执行过程为：

```
OPRD 的高字节 →(SP-1)              ;将 OPRD 的高字节写入 SP-1 所指向的存储单元
OPRD 的低字节 →(SP-2)              ;将 OPRD 的低字节写入 SP-2 所指向的存储单元
SP-2→SP
```

图 3-11 表示了执行"PUSH　AX"指令前后堆栈区的变化情况。这里假设 AX=1234H。由图 3-11 可知，PUSH 指令是将 16 位的源操作数 AX 的内容送到堆栈的顶部。栈顶位置向低地址方向变化，SP 自动减 2。

图 3-11　PUSH　AX 指令执行过程

②出栈指令执行过程。出栈指令"POP OPRD"是将当前栈顶的一个字送到指令指定的目标地址，指令的执行过程为：

```
(SP) → OPRD 的低字节              ;读取 SP 所指向的存储单元内容并写入到 OPRD 的低字节
(SP+1) → OPRD 的高字节            ;读取 SP+1 所指向的存储单元内容并写入到 OPRD 的高字节
SP+2 →SP
```

图 3-12 表示了执行"POP　AX"指令前后堆栈区的变化情况。可以看出，出栈指令将堆栈段栈顶位置处的一个字弹出到 AX 当中。假设栈顶位置表示的字的内容是 1122H，则指令执行后，AX=1122H，栈顶位置向高地址方向变化，SP 自动加 2。

4）堆栈操作注意事项。

①堆栈栈顶隐含寻址，这个操作数就是 SP 指示的栈顶存储单元。堆栈操作指令的操作数可以是通用寄存器、段寄存器和存储器单元，但操作数不能是立即数。对于操作数是段寄存器的情况，需要注意代码段寄存器 CS。CS 寄存器可进栈，但不能随意弹出一个数据到 CS。

②堆栈操作总是以字为单位进行，不允许对字节或者双字进行操作。每执行一条进栈指令，SP 自动减 2，进栈时，高字节先进栈；执行弹出时，正好相反，弹出一个字，SP 自动

加 2。

图 3-12　POP AX 指令执行过程

③在使用堆栈操作保存多个寄存器内容和恢复多个寄存器时，要按"先进后出"原则来组织进栈和出栈的顺序。保存数据入栈顺序和恢复数据出栈次序相反。若压栈顺序如下：

```
PUSH  AX
PUSH  BX
PUSH  DI
```

则恢复弹出时应写：

```
POP  DI
POP  BX
POP  AX
```

④堆栈的容量有限，一般而言，进栈和出栈要成对出现，否则将有数据残留在堆栈中，时间一长，堆栈会满的。

【例 3.12】　将 AX 与 BX 寄存器中的内容进行交换。

```
PUSH AX
PUSH BX
  ...
POP AX
POP BX
```

例 3.12 中 PUSH 和 POP 指令的执行顺序没有遵循"先进后出"的原则，结果出栈后 AX 和 BX 的内容没有保持压栈前的状态，而是进行了互换，有时候也可以利用堆栈的这一特点实现两操作数内容的互换。

（3）交换指令 XCHG。

指令格式：XCHG　DST，SRC　　　；交换 DST 与 SRC 的内容

指令功能：交换指令 XCHG（Exchange）使得源操作数和目标操作数的内容进行了交换。如：

```
XCHG  AL,BL            ;寄存器 AL 和 BL 的内容互换
XCHG  BX,CX            ;寄存器 BX 和 CX 的内容互换
XCHG  AX,BUFFER        ;BUFFER 是符号地址,即寄存器 AX 的内容和地址为 BUFFER 和
                       BUFFER+1 两个单元的内容互换
```

注意事项：

①源操作数和目标操作数可以是寄存器和存储器，但不能同时为存储器；

②段寄存器和立即数不能作为操作数来使用；

③源操作数和目标操作数的字长必须一致，可以是字交换，也可以是字节交换；

④CS 和 IP 不能作为操作数。

例如，以下的指令是错误的：

```
XCHG    AL,BX                ;字长不同,不能互换
XCHG    BX,1234H             ;操作数不能是立即数
XCHG    [DI],[SI]            ;操作数不能同时为存储器操作数
XCHG    BX,CS                ;操作数不能是 CS 寄存器
```

【例 3.13】 XCHG　　BL，[BP+SI]

设指令执行前，BL=60H，BP=0200H，SI=0040H，SS=2000H，（20240H）=40H，源操作数的物理地址=SS×10H+BP+SI=20000H+0200H+0040H=20240H。则指令执行后，BL=40H，（20240H）=60H。即 BL 的内容和物理地址 20240H 的存储单元的内容进行交换。

（4）查表指令 XLAT。XLAT 是一条字节的查表转换指令，该指令可以根据表中元素的序号查出表中相应元素的内容。

该指令有默认的寄存器，因此，在执行该指令之前，需要进行相应的设置，即表设置。首先，将表的首地址（偏移地址）送到寄存器 BX，然后，将要查找的元素的序号送至寄存器 AL（注意，表的第一个元素的序号是 0，然后依次是 1、2、3、…）。由于要查找元素的序号放在 AL 中，所以表格的最大长度不能超过 256 个字节。执行 XLAT 指令后，表中指定序号的元素送至寄存器 AL 中。由于要查找的内容放在 AL 中，所以该指令必须是字节操作。

指令格式为：

XLAT　　　　　　　　　　　　;将偏移地址为 BX+AL 所指单元的内容送到 AL 中

或者

XLAT SCR_TABLE　　　　　　;SCR_TABLE 表示要查找的表的首地址

利用该指令实现查表转换的操作十分方便。

【例 3.14】　在内存的数据段中存放着有一张数值为 0～9 的 ASCII 码转换表，表的首地址为 Hex_table，如图 3-13 所示。现要把数值 8 转换对应的 ASCII 码，可用以下几条指令实现。

```
LEA BX, Hex_table      ;进行表设置,LEA 表示将存储单元偏移地址送到指定寄存
                          器,即:BX←表首偏移地址
MOV AL,8               ;AL←8
XLAT                  ;查表转换
```

指令执行的结果是：AL=38H，为字符 8 所对应的 ASCII 码。

2. 输入/输出（I/O）指令

输入/输出（Input and Output, I/O）指令是专门面向输入/输出端口进行读写的指令，即用来完成累加器（AX 或 AL）与 I/O 端口之间的数据传送功能。输入/输出指令共有两条，分别是输入指令 IN 和输出指令 OUT。

执行输入指令 IN 时，CPU 从 I/O 端口读数据到累加器：如果读的是一个字节，则把该数据送至 AL；如果读的是一个字，则把该内容送至 AX。

	⋮	
Hex_table+0	30H	'0'
Hex_table+1	31H	'1'
Hex_table+2	32H	'2'
	⋮	
Hex_table+8	38H	'8'
Hex_table+9	39H	'9'
	⋮	

图 3-13　0～9 的 ASCII 码转换表

执行输出指令 OUT 时，CPU 将累加器中的数据写到 I/O 端口：如果输出的是一个字节，则将 AL 中的内容写到 I/O 端口；如果输出的是一个字，则将 AX 中的内容写到 I/O 端口。

输入/输出指令只有累加器才能与 I/O 端口进行数据传送，因此，输入/输出指令也称为累加器专用传送指令。

在输入/输出指令中，有两种寻址方式：

1）直接寻址方式。I/O 端口地址为 8 位，端口地址范围为 0～FFH，此时允许寻址 256 个端口。端口地址以 8 位立即数方式在指令中直接给出。

2）寄存器间接寻址方式。端口地址为 16 位，端口地址范围为 0～FFFFH，此时可以寻址 64K 个端口。在寄存器间接寻址方式下，端口地址放到 DX 中，也就是说端口地址用寄存器 DX 来指定。

（1）输入指令 IN。

指令格式：

IN　累加器，PORT　　　　　　　　；直接寻址，PORT 为 8 位立即数，用来表示端口地址

或

IN　累加器，DX　　　　　　　　　；间接寻址，16 位端口地址由 DX 给出

指令功能：将指定端口中的内容送到累加器 AX/AL 中。

【例 3.15】

```
IN  AL,35H              ;从地址为 35H 的端口输入一个字节到 AL
IN  AX,30H              ;从地址为 30H 的端口输入一个字到 AX
MOV DX,1234H            ;将 16 位地址送 DX
IN  AL,DX              ;从地址为 1234H 的端口输入一个字节到 AL
IN  AX,DX              ;从地址为 1234H 的端口输入一个字到 AX
```

（2）输出指令 OUT。

指令格式：

OUT　PORT，累加器　　　　　　　；直接寻址，PORT 为 8 位立即数，用以表示端口地址

或

OUT　DX，累加器　　　　　　　　；间接寻址，16 位端口地址由 DX 给出

指令功能：把 AL 或 AX 中的内容输出到指定端口。

【例 3.16】

```
OUT 35H,AL             ;将 AL 的内容输出到地址为 35H 的端口
OUT 30H,AX             ;将 AX 的内容输出到地址为 30H 的端口
MOV DX,1234H           ;将 16 位地址送 DX
OUT DX,AL             ;将 AL 的内容输出到地址为 1234H 的端口
OUT DX,AX             ;将 AX 的内容输出到地址为 1234H 的端口
```

直接寻址方式也可以用寄存器间接寻址方式表示，例如直接寻址指令

```
OUT 35H,AL
```

这条指令可以由以下两条指令代替，实现寄存器间接寻址：

```
MOV DX,35H
```

```
 OUT   DX,AL
```

因此，寄存器间接寻址方式适用范围较大，在编制程序时要尽量采用这种方式。

注意事项：

①输入/输出指令只能用累加器 AL/AX 与 I/O 端口进行数据传送，不能使用其他寄存器，即使累加器高 8 位寄存器 AH 也不能使用。

②如果端口地址大于 255（FFH），应先将端口地址赋给 DX，而且只能用 DX 作为输入/输出指令的间址寄存器。

3. 目标地址传送指令

8086/8088 指令系统提供了 LEA、LDS 和 LES 三条指令用于传送目标地址，可传送操作数的段地址或偏移地址。

（1）取偏移地址指令 LEA。

指令格式：

```
LEA   reg16，mem          ；reg16 表示 16 位的寄存器，mem 表示存储器操作数
```

指令功能：

把源操作数存储器操作数 mem 的 16 位偏移地址送到指定的寄存器中。

该指令需要注意以下两点：

①源操作数必须是存储器操作数；

②目标操作数必须是一个 16 位的通用寄存器。由于寄存器常用来作为地址指针，因此最好选用四个间址寄存器。

【例 3.17】

```
LEA  BX,BUFFER           ;取内存单元 BUFFER 的偏移地址送 BX
 LEA  BX,[SI]            ;将 DS 段偏移地址为 SI 的操作数的偏移地址送 BX,执行指令
                          后,BX=SI
 LEA  BX,[BP+SI]         ;将 SS 段偏移地址为 BP+SI 的操作数的偏移地址送 BX,执行指令
                          后,BX=BP+SI
 LEA  SP,[2000H]         ;执行指令后,使堆栈指针 SP=2000H
```

注意：LEA 指令与 MOV 指令的区别。例如：

```
 LEA     BX,BUFFER       ;指令 I
 MOV     BX,BUFFER       ;指令 II
```

指令 I 是将存储器单元 BUFFER 的偏移地址送到 BX 中,指令 II 是将存储器单元 BUFFER 的内容送到 BX 中。

当然也可用 MOV 指令来得到存储器操作数的偏移地址。例如以下两条指令的效果相同：

```
 LEA     BX,BUFFER
 MOV     BX,OFFSET  BUFFER
```

其中，OFFSET 是一个取值运算符，利用 OFFSET 运算符可以获得一个标号或者变量的偏移地址。

【例 3.18】

```
LEA  BX, BUFFER          ;将内存单元 BUFFER 的偏移地址送 BX
MOV  AL, [BX]            ;取出 BUFFER 中的第一个数据送 AL
```

```
MOV  AH, [BX+1]                    ;取出 BUFFER 中的第二个数据送 AH
```

【例 3.19】 设 BX = 2000H，DS = 6000H，(62050H) = 12H，(62051H) = 34H。比较下面两条指令的执行结果。

```
LEA  BX,[BX + 50H]
MOV  BX,[BX + 50H]
```

指令执行过程如图 3-14 所示。第一条指令取偏移地址，指令执行结果是 BX=2050H；第二条指令是一般传送指令，指令执行结果是 BX=3412H。

图 3-14   LEA 指令和 MOV 指令执行过程

（2）远地址传送指令 LDS。

指令格式：LDS   reg16，mem32

指令功能：完成一个地址指针的传送。地址指针有 4 个字节，其中，前 2 个字节作为偏移量送入一个指定的 16 位基址寄存器或变址寄存器，后 2 个字节作为段地址送入数据段寄存器 DS 中。

要求：源操作数必须是存储单元操作数，mem32 表示存储器单元中连续 4 个单元（32位）的首地址；目标操作数必须是寄存器，可以是基址寄存器或变址寄存器（BX，BP，SI，DI）。

【例 3.20】 假设偏移地址 1000H 为首的 4 个单元的内容分别是：11H，22H，33H，44H，则执行完指令 LDS SI, [1000H]后，SI=2211H，DS=4433H。

LDS 与 LEA 的区别如下。

①LEA 取的是存储单元的偏移地址，而 LDS 取的是存储单元的内容。

②LEA 传送 16 位偏移地址，而 LDS 传送 32 位地址（既有偏移地址也有段地址）。

【例 3.21】 设 DS=3000H，DI=2000H，写出执行以下一条指令的执行结果。

```
LDS   SI,[DI+1000H]
```

指令中存储器操作数的物理地址为

```
DS × 10H + DI +1000H = 30000H + 2000H + 1000H = 33000H
```

该指令执行后，将物理地址为 33000H 单元开始的 4 个字节中的前两个字节内容（偏移地址）送到 SI 寄存器中，即（33000H）和（33001H）两个存储单元的内容送 SI，后两个字节内容（段地址）送到 DS 段寄存器中，即（33002H）和（33003H）两个存储单元的内容送 DS，取代 DS 的原值 3000H。执行结果是 SI = 4000H，DS = 5000H，执行过程如图 3-15 所示。

（3）远地址传送指令 LES。LES 与 LDS 功能类似，不同的是，两个高地址单元中给出的段地址是送向 ES 寄存器。

4. 标志位传送指令

标志寄存器存取操作的指令共有 4 条，指令的操作数均采用隐含方式。

（1）读取标志指令 LAHF。

指令格式：LAHF

指令功能：将标志寄存器中的 SF（D7）、ZF（D6）、AF（D4）、PF（D2）和 CF（D0）（即标志寄存器的低 8 位）传送至 AH 寄存器的指定位，空位没有定义，该指令对标志位没有影响。

【例 3.22】假设 SF=1，ZF=0，AF=0，PF=0，CF=1，则执行指令"LAHF"后，AH 各位的值为 10×0×0×1。其中×表示任意值。

图 3-15   LDS 指令执行过程

（2）设置标志指令 SAHF。

指令格式：SAHF

指令功能：将寄存器 AH 的指定位，送至标志寄存器的 SF、ZF、AF、PF 和 CF 位（即标志寄存器的低 8 位）。根据 AH 的内容，影响上述标志位，对 OF、DF 和 IF 无影响。

（3）标志寄存器进栈指令 PUSHF。

指令格式：PUSHF

指令功能：将 16 位标志寄存器 FLAGS 的内容压入堆栈，同时修改堆栈栈顶指针，不影响标志位。

FLAGS 高字节 → （SP-1）

FLAGS 低字节 → （SP-2）

SP-2→SP

（4）标志寄存器出栈 POPF。

指令格式：POPF

指令功能：将栈顶 16 位的字数据弹出送回标志寄存器 FLAGS 中，同时修改堆栈栈顶指针，影响标志位。

（SP）→ FLAGS 低字节

（SP+1）→ FLAGS 高字节

SP+2→SP

PUSHF 和 POPF 往往成对使用，用于保护调用过程以前标志寄存器的值和过程返回后再恢复这些标志状态，如下面一个程序段：

```
PUSH  AX                 ;保护 AX
PUSH  CX                 ;保护 CX
PUSHF                    ;保护 FLAGS
CALL  YYY                ;调用过程 YYY
POPF                     ;恢复 FLAGS
POP  CX                  ;恢复 CX
POP  AX                  ;恢复 AX
```

3.3.2　算术运算指令

8086/8088CPU 能够对字节或字、有符号数或无符号数进行加法、减法、乘法和除法等算术运算。算术运算指令包括加法运算指令、减法运算指令、乘法运算指令、除法运算指令、十进制调整指令和字位扩展指令。

算术运算指令对操作数的要求类似于数据传送类指令，即

①双操作数算术运算指令中，源操作数和目标操作数可以是寄存器和存储器，但不能同时为存储器。

②双操作数算术运算指令中，立即数不能作为目标操作数，只能是源操作数。

③双操作数算术运算指令中，源操作数和目标操作数的字长必须一致。

④单操作数算术运算指令中，操作数不允许是立即数。

算术运算指令大都对标志位有影响，不同的指令影响不同，加法和减法指令将根据运算结果修改大部分标志位（SF、ZF、AF、PF、CF 和 OF），但加 1 和减 1 指令不影响进位标志（CF）。乘法指令将改变 CF 和 OF 标志位，除法指令使大部分标志位状态不确定，字位扩展指令（CBW、CWD）对标志位没有影响。

1. 加法运算指令

加法运算指令有 3 条：普通加法指令 ADD、带进位位加法指令 ADC 和加 1 指令 INC。普通加法指令 ADD 和带进位位加法指令 ADC 是双操作数指令，段寄存器不能作为其操作数，除此之外，其对操作数的要求和 MOV 指令基本相同。

（1）普通加法指令 ADD。

指令格式：ADD OPRD1，OPRD2

指令功能：将源操作数和目标操作数相加，结果保留在目标操作数中，而源操作数中原有内容不变，即 OPRD1+ OPRD2→OPRD1。加法指令影响标志寄存器的标志位。源操作数和目标操作数均可以是 8 位的，也可以是 16 位的；可以是有符号数，也可以是无符号数；可以是寄存器操作数或存储器操作数。源操作数也可以是立即数，但需要注意以下两点：

①目标操作数和源操作数不能同时为存储器。

②不能对段寄存器进行算术运算。

例如，以下指令是错误的：

```
ADD  [BX],[DI]           ;目标操作数和源操作数不能同时为存储器
ADD  BX, DL              ;两个操作数字长不同
ADD  DS,AX               ;不允许把段寄存器作为操作数
```

以下指令是正确的：

```
ADD  AL,30               ;累加器与立即数相加
ADD  BX,[3000H]          ;通用寄存器与存储单元内容相加
```

```
ADD   DI,CX                    ;通用寄存器之间内容相加
ADD   DX,DATA[BX+SI]           ;通用寄存器与存储单元内容相加
```

无符号数和有符号数的表示方法、数的可表示范围及溢出标志都不一样。有符号数的溢出是一种出错，而无符号数的溢出不能简单地看作是出错，也可以看作是向更高位的进位。对于有符号数，如果 8 位数相加结果超出范围（−128～+127），或 16 位数相加结果超出范围（−32768～+32767），则发生溢出，OF 标志位置 1；对于无符号数，若 8 位数加法结果超过 255，或 16 位加法结果超过 65535，即最高位产生进位，则 CF 标志位置1。

【例 3.23】

```
MOV   AL,7EH                   ;AL←7EH
ADD   AL,5BH                   ;AL←7EH+5BH
```

这两条指令执行后，状态标志位的状态分别为：

```
AF=1                           ;表示 D3 向 D4 有进位
CF=0                           ;表示最高位向前无进位
OF=1                           ;表示若为有符号数加法,其运算结果产生溢出
PF=0                           ;表示 8 位的运算结果中,"1"的个数为奇数
SF=1                           ;表示运算结果的最高位为"1"
ZF=0                           ;表示运算结果不为"0"
```

事实上，指令执行后，AL=0D9H＞7FH（8 位有符号数的最大值），0D9H＜0FFH（8 位无符号数的最大值）。所以有 CF=0，OF=1。

无符号数和有符号数产生溢出的条件因各自可表示数的范围不同而不同。无符号数的溢出判断仅看最高位向上是否有进（借）位；而有符号数有无溢出产生，需要看次高位与最高位两位的进（借）位情况。两位都产生进（借）位或者都没有产生进（借）位，则结果无异常；否则结果产生溢出。

（2）带进位的加法指令 ADC。

指令格式：ADC   OPRD1，OPRD2

指令功能：带进位加法指令（ADC）的操作过程与 ADD 指令基本相同，唯一不同的是进位标志 CF 的原状态一起参与加法运算，待运算结束后 CF 将重新根据结果置成新的状态，即 OPRD1+ OPRD2+CF→OPRD1。这条指令对标志位的影响与 ADD 相同，即对全部 6 个状态标志位都会产生影响。

带进位加法指令主要用于多字节数据的加法运算。如果低字节相加时产生进位，则在下一次高字节相加时将这个进位加进去。

【例 3.24】有两个 4 字节无符号数相加,两数分别放在 2000H 和 3000H 开始的单元中（低位在前），和放在 2000H 开始的单元中。

```
CLC                            ;清 CF 标志位
MOV   SI,2000H                 ;SI 作为一个加数的地址指针
MOV   DI,3000H                 ;DI 作为被加数的地址指针
MOV   BX,2000H                 ;BX 为结果地址指针
MOV   AX,[SI]                  ;取低 16 位送入 AX 中
ADD   AX,[DI]                  ;两个数的低 16 位相加
MOV   [BX],AX                  ;保存结果
MOV   AX,[SI+2]                ;取高 16 位送入 AX 中
```

```
ADC   AX,[DI+2]                        ;两个数的高 16 位相加,考虑 CF
MOV   [BX+2],AX                        ;保存结果
MOV   AL,00H                           ;进位处理
ADC   AL,00H
MOV   [BX+4],AL
```

（3）加 1 指令 INC。

指令格式： INC   OPRD

指令功能：OPRD←OPRD+1。完成对指定的操作数 OPRD 加 1，然后返回此操作数；此指令主要用于在循环程序中修改地址指针和循环次数等。

该操作数可以是 8 位或 16 位的通用寄存器和存储器，但不能是段寄存器和立即数。指令将影响大多数标志位，如 SF、ZF、AF、DF、OF，但对进位标志（CF）没有影响。例如：

```
INC   AL                              ; AL ← AL+1
INC   SI                              ; SI ← SI +1
INC   BYTE PTR[BX][SI]                ;存储器操作数加 1,字节操作
INC   WORD PTR[BX]                    ;存储器操作数加 1,字操作
```

2. 减法指令

8086/8088 CPU 指令系统共有 5 条减法指令，它们分别是普通减法指令，即不考虑借位的减法指令 SUB、考虑借位减法指令 SBB、减 1 指令 DEC、求补指令 NEG 以及比较指令 CMP。

（1）不考虑借位的减法指令 SUB。

指令格式：SUB   OPRD1，OPRD2   ；OPRD1 是被减数，OPRD2 是减数

指令功能：OPRD1←OPRD1−OPRD2。完成两个操作数相减，是用目标操作数减去源操作数，并将结果存放到目标操作数所在的地址中。

该指令对操作数的要求和 ADD 指令一样，对标志位 CF、DF、PF、SF、ZF 和 AF 都有影响。

减法指令举例：

```
SUB   CL,20H                          ;CL←CL−20H
SUB   CX,BX                           ;CX←CX−BX
```

（2）考虑借位的减法指令 SBB。

指令格式：SBB   OPRD1，OPRD2

指令功能：OPRD1←OPRD1−OPRD2−CF。

这条指令与 SUB 类似，只是在两个操作数相减时，还要减去借位标志 CF 的值，并将结果送至目标操作数。本指令对操作数的要求和对状态标志位的影响和 SUB 指令完全一样。

同 ADC 指令类似，本指令主要用于多字节的减法运算。

（3）减 1 指令 DEC。

指令格式：DEC   OPRD   ；OPRD←OPRD−1

指令功能：将目标操作数减 1，回送目标操作数。

本指令对操作数的要求和对状态标志位的影响和 INC 指令完全一样，操作数可以是字节或字类型的寄存器（段寄存器除外），也可以是存储器；指令将影响大多数标志位，如 SF、ZF、AF、DF、OF，但对进位标志 CF 没有影响。

在循环程序中常常利用 DEC 指令来修改循环次数，如下面程序段：

```
        MOV    CX, 50H
NEXT: DEC    CX
        …
        JNZ    NEXT
        HLT
```

（4）求补指令 NEG。

指令格式：NEG　OPRD　　　　　；OPRD←0−OPRD

指令功能：用"0"减去目标操作数 OPRD，结果回送目标操作数 OPRD 所在地址处。由于 0−OPRD=0FFFFH（或者 0FFH）−OPRD+1，相当于把操作数按位求反后末位加 1，因此该指令称为求补操作。该指令操作数可以是 8 位或 16 位的通用寄存器或者存储器操作数。

NEG 指令对标志寄存器中的 6 个状态标志均有影响。

求补指令 NEG 需要注意对 CF 和 OF 两个标志位的影响。求补操作即是把操作数按位求反后末位加 1，即 FFFFH−OPR+1=0−OPR。也就是说，对一个操作数求补，相当于用 0 减去此操作数。参加求补运算的操作数当然是有符号数。对于 CF 而言，只有对 0 求补时，CF=0，其余情况都是 CF=1（有借位）。0 减去负数应该是正数，但当操作数的值是 80H（−128）或 8000H（−32768）时，求补后其值保持不变，仍为负数，会产生溢出，即 OF=1；其余情况都使 OF=0。

NEG 指令操作数是一个有符号数，如果源操作数是正数，则 NEG 指令执行后将其变成绝对值相等的负数；如果源操作数是负数，则 NEG 执行后可以得到负数的绝对值。

【例 3.25】　执行 NEG 指令后，AL 的值为？

设 AL=10100000B，执行 NEG AL，AL=01100000B。

设 AL=01010100B，执行 NEG AL，AL=10101100B。

（5）比较指令 CMP。

指令格式：CMP　OPRD1，OPRD2

指令功能：将目标操作数与源操作数相减，运算结果不送回目标操作数，运算结果只影响 SF、ZF、AF、DF、CF 及 OF 标志位，两个操作数的内容均不发生变化。

CMP 指令的源操作数可以是立即数、寄存器或者存储器，目标操作数只能是寄存器或者存储器。例如：

```
CMP    AX,1000H          ;将 AX 的内容和 2000H 进行比较,结果影响标志位
CMP    DX,DI             ;将 DX 和 DI 的内容进行比较,结果影响标志位
CMP    AX,[BX+DI+100]    ;将累加器 AX 和两个存储单元的内容相比较,结果影响标志位
```

比较指令主要用于比较两个数之间的关系。在比较指令之后，根据 ZF 标志即可对两者进行比较。

1）相等的比较：如果 ZF=1，则两个操作数相等，否则两个操作数不相等。

2）大小的比较：

①两个无符号数（如 CMP　AX，BX）进行比较，则可以根据 CF 标志的状态判断两数大小。若结果没有产生借位（CF=0），显然 AX>BX，即被减数大于减数；若产生了借位（即 CF=1），则 AX<BX 即被减数小于减数。

②两个有符号数的比较：

当两个正数或两个负数相比较时，由于有符号数用最高位表示符号，可以用 SF 标志位

来判断谁大谁小。若 SF=0 时，则被减数大；SF=1，则减数大。

当一个正数和一个负数相比较时，有可能出现溢出的情况发生，因此需要用 SF 和 OF 来一起作为判断依据。

当 OF=0 时，则有：如果被减数大于减数，SF=0；如果被减数小于减数，SF=1；如果被减数等于减数，SF=0，同时 ZF=1。

当 OF=1 时，则有：如果被减数大于减数，SF=1；如果被减数小于减数，SF=0。

归纳以上结果，可以得出判断两个有符号数大小关系的规律：当 OF⊕SF=0 时，被减数大于减数；当 OF⊕SF=1 时，被减数小于减数。

在实际编程时，通常在比较指令之后紧跟一条条件转移指令，以根据比较结果决定程序的走向。

【例 3.26】 在内存数据段从 DATA 开始的单元中存放了两个 8 位无符号数，试比较它们的大小，并将大的数送 MAX 单元。

```
        LEA  BX, DATA          ;DATA 偏移地址送 BX
        MOV  AL, [BX]          ;第一个无符号数送 AL
        INC  BX               ;BX 加 1,指向第二个数
        CMP  AL,[BX]          ;两个无符号数进行比较
        JNC  DONE             ;若 CF=0(无进位,表示第一个数大),转向 DONE
        MOV  AL,[BX]          ;否则,第二个无符号数送 AL
 DONE:  MOV  MAX,AL           ;将较大的无符号数送 MAX
        HLT                   ;停止
```

3. 乘法指令

乘法指令包括无符号乘法指令 MUL 和有符号乘法指令 IMUL。乘法指令采用隐含寻址方式，隐含的操作数是目标操作数，目标操作数实际存在于 AX 与 DX 中，而源操作数由指令直接给出。

乘法指令可以完成字节与字节的相乘或者字与字的相乘。如果是字节与字节相乘，则乘积为字，结果存放在 AX 中；如果是字与字相乘，则乘积为双字，结果存放在 DX 和 AX 中，其中 DX 用于存放乘积的高位字，AX 用于存放乘积的低位字。

（1）无符号乘法指令 MUL。

指令格式：MUL　OPRD　　　　　　　;OPRD 为源操作数

无符号乘法指令 MUL 的操作数是无符号数，可以完成字节与字节相乘、字与字相乘，且默认的操作数放在 AL 或 AX 中，而源操作数由指令给出。指令操作过程如下：

字节乘法：AX ← OPRD × AL

字乘法：　DX：AX ← OPRD × AX

8 位数相乘，结果为 16 位数，放在 AX 中；16 位数相乘结果为 32 位数，高 16 位放在 DX，低 16 位放在 AX 中。

源操作数可以是 8 位或 16 位的寄存器或存储器操作数，但不能为立即数；源操作数应满足无符号数的表示范围。例如：

```
    MUL  BL              ;AX←AL×BL
    MUL  BX              ;DX:AX←AX×BX
    MUL  BYTE PTR[SI]    ;AX←AL×[SI]
```

该指令对标志位有影响。当乘积的高半部分（在字节相乘时为 AH，在字相乘时为 DX）不为零时，则 CF=OF=1，代表 AH 或 DX 中包含乘积的有效数字；否则 CF=OF=0。该指令对其他标志均无定义。

【例 3.27】　设 AL=0FFH，CL=11H，两数均为无符号数，求 AL 与 CL 的乘积。

```
MUL  CL
```

指令执行后，AX=10EFH，因 AH 中的结果不为零，故 CF=OF=1。

（2）有符号数乘法指令 IMUL。

指令格式：IMUL　　OPRD　　　　　；OPRD　 为源操作数

这是一条有符号数的乘法指令，同 MUL 一样可以进行字节与字节、字和字的乘法运算。结果放在 AX 或 DX，AX 中。与 MUL 指令不同之处有：

①要求两个相乘的数必须为有符号数。

②当乘积的高半部分是低半部分的符号位的扩展时，则 CF=OF=0；否则 CF=OF=1。

③源操作数应满足有符号数的表示范围。

有了乘法指令使得有些运算程序变得简单、方便。但是乘法指令执行速度慢，因而常用移位指令来实现。这点将在移位指令中介绍。

【例 3.28】　设 AL=0FEH，CL=11H，两个数均为有符号数，求 AL 与 CL 的乘积。

```
IMUL  CL
```

指令执行后：AX=0FFDEH，因 AH 的内容为 AL 中的符号扩展，故 CF=OF=1。

4. 除法指令

除法指令包括无符号数除法指令 DIV 和有符号数除法指令 IDIV。采用隐含寻址方式，隐含的是被除数，而除数由指令给出，要求除数不能是立即数。

除法指令要求：除数的位数为被除数位数的一半，指令格式中给出的是除数，要根据除数的位数来决定被除数的位数。

当被除数为 16 位时，除数为 8 位，得到 8 位的商放在 AL 中，8 位的余数放在 AH 中；当被除数为 32 位时，除数为 16 位，得到的商放在 AX 中，余数放在 DX 中。

（1）无符号数除法指令 DIV。

指令格式：DIV OPRD

源操作数可以是 8 位或 16 位的寄存器或存储单元，但不能是立即数。

例如：

```
DIV  CL              ;AX 除以 CL,商的值存在 AL 中,余数的值存在 AH 中
DIV  WORD PTR[SI]    ;DX:AX 除以 SI 和 SI+1 所指向单元的内容,商的值存在 AX 中,
                      余数的值存在 DX 中
```

该指令对标志寄存器的 6 个状态标志位没有影响。

【例 3.29】　除法指令计算 7FA2H÷03DDH。

```
MOV  AX,7FA2H        ;AX=7FA2H
MOV  BX,03DDH        ;BX=03DDH
CWD                  ;DX:AX=00007FA2H
DIV  BX              ;商=AX=0021H,余数=DX=0025H
```

（2）有符号数除法 IDIV。

指令格式：IDIV OPRD

该指令执行过程同 DIV 指令，但 IDIV 指令认为操作数的最高位为符号位，除法运算的结果商的最高位也为符号位。

注意：

①该指令对 6 个标志位均无影响。

②用 IDIV 指令后，一个双字除以字，则商的范围为–32768～+32767；一个字除以字节，则商的范围为–128～+127；如果运算结果超出了上述范围，会作为除数为 0 的情况来处理，即产生 0 号中断，而不是使 OF 置 1。

③当被除数的长度不够除数长度的两倍时，必须对被除数进行扩展（扩展指令将在后面介绍）。

5. BCD 码运算调整指令

调整指令均采用隐含寻址方式，隐含的操作数是 AL 或 AH，一般不单独使用，而是与加、减、乘、除指令配合使用，实现 BCD 码的算术运算。

BCD 码有两类：压缩的 BCD 码，就是 1 个字节表示 2 位 BCD 码；非压缩的 BCD 码，就是 1 个字节表示 1 位 BCD 码，此时只用低 4 位来表示，高 4 位为 0。

BCD 码运算采用的方法：利用对普通二进制数的运算指令算出结果，再用专门指令对结果进行调整。

（1）加法调整指令。

1）压缩 BCD 码加法调整指令 DAA。

指令格式：DAA

指令功能：对两个压缩 BCD 码相加后的和进行调整，调整前，运算结果必须保存到 AL 中。

调整方法：

①若 AL 中的低 4 位>9 或 AF=1，则 AL+06H→AL，并使 AF=1。

②若 AL 中的高 4 位>9 或 CF=1，则 AL+60H→AL，并使 CF=1。

DAA 指令会影响标志位 AF、CF、PF、SF、ZF，但不影响 OF。例如：

```
MOV AL,38H              ; 将压缩 BCD 码 38H 送 AL
ADD AL,25H              ; 两个压缩 BCD 码 38H 和 25H 相加,此时 AL=5DH
DAA                     ; 对两个压缩 BCD 码相加后的和进行调整,调整后 AL=63H
```

【例 3.30】 计算 7＋8 = ？要求使用 DAA 指令。

```
MOV  AX,0007H          ; AL=07H, AH=00H
MOV  BL,08H            ; BL=08H
ADD  AL,BL            ; AL=0FH
DAA                    ; AL=15H, AH=00H, AF=1, CF=0
```

7+8=15 的运算结果以压缩的 BCD 码形式存放在 AL 寄存器中，AH 的内容不发生变化。

2）非压缩 BCD 码加法调整指令 AAA。

指令格式：AAA

指令功能：对两个非压缩 BCD 码相加后的和进行调整，调整前，运算结果必须保存到 AL 中。与 DAA 的不同之处：调整后的结果，其低位在 AL 中，高位在 AH 中。

调整方法：

①若 AL 中的低 4 位＞9 或 AF=1，则 AL+06H→AL；AH+1→AH，且 AF=1。

②屏蔽 AL 的高 4 位，且 AF→CF。

AAA 指令会影响标志位 AF 和 CF。

例如：

```
MOV AL,09H        ;将非压缩 BCD 码 09H 送 AL
ADD AL,04H        ;两个非压缩 BCD 码 09H 和 04H 相加,此时 AL=0DH
AAA               ;对两个非压缩 BCD 码相加后的和进行调整,调整后 AL=03H,AH=1,CF=1
```

【例 3.31】　计算 7+8=? 要求使用 AAA 指令。

```
MOV AX, 0007H     ;AL=07H,AH=00H
MOV BL, 08H       ;BL=08H
ADD AL, BL        ;AL=0FH
AAA               ;AL=05H,AH=01H,CF=AF=1
```

注：加法调整指令必须紧跟在加法指令后，且加法执行结果必须放在 AL 中。

（2）减法调整指令。

1）压缩 BCD 码减法调整指令 DAS。

指令格式：DAS

指令功能：对两个压缩 BCD 码相减后的结果进行调整，调整前，运算结果必须保存到 AL 中。

调整方法：

①若 AL 中的低 4 位＞9 或 AF=1，则 AL−06H→AL，并使 AF=1。

②若 AL 中的高 4 位＞9 或 CF=1，则 AL−60H→AL，并使 CF=1。

DAS 指令会影响标志位 AF、CF、PF、SF、ZF，不影响 OF。

【例 3.32】　利用 SUB 计算 85−39=? 要求使用 DAS 指令。

```
MOV AL,85H        ;AL=85H
MOV BL,39H        ;BL=39H
SUB AL,BL         ;AL=4CH
DAS               ;AL=46H
```

2）非压缩 BCD 码减法调整指令 AAS。

指令格式：AAS

指令功能：对两个非压缩 BCD 码相减后的和进行调整，调整前，运算结果必须保存到 AL 中。

与 DAS 的不同之处：调整后的结果，其低位在 AL 中，高位在 AH 中。调整方法：

①若（AL）中的低 4 位＞9 或 AF=1，则（AL）−06H→（AL）；（AH）−1→（AH），且 AF=1。

②屏蔽 AL 的高 4 位，且 AF→CF。

AAS 指令会影响标志位 AF 和 CF。

【例 3.33】　利用 SUB 计算 15−8=? 要求使用 AAS 指令。

```
MOV AX,0105H      ;AH=01H,AL=05H
MOV CL,08H        ;CL=08H
SUB AL,CL         ;AL=05H-08H=0FDH
```

```
AAS                        ;AL=07H,AH=00H
```

注：减法调整指令必须紧跟在减法指令后，且加法执行结果必须放在 AL 中。

（3）乘法调整指令 AAM。

指令格式：AAM

指令功能：对两个非压缩 BCD 码相乘的结果进行调整，调整前，运算结果必须保存到 AX 中。

操作方法：把 AL 寄存器的内容除以 0AH，商放到 AH 中，余数放到 AL 中。

说明：

①对 BCD 码进行乘法运算时，要求乘数和被乘数都必须是非压缩的 BCD 码，否则结果将无法调整。

②BCD 码是作为无符号数来看待，所以相乘时用 MUL 指令，而不用 IMUL 指令。

③AAM 指令必须紧跟在乘法指令 MUL 之后。

④AAM 指令会影响标志位 SF、ZF、PF。

例如：

```
MOV AL,07H                 ;将非压缩 BCD 码 07H 送入 AL
MOV BL,09H                 ;将非压缩 BCD 码 09H 送入 AL
MUL BL;                    ;对两个非压缩 BCD 码相乘,AX=003FH
AAM                        ;对两个非压缩 BCD 码相乘后的积进行调整,调整后 AX=0603H
```

【例 3.34】 计算 6×5=? 要求使用 AAM 指令。

```
MOV AL,06H                 ;AL=06H
MOV BL,05H                 ;BL=05H
MUL BL                     ;AX=001EH
AAM                        ;AH=03H,AL=00H,SF=0,ZF=0,PF=1
```

（4）除法调整指令 AAD。

指令格式：AAD

指令功能：对两个非压缩 BCD 码相除的结果进行调整。它与其他的调整指令不同，它是在除法运算前进行相应的调整操作。

具体操作：将 AH 中的高位十进制数乘以 10，与 AL 中的低位十进制数相加，并使 AH 中的内容清零，结果保留在 AL 中，即

```
AH×10+AL→AL, 0→AH
```

说明：

①对 BCD 码进行除法运算时，要求除数和被除数都用非组合的 BCD 码来表示。

②AAD 指令是在除法指令 DIV 之前，对除数和被除数进行调整的。

③AAD 指令会影响标志位 SF、ZF、PF。

【例 3.35】 计算 23÷4=? 要求使用 AAD 指令。

```
MOV AX,0203H              ;AH=02H,AL=03H
MOV BL,04H                ;BL=04H
AAD                       ;AX=0017H
DIV BL                    ;AL=05H,AH=03H
```

6. 字位扩展指令

在算术运算指令中，两个操作数的字长应该符合规定的关系。例如，加法、减法、乘法

运算指令中，要求两个操作数字长必须相等。在除法指令中，被除数必须是除数的双倍字长。因此，有时需要将一个 8 位二进制数扩展为一个 16 位二进制数，或将一个 16 位二进制数扩展成 32 位二进制数。这时候，就需要用到字位扩展指令。字位扩展指令包括字节扩展指令 CBW 和字扩展指令 CWD。

（1）字节扩展指令 CBW。

指令格式：CBW

指令功能：将 AL 中的字节扩展为字，并存放到 AX 中。

（2）字扩展指令 CWD。

指令格式：CBW

指令功能：将 AX 中一个字扩展为双字，结果存放到 DX：AX 中，其中 DX 用来存放扩展的高 16 位。

字位扩展指令的扩展原则：

对于无符号数来说，只需将扩展的高位补零；对于有符号数来说，将符号位扩展至整个高位。

例如：有符号数 24H 扩展为一个字时，结果为 0024H；有符号数 8200H 扩展为一个字时，结果为 0FFFF8200H。

【例 3.36】　已知两个无符号数 AL=55H，CX=1234H，如何实现 AL+CX？

```
MOV AL,55H          ;AL=55H
CBW                 ;AX=0055H
MOV CX,1234H        ;CX=1234H
ADD AX,BX
```

3.3.3　逻辑运算和移位指令

逻辑运算和移位指令对 8 位或 16 位寄存器或存储器单元中的内容按位进行逻辑运算或移位操作，包括逻辑运算指令和移位指令，移位指令又分为非循环移位指令和循环移位指令。

1. 逻辑运算指令

8086/8088 CPU 的逻辑运算指令有 AND（逻辑"与"）、TEST（测试）、OR（逻辑"或"），XOR（逻辑"异或"）和 NOT（逻辑"非"）五条指令。以上五条逻辑指令中，唯有 NOT 指令对所有标志位不产生影响，其余四条指令对标志位的影响均相同。这些指令将根据各自逻辑运算结果影响 SF、ZF 和 PF 标志位。同时，将 CF、OF 标志位置"0"，使 AF 的值不确定。

（1）逻辑"与"指令 AND。

指令格式：AND　DST，SRC　　；DST←DST∧SRC

指令功能：将目标操作数与源操作数按位进行"与"运算，结果回送目标操作数。

对操作数的要求如下：

①源操作数可以是 8 位或 16 位的通用寄存器、存储器操作数或立即数。

②目标操作数只允许是寄存器或存储器操作数。

③源操作数和目标操作数不能同时为存储器操作数。

例如：

```
AND    AL,11011111B   ;寄存器操作数与立即数按位相与
AND    AX,BX           ;寄存器操作数与寄存器操作数按位相与
```

```
AND    [BX],1234H        ;存储器操作数与立即数按位相与
```

逻辑"与"指令 AND 在程序中主要有以下 3 个方面的应用：

①实现两个操作数按位相与。例如：

```
AND AX,[BX]              ;AX 与[BX]所指字单元的内容按位相与,结果送回 AX
```

②AND 指令可使目标操作数中某些位清零，而其余位保持不变。例如：

```
AND AL,0F0H             ;将 AL 的低 4 位清零,其余位保持不变
AND AX,0                ;对 AX 清零
```

利用这一点，可以指定一个屏蔽字，用 AND 指令屏蔽某些不关心的位而保留感兴趣的位，具体操作是将欲屏蔽的位和"0"进行逻辑"与"而将要保留的位和"1"进行逻辑"与"。例如指令"AND AL，0F0H"中，0F0H 就是一个屏蔽字，其高 4 位为 1，低 4 位为 0，表示将 AL 中的低 4 位清零，而保留高 4 位。

③利用 AND 可使操作数不变，只用来影响标志位，且使 CF 与 OF 清零。例如：

```
AND AX,AX               ;AX 自身按位相与,不改变 AX 的内容,只影响标志位
```

（2）逻辑"或"指令 OR。

指令格式：OR DST，SRC   ；DST←DST∨SRC

指令功能：将目标操作数与源操作数进行逻辑"或"运算，并将结果回送到目标操作数。对操作数的要求与 AND 指令一样。

逻辑"或"指令 OR 在程序中主要有以下方面的应用：

① 实现两个操作数按位相或。例如：

```
OR AX,[BX]              ;AX 与[BX]所指字单元的内容按位相或,结果送回 AX
```

②将操作数中某些特定的位设置成"1"。具体操作是将需置"1"的位和"1"进行逻辑"或"，而保持不变的与"0"进行逻辑"或"。例如：

```
OR AL,10H              ;将 AL 中的第 4 位置 1,其余位保持不变
```

【例 3.37】 将 1～9 中的某个数字转换为其对应的 ASC II 码值，如将数字 5 转换其对应的 ASC II 码的代码段如下：

```
MOV AH,5               ;数字 5 送至 AH
OR  AH,30H             ;AH=35H,即数字 5 对应的 ASC II 码值
```

③利用 OR 可使操作数不变，只用来影响标志位，且使 CF 与 OF 清零。例如：

```
OR AX,AX               ;OR 自身按位相与,不改变 AX 的内容,只影响标志位
```

【例 3.38】 数据段中某一 16 位数据的偏移地址为 SI，试判断该数据是否为零，如果为零，则执行 ZERO 标号处的指令。

```
      ...
      MOV   AX,[SI]
      OR    AX,AX
      JZ    ZERO
      ...
ZERO: ...
      HLT
```

（3）逻辑"非"指令 NOT。

指令格式：NOT　DST

指令功能：将源操作数按位取反，NOT 指令对标志位没有影响。

操作数要求：操作数可以是 8 位或 16 寄存器或存储器。例如：

```
NOT AL
NOT BX
NOT WORD PTR[1000H]          ;将 1000H、1001H 两单元的内容求反,再送回这两单元中
```

【例 3.39】　已知 AX 中存放着一个 16 位的二进制负数，试求 AX 的绝对值，并存放于 BX 寄存器中。

```
...
NOT AX
ADD AX, 01H
MOV BX, AX
...
```

（4）逻辑"异或"指令 XOR。

指令格式：XOR　　DST，SCR　　；DST←DST⊕SCR

指令功能：目标操作数与源操作进行"异或"运算，运算结果回送目标操作数。对操作数的要求与"AND"相同。"异或"操作的原则是：两操作数相同结果为 0，不同结果为 1。例如：

```
XOR    AL,11000011B          ;AL 与立即数数按位相异或,结果送回 AL
```

逻辑"异或"指令 XOR 主要应用如下：

①实现两个操作数按位相异或。

②将操作数中的某些"位"求"反"，为此可将欲求"反"的位置"1"进行异或，将要求保持不变的位和"0"进行异或。

【例 3.40】　将指定的数求反。如 AL=3AH，将 AL 中的数求反的指令如下：

```
XOR AL,0FFH
```

③XOR 的另一个用途是将寄存器中的内容清零。

【例 3.41】　写出将累加器 AX 清零的指令。

方法 1：`MOV  AX,0000H`

方法 2：`XOR  AX,AX`

方法 3：`SUB  AX,AX`

方法 4：`AND  AX,0000H`

（5）测试指令 TEST。

指令格式：TEST　DST，SCR

指令功能：与 AND 指令执行过程类似，但指令执行后，目标操作数保持不变，只影响标志位。故这条指令常用于在不破坏操作内容的情况下，用来检测操作数中某些位是"1"还是"0"。例如：

```
TEST AL,02H     ;AL 内容不变,用来判断 AL 中第 1 位是否为 1,如果该位是 1,则 ZF=0;
                 否则,ZF=1
```

【**例 3.42**】 从 3000H 开始的单元中放有 100 个有符号数，要求统计出其中负数的个数，并将统计结果存入 BUFFER 单元。程序段如下：

```
        XOR   DX,DX          ;清 DX 内容,DX 用于存放中间结果
        MOV   SI,3000H       ;SI←起始地址
        MOV   CX,100         ;CX←统计次数
AGAIN:  MOV   AL,[SI]        ;AL←取第一个数
        INC   SI             ;地址指针加 1
        TEST  AL,80H         ;测试所取的数是否为负数
        JZ    NEXT           ;不为负数的则转 NEXT
        INC   DX             ;若为负数则 DX←DX+1
NEXT:   DEC   CX             ;CX←CX−1
        JNZ   AGAIN          ;若 CX≠0 则继续检测下一个
        MOV   BUFFER,DX      ;统计结果送 BUFFER 单元
```

2. 移位指令

移位指令包括非循环移位指令和循环移位指令。移位指令用来完成对寄存器操作数或存储器操作数一定次数的移位。当移动 1 次时，移动次数由指令直接给出；当移动次数大于 1 时，移动次数要放到 CL 寄存器中，即指令中规定的移位次数不允许是 1 以外的常数或 CL 以外的其他寄存器。指令操作数由源操作数和目标操作数构成，源操作数表示移动次数，目标操作数表示被移动的对象，可以是 8 位或 16 位的寄存器操作数或存储器操作数。移位指令大都影响 6 个状态标志位。

（1）非循环移位指令。非循环移位指令包括逻辑左移指令 SHL、算术左移指令 SAL、逻辑右移指令 SHR 和算术右移指令 SAR 等指令 4 条。逻辑移位指令针对的是无符号数，算术移位指令针对的是有符号数。

1）逻辑左移指令 SHL 和算术左移指令 SAL。逻辑左移指令 SHL 和算术左移指令 SAL 完全相同。

指令格式：

SHL(SAL)   OPRD, 1

SHL(SAL)   OPRD, CL

指令功能：将目标操作数顺序左移 1 位或 CL 寄存器中指定的位数。

具体操作：每次左移 1 位，左边的最高位移入标志位 CF，而在右边的最低位补 0。指令操作过程如图 3-16 所示。

图 3-16 SHL 和 SAL 指令操作过程

SHL/SAL 指令将影响 CF 和 OF 两个标志位，如果移位次数为 1，且移位后目标操作数的最高位与 CF 标志位不等，则溢出标志 OF=1，否则 OF=0。根据这一点，可以用来判断移位前后的符号位是否一致。

另外，指令还影响标志位 PF，SF 和 ZF。

对于逻辑移位指令，将一个无符号数左移一位相当于该数乘以 2，因而可用逻辑左移指令完成某些常数的乘法。

【**例 3.43**】 以下指令执行的结果是？

```
MOV AL,41H
SHL AL,1
```

执行结果为 AL=82H，CF=0，OF=1。如果 82H 是无符号数，则它没有产生溢出（82H<0FFH）；如果 82H 是有符号数，则它产生溢出（82H>7FH），移位后正数变成了负数。

将一个二进制无符号数左移 1 位，相当于将该数乘 2，所以可利用左移指令实现把一个数乘上 2^i 的运算。由于左移指令比乘法指令执行速度快很多，因此在程序中常用左移指令来代替乘法指令可加快程序的运行。

【例 3.44】 把以 DATA 为首址的两个连续单元中的 16 位无符号数乘以 10。

因为 $10x=8x+2x=2^3 x+2^1 x$，所以可用左移指令实现该乘法运算。程序如下：

```
LEA  SI,DATA              ;DATA 单元的偏移地址送 SI
MOV  AX,[SI]              ;AX←被乘数
SHL  AX,1                 ;AX=DATA*2
MOV  BX,AX                ;暂存 BX
MOV  CL,2                 ;CL←移位次序
SHL  AX,CL                ;AX=DATA*8
ADD  AX,BX               ;AX=DATA*10
HLT
```

2）逻辑右移指令 SHR。

指令格式：

SHR   OPRD, 1

SHR   OPRD, CL

指令功能：这条指令将无符号操作数右移 1 位或由 CL 寄存器指定的位数。

具体操作：当逻辑右移 1 位时，操作数的最低位移到进位标志 CF，最高位补 "0"。指令操作示意图如图 3-17 所示。

SHR 指令也将影响 CF 和 OF 两个标志位，如果移位次数为 1，且移位后目标操作数的最高位和次高位不相等，则标志位 OF=1，否则 OF=0。如果移动次数不为 1，则 OF 状态不定。

图 3-17　SHR 指令操作示意图

逻辑右移 1 位的操作相当于将寄存器或存储器中的无符号数除以 2，因此同样可利用 SHR 指令完成除以某些常数的运算。同样，SHR 指令的执行速度要快于除法指令。

【例 3.45】 已知 AL=06H，求执行下列指令后 AL=？

```
SHL AL,1                 指令执行后 AL=0CH
SHR AL,1                 指令执行后 AL=03H
```

3）算术右移指令 SAR。

指令格式：

SAR   OPRD, 1

SAR   OPRD, CL

指令功能：将有符号数向右移 1 位或由 CL 寄存器指定的位数。

具体操作：当算术右移 1 位时，操作数的最低位移到进位标志 CF，而左边的高位保持不变。指令操作示意图如图 3-18 所示。

图 3-18　SAR 指令操作示意图

SAR 指令对标志位 CF、PF、SF 和 ZF 有影响，但不

影响 OF 和 AF。

同样，每算术右移 1 位，相当于有符号数除以 2。

（2）循环移位指令。所谓循环移位，是指将目标操作数一端移出来的位移至目标操作数的另一端。它是一种将目标操作数首尾相连的移位，从目标操作数移出来的位不会丢失。

8086/8088 指令系统中有 4 条循环移位指令，分别是：不带进位标志位 CF 的循环左移指令 ROL，不带进位标志位 CF 的循环右移指令 ROR，带进位标志位 CF 的循环左移指令 RCL，带进位标志位 CF 的循环右移指令 RCR。

1）不带 CF 的循环左移指令 ROL。

指令格式：

ROL　OPRD, 1

ROL　OPRD, CL

指令功能：ROL 是循环左移指令，将目标操作数向左循环移动 1 位或 CL 寄存器中指定的位数。目标操作数每一次向左移动一位，最高位移入最低位构成循环，同时把最高位移入 CF，而 CF 原来的值丢失。标志位 CF 不在循环之内，指令操作示意图如图 3-19 所示。

图 3-19　ROL 指令操作示意图

ROL 指令将影响 CF 和 OF 两个标志位，如果循环移位次数为 1，且移位后目标操作数的最高位和 CF 值不相等，则标志位 OF=1，否则 OF=0。如果移动次数不为 1，则 OF 状态不定。

2）不带 CF 的循环右移指令 ROR。

指令格式：

ROR　OPRD, 1

ROR　OPRD, CL

指令功能：ROR 是循环右移指令，它将目标操作数中的每一位向右移动一位，最低位移入最高位，同时把最低位移入 CF，而 CF 原来的值丢失。同样，标志位 CF 不在循环之内，指令操作示意图如图 3-20 所示。

ROR 指令也将影响 CF 和 OF 两个标志位，如果循环移位次数为 1，且移位后新的目标操作数的最高位和次高位不相等，则标志位 OF=1，否则 OF=0。如果移动次数不为 1，则 OF 状态不定。

图 3-20　ROR 指令操作示意图

【例 3.46】 已知 AL=24H，求执行下列指令后 AL=？

```
ROL  AL,1          指令执行后 AL=48H,CF=0
ROR  AL,1          指令执行后 AL=12H,CF=0
```

3）带 CF 的循环左移指令 RCL。

指令格式：

```
RCL OPRD, 1
RCL OPRD, CL
```

指令功能：RCL 是带进位循环左移指令，它将目标操作数连同进位标志位一起循环左移，标志位 CF 移入目标操作数最低位，而目标操作数最高位移入 CF。标志位 CF 在循环之内，指令操作示意图如图 3-21 所示。

RCL 指令对标志位的影响和 ROL 指令相同。

【例 3.47】 指令 "RCL　BYTE　PTR[100AH]，1"，设 DS= 6000H，且执行指令前（6100AH）= 8EH，CF=0。

执行上面的指令后，（6100AH）=1CH，CF=1，操作示意图如图 3-32 所示。

图 3-21　RCL 指令操作示意图

（a）　　　　　　　　　　　（b）

图 3-22　RCL 指令举例

（a）指令执行前；（b）指令执行后

4）带 CF 的循环右移指令 RCR。

指令格式：

RCR　OPRD，1

RCR　OPRD，CL

指令功能：RCR 是带进位循环右移指令，它将目标操作数连同进位标志位一起循环右移，标志位 CF 移入目标操作数最高位，而目标操作数最低位移入 CF。标志位 CF 在循环之内，指令操作示意图如图 3-23 所示。

RCR 指令对标志位的影响和 ROR 指令相同。

利用循环移位指令可以测试操作数某一位的状态。

图 3-23　RCR 指令操作示意图

【例 3.48】 测试 BL 寄存器中第 4 位的状态，并保持原内容不变。程序如下：

```
        MOV  CL,4                    ;CL←移位次数
        ROL  BL,CL                   ;CF←BL 第 4 位
        JNC  ZERO                    ;如果 CF=0 则转到 ZERO
        ROR  BL,CL                   ;恢复原 BL 内容
        …
ZERO:   ROR  BL,CL                   ;恢复原 BL 内容
        …
```

3.3.4　串操作指令

1. 串操作指令的特点

存储器中地址连续的若干单元字符和数据称为字符串或数据串。串操作指令就是用来对串中的每一个字符或数据作同样的操作；既可以是字串，也可以是字节串；在完成一次操作后，能够自动修改指针，去执行下一次操作。串操作命令可以处理的最大串长度为 64K 字节或字。

串操作指令共有五条：串传送指令、串比较指令、串扫描指令、串装入指令、串存储指令。所有的串操作指令（除了与累加器打交道的串操作指令外）都具有以下特点：

①总是用 SI 寄存器寻址源串（源操作数），用 DI 寄存器寻址目标串（目标操作数）。源

串默认为在数据段，即段地址在 DS 中，因此默认的目标串指针为 DS：SI，但允许段重设。目标串默认在附加段，即段地址在 ES 中，因此目标串指针为 ES：DI，不允许进行段重设。

②串的长度存放在 CX 寄存器中。

③可以在串操作命令前加重复前缀。若使用重复前缀，CX 的内容也会每次自动减 1。

④指针自动修改，且修改方向与 DF 标志有关，若 DF=0，则每次操作后，SI 和 DI 按地址增量方向修改（对字节操作加 1，对字操作加 2）；否则，SI 和 DI 按地址减量方向修改。

因此，在使用串操作指令前，需要进行必要的设置，即设置源串指针（DS、SI）、目标串指针（ES、DI），重复次数（CX）以及操作方向（DF）。

2. 重复操作前缀

在串操作指令前加一个适当的重复操作前缀，使该指令能重复执行。指令在执行时不仅能按照 DF 所决定的方向自动修改地址指针 SI 和 DI 的内容，还可在每完成一次操作后自动修改串长度 CX 的值，重复执行串指令，直到 CX=0 或满足指定的条件为止。

用于串操作的重复操作前缀指令共有 5 条，这 5 条重复操作前缀分为两类，分别是无条件重复前缀（1 条），有条件重复前缀（4 条）。即

REP：无条件重复前缀——重复执行指令规定的操作，直到 CX=0；

REPE：相等时重复——ZF=1，且 CX≠0 时重复；

REPZ：结果为 0 时重复——ZF=1，且 CX≠0 时重复；

REPNE：不相等时重复——ZF=0，且 CX≠0 时重复；

REPNZ：结果不为 0 时重复——ZF=0，且 CX≠0 时重复。

加重复操作前缀指令可以简化程序的编写，并加快串操作指令的执行速度。加重复操作前缀指令之后的串操作指令的执行由以下几个步骤构成：

①执行串操作指令规定的相应操作。

②SI 和 DI 自动增减。如果是字节操作，增减 1；如果是字操作，则增减 2。是增还是减由 DF 标志位决定。

③CX 的内容自动减 1。

④根据 ZF 的状态决定是否重复进行。

3. 串操作指令

串操作数指令是 8086/8088 指令系统中唯一一组能直接处理源操作数和目标操作数都在存储器单元中的指令。

（1）串传送指令。串传送指令有 3 种格式：

MOVS OPRD1, OPRD2

MOVSB

MOVSW

指令功能：串传送指令是将源串的内容传送到目标串中。

说明：

①第一种格式中，OPRD1、OPRD2 分别为目标串和源串的地址。该格式中，源串和目标串的段地址可以使用默认值，源串也可使用段前缀来指定在其他段中，偏移地址必须用 SI 和 DI 来指定。第一种格式多用于需要段重设的情况。

②第二种格式和第三种格式隐含了两个操作数的地址，此时，源串和目标串的段地址必

须使用默认值，即源串在数据段、偏移地址在 SI 中，目标串在附加段、偏移地址在 DI 中。第二种格式 MOVSB 表示一次完成一个字节的传送，第三种格式 MOVSW 表示一次完成一个字的传送。

　　③MOVS 指令常与重复前缀联合使用，这样不仅可以简化程序，而且提高了运行速度。

　　④串传送指令的执行结果不影响标志位。

　　【例 3.49】　将 2000H：1200H 地址开始的 100 个字节传送到 6000H：0000H 开始的内存单元中去。程序如下：

```
MOV  AX,2000H
MOV  DS,AX              ;设定源串段地址
MOV  AX,6000H
MOV  ES,AX              ;设定目标串段地址
MOV  SI,1200H           ;设定源串偏移地址
MOV  DI,0               ;设定目标串偏移地址
MOV  CX,100             ;串长度送 CX
CLD                     ;DF=0,使地址指针按增量方向修改
REP  MOVSB              ;每传送一个字节,自动修改地址指针及 CX 直至 CX=0
HLT                     ;暂停执行
```

　　（2）串比较指令。串比较指令有 3 种格式：

CMPS OPRD1, OPRD2

CMPSB

CMPSW

　　指令功能：该指令使两个字符串中的相应元素逐个比较（即相减）。

　　串比较指令 CMPS 和前面讲过的比较指令 CMP 类似，不同的是 CMP 指令比较的是两个数据，比较结果只影响标志位；而 CMPS 指令比较的是两个字符串，指令执行结果也只影响标志位。CMPS 指令具体执行过程是：将源串地址和目标串地址中的字符串按照字节或字进行比较，比较结果不送回目标串地址中，而只是影响标志位。每进行一次比较之后，自动修改地址指针，指向串中的下一个元素。

　　说明：

　　①第一种格式中，OPRD1、OPRD2 分别为目标串和源串的地址。式中，源串和目标串的段地址可以使用默认值，源串也可使用段前缀来指定在其他段中，偏移地址必须用 SI 和 DI 来指定。第一种格式多用于需要段重设的情况。

　　②第二种格式和第三种格式隐含了两个操作数的地址，此时，源串和目标串的段地址必须使用默认值，即源串在数据段、偏移地址在 SI 中，目标串在附加段、偏移地址在 DI 中。第二种格式 CMPSB 表示按字节进行比较，第三种格式 CMPSW 表示按字进行比较。

　　③CMPS 指令常与重复前缀联合使用。若带有前缀 REPE 或 REPZ，则表示串未结束（CX≠0）且两个串相等（ZF=1）时继续比较，每比较一次 CX 减 1。用于寻找两个不相等的字符，应将 SI 和 DI 进行修正指向所要寻找的不相等的字符。若带有前缀 REPNE/REPNZ，则表示串未结束且串不相等时（ZF=0）继续比较，每比较 1 次 CX 减 1。如果想寻找两个串中第一个相等的字符，也需将 SI 和 DI 进行修正。

　　④串传送指令的执行结果影响标志位。

【例 3.50】 比较两个字符串是否相同,并找出其中第一个不相等字符的地址,将该地址送 BX,不相等的字符送 AL。两个字符串的长度均为 200 个字节,M1 为源串首地址,M2 为目标串地址。程序如下:

```
        LEA  SI,M1              ;SI←源串首地址
        LEA  DI,M2              ;DI←目标串首地址
        MOV  CX,200             ;CX←串长度
        CLD                     ;DF=0,使地址指针按增量方向修改
        REPE CMPSB              ;若相等则重复比较
        JZ   STOP               ;若 ZF=1,表示两数据串完全相等,转 STOP
        DEC  SI                 ;否则 SI-1,指向不相等单元
        MOV  BX,SI              ;BX←不相等单元的地址
        MOV  AL,[SI]            ;AL←不相等单元的内容
STOP:HLT                        ;停止
```

程序中找到第一个不相等字符后,地址指针自动加 1,所以将地址指针再减 1 即可得到不相等单元的地址。

(3)串扫描指令。串扫描指令有 3 种格式:

SCAS OPRD   ;OPRD 是目标串

SCASB

SCASW

指令功能:将累加器 AL/AX 中的内容与字符串中的元素逐个进行比较,比较结果不改变目标串内容,只是反映在标志位上。

说明:

①格式一中只有一个操作数,用来表示目标串的符号地址。格式二中 SCASB 表示按字节方式进行扫描,SCASW 表示按字方式进行扫描。该指令在执行前必须设置 ES:DI 来指向目标串。

②该指令主要用于在一个字符串中查找某个特定的关键字。进行该指令前,要将要找的关键字放到 AL(或 AX)中,再用本指令与字符串中的各个元素逐一进行比较。

③SCAS 指令常与重复前缀联合使用。

④该指令的执行结果影响标志位。

【例 3.51】 在 ES 段中从 2000H 单元开始存放了 10 个字符,寻找其中有无字符 "A"。若有则记下搜索次数(次数放 DATA1 单元),并记下存放 "A" 的地址(地址放 DATA2 单元)。程序段如下:

```
        MOV  DI,2000H           ;目标字符串首地址送 DI
        MOV  BX,DI              ;首地址暂存在 BX 中
        MOV  CX,0AH             ;字符串长度送 CX
        MOV  AL,'A'             ;关键字"A"的 ASCII 码送 AL
        CLD                     ;清 DF,每次扫描后指针增量
        REPNZ SCASB             ;扫描字符串,直到找到"A"或 CX=0
        JZ   FOUND              ;若找到则转移
        MOV  DI,0               ;没找到要搜索的关键字,使 DI=0
        JMP  DONE
FOUND:DEC DI                    ;DI-1,指向找到的关键字所在地址
        MOV DATA2,DI            ;将关键字地址送 DATA2 单元
```

```
        INC DI
        SUB DI,BX                    ;用找到的关键字地址减去首地址得到搜索次数
   DONE:MOV DATA1,DI                  ;将搜索次数送到 DATA1 单元
        …
```

上面的程序中，SCAS 指令加上前缀 REPNZ 表示串元素不等于关键字（ZF=0）且串末结束（CX≠0）时就继续搜索。若此例改为找到第一个不是"A"的字符，则 SCAS 前应加上前缀 REPZ，表示串元素等于关键字且串末结束时就继续搜索。

例 3.51 中，退出 REPNZ SCASB 串循环有两种可能：

①已找到关键字，从而退出，此时 ZF=1。

②未搜索到关键字，但串已检索完毕，从而退出，此时 ZF=0，CX=0。因而退出之后，可根据对 ZF 标志的检测来判断是属于哪种情况。

执行 REPNZ SCASB 操作时，每比较一次，目标串指针自动加 1（因 DF=0），所以找到关键字后，需将 DI 内容减 1 才能得到关键字所在地址。

（4）串装入指令。串装入指令有 3 种格式：

LODS　OPRD　　　　　　　　　　　；OPRD 是源串

LODSB

LODSW

指令功能：将一个字符串的字节或字逐个装入累加器 AL/AX 中。

指令执行过程是：指令执行前必须设置 DS：SI 来指向源串，执行指令时，将由 DS：SI 指向的源串中的字节或者字，取到累加器 AL 或 AX 中，并在这之后根据 DF 的值自动修改指针 SI，以指向下一个元素。

由以上的执行过程可以看出，LODSB 指令等同以下 2 条指令：

```
   MOV AL,[SI]
   INC  SI
```

LODSW 指令等同以下 3 条指令：

```
   MOV AX,[SI]
   INC  SI
   INC  SI
```

说明：

①格式 1 中只有一个操作数，用来表示源串的符号地址；格式 2 中 LODSB 表示按字节装入；格式 3 中，LODSW 表示按字装入。

②该指令一般不带前缀，因为每重复一次 AL 或 AX 中的内容将被后一次所装入的内容取代。

③指令的执行结果不影响标志位。

【例 3.52】　以 MEN 为首地址的内存区域中有 10 个以非压缩 BCD 码形式存放的十进制数，它们的值可能是 0～9 中的任意一个，现编程序将这 10 个数顺序显示在屏幕上。程序段如下：

```
        LEA SI,MEN               ;SI←源串偏移地址
        MOV CX,10                ;设置串长度
        CLD                      ;DF←0
```

```
        MOV AH,02H                    ;AH←功能号(表示单字符显示输出)
NEXT:   LODSB                         ;取一个BCD码到AL
        ADD AL,30H                    ;BCD码转换为对应的ASCII码
        MOV DL,AL                     ;DL←字符的ASCII码
        INT 21H                       ;输出显示
        DEC CX                        ;CX←CX-1
        JNZ NEXT                      ;ZF=0则重复
        HLT
```

（5）串存储指令。串存储指令有3种格式：

```
STOS   OPRD                           ;OPRD是目标串
STOSB
STOSW
```

指令功能：将 AL 或 AX 中的内容存放到位于 ES：DI 所指的存储单元中，并自动修改地址指针 DI。

说明：

①格式一中只有一个目标操作数，用来表示目标串的符号地址。STOSB 按字节进行存储，STOSW 按字进行存储。

②指令执行前，必须设置 ES：DI 指向目标串。

③可以利用重复前缀对连续的存储单元存入相同的内容。

④指令的执行结果不影响标志位。

【例 3.53】 把 6000H：1200H 单元开始的 100 个字存储单元内容清零，可用串存储指令实现。程序如下：

```
MOV  AX,6000H
MOV  ES,AX                            ;ES←目标串段地址
MOV  DI,1200H                         ;DI←目标串的偏移地址
MOV  CX,100                           ;CX←串长度
CLD                                   ;DF=0,从低地址到高地址的方向进行存储
MOV  AX,0                             ;AX←0,即要存入到目标串的内容
REP  STOSW                            ;将100个单元清零
HLT
```

3.3.5 程序控制指令

以上介绍的数据传送指令、算术运算指令、逻辑运算及移位指令、串操作指令都用于数据的传送、加工和处理等方面，它们对数据的操作有非常重要的意义。在 8086/8088 指令系统中，还有一类指令，它们主要用于控制程序的流向，该类指令称为程序控制类指令。

在 8086/8088 程序中，指令执行的位置是由代码段寄存器（CS）和指令指针寄存器（IP）的内容决定的。一般情况下，指令是顺序执行的，如果要改变程序的正常执行顺序，必须改变 IP 或同时改变 IP 和 CS 的内容。程序控制指令通过修改 IP 和 CS 的内容以控制程序的执行顺序。当程序发生转移时，存放在指令队列缓冲器中的指令被清除。BIU 将根据转移指令给出的 CS 和 IP 的值从存储器中取出一条新指令，经指令队列直接送到 EU 执行。

8086/8088 指令系统中的程序控制指令用于控制程序的转移，这些指令有的只修改 IP 的内容，有的则同时修改 IP 和 CS 的内容。程序控制指令分为 4 小类：转移指令、循环控制指

令、过程调用与返回指令和中断指令，除中断指令外，其他指令均不影响标志位。

1. 转移指令

转移指令包括无条件转移指令和条件转移指令。

（1）无条件转移指令 JMP。

指令格式：JMP OPRD   ；OPRD 是转移的目标地址

指令功能：无条件地使程序转移到指定的目标地址，并从目标地址处开始执行新的指令。

对目标地址的寻址方法有两种，分别是直接寻址和间接寻址。又考虑到 8086/8088 的分段管理，新的目标地址可能处在相同的段中，也可能处在不同的段中。如果目标地址在当前代码段内，称为段内转移，此时，CS 的值保持不变，只修改 IP 的值；如果目标地址在其他代码段中，称为段间转移，这种指令同时修改 IP 和 CS 的值。因此可将无条件转移指令分为 4 种形式，即段内直接转移、段内间接转移、段间直接转移、段间间接转移。

1）段内直接转移。

指令格式：JMP   LABEL

LABEL 是一个标号，或称为符号地址，用来表示要转移的目标地址，该标号在本程序所在的代码段内。

指令在汇编时，汇编程序可以计算得到 JMP 指令的下一条指令与 LABEL 所指示的地址之间的一个偏移量（也就是相距多少个字节单元），指令的操作是将 IP 的当前值加上地址的偏移量，形成新的 IP；该偏移量可以是正的，也可以是负的，可以是 8 位数，也可是 16 位数。

偏移量为 8 位数时，称为段内直接短转移，转移范围：−128～+127，格式为 JMP SHORT LABEL；偏移量为 16 位数时，称为段内直接近转移，范围：−32768～+32767，格式为 JMP NEAR LABEL；缺省时为近转移，NEAR 可不写。

指令的操作是将 IP 的当前值加上计算出的地址偏移量，形成新的 IP，并使 CS 保持不变，从而使程序按新地址继续运行，从而实现了程序的转移。

【例 3.54】

```
     ...
     MOV AX,BX
     JMP NEXT                    ;无条件段内转移,转向符号地址 NEXT 处
     AND CL,0FH
     ...
NEXT: OR CL,7FH
```

这里，NEXT 是一个段内标号，汇编程序计算出 JMP 的下条指令（即指令"AND CL，0FH"）的地址到 NEXT 标号代表的地址之间的距离（也就是相对位移量）。执行 JMP 指令时，将这个位移量加到 IP 去，于是在执行完 JMP 指令后不再执行 AND CL，0FH 指令（因为 IP 已经改变），而转去执行 OR CL，7FH 指令（因为此时 IP 指向这条指令）。

2）段内间接转移。

指令格式：JMP OPRD

指令中的操作数 OPRD 是 16 位的寄存器或存储单元，目标操作数可以采用各种寻址方式。执行后，是用指定的寄存器或指定存储器两单元的内容作为目标的偏移地址，用来取代

原来 IP 的内容，从而实现程序的转移。

【例 3.55】 JMP AX

设当前 CS=1200H，IP=5800H，AX=1100H，在执行该指令时，IP←AX=1100H，执行 JMP 指令时 CPU 转移到物理地址为 13100H 的单元去执行。

【例 3.56】 JMP WORD PTR [BX+DI]

设当前 DS=3000H，BX=1300H，DI=1200H，（32500H）=2350H，则指令执行后，IP=2350H。指令执行过程如图 3-24 所示。

3）段间直接转移。

指令格式：JMP FAR LABEL。

这里 FAR 表示其后的标号 LABEL 是一个远标号，即它在另外一个代码段内，因此这是段间转移。段间直接转移的意思是指令中直接提供了要转移的 16 位段地址和 16 偏移地址。汇编程序根据远标号 LABEL 的位置确定出 LABEL 所在的段地址和偏移地址，然后将 LABEL 所在的段地址和偏移地址分别送入 CS 和 IP，使程序转移到另一代码段内指定的标号

图 3-24 段内间接转移指令操作示意图

处（即 CS：IP）进行执行。例如：

```
JMP FAR PTR NEXT      ;IP← NEXT 的偏移地址,CS← NEXT 所在段的段地址
JMP 2000H:1000H       ;IP← 1000H,CS← 2000H
```

4）段间间接转移。

指令格式：JMP OPRD

指令的操作数 OPRD 是一个 32 位的存储器。指令的执行是将指定的连续 4 个存储单元的内容分别送入 IP 和 CS（高地址字内容送 CS，低地址字内容送 IP），从而实现从当前程序到新程序的转移。

【例 3.57】 JMP DWORD PTR [BX]。

设执行指令前，DS=3000H，BX=3000H，（33000H）=0BH，（33001H）=20H，（33002H）=10H，（33003H）=80H。

则执行指令后，IP=200BH，CS=8010H。

转移的目标地址=8210BH。其操作示意图如 3-25 所示。

由于段间转移是控制程序转移到另一个代码段中，不仅 IP 的内容要改变，CS 的内容也要改变，即转移地址一定是 32 位字长。

图 3-25 段间间接转移指令操作示意图

因此，在操作数前要加上 DWORD PTR，表示其后的操作数为双字。

JMP 指令对标志位无影响。

（2）条件转移指令。

指令格式：JXX　目标标号

指令功能：XX 是测试条件。条件转移指令以执行指令时 CPU 标志寄存器中标志位的状态为测试条件，决定是否控制程序转移。

条件转移指令的执行过程如下：

第一步：测试规定的条件。

第二步：如果条件满足，则转移到目标地址，否则继续顺序执行。

8086/8088 指令系统中的条件转移指令比较多，是根据其前一条指令执行后，某一个标志位的状态或某个比较结果作为判断转移的依据。如果满足条件，则进行转移，否则顺序执行下一条指令。所有的条件转移都是直接寻址方式的短转移。

说明：

①条件转移指令的目的地址必须在现行的代码段（CS）内，并且以当前指针寄存器 IP 内容为基准，其位移必须在−128～+127 的范围之内。

②当需要往一个较远的地方进行条件转移时，可以先转移到附近一个单元，然后，在此单元加一条无条件转移指令，再通过无条件转移指令转到较远的目的地址。

③对于无符号数的比较过程，用"高于"和"低于"进行结果判断，而用"大于"和"小于"进行有符号数的结果判断。

④除 JCXZ 指令外，其他条件转移指令都将标志位的标志作为测试条件，因此首先应执行影响有关标志位状态的指令，然后才能用条件转移指令测试这些标志，以确定程序是否转移。CMP、TEST 是常用的两条指令，它们常与条件转移指令配合使用。

在 8086/8088CPU 中，条件转移指令共有 19 条，根据测试条件的不同可分为如下情况。

1）与标志无关的转移指令。与标志无关的转移指令只有 1 条，即

JCXZ　　转移条件 CX=0

2）与标志位有关的转移指令。与标志位有关的转移指令共 18 条。根据测试条件中标志位目的不同可分为两组。

①单测试条件的转移指令。单测试条件的转移指令有 10 条。根据单个标志位的状态判断转移的条件转移指令，见表 3-3。

表 3-3　　　　　　　　　　单测试条件转移指令

指令助记符	指令功能	转移条件
JE/JZ	等于/零转移	ZF=1
JNE/JNZ	不等于/非零转移	ZF=0
JC	进位转移	CF=1
JNC	无进位转移	CF=0
JS	负转移	SF=1
JNS	正转移	SF=0
JP/JPE	偶转移	PF=1

指令助记符	指令功能	转移条件
JNP/JPO	奇转移	PF=0
JO	溢出转移	OF=1
JNO	不溢出转移	OF=0

②复测试条件的转移指令。复测试条件的转移指令有 8 条，根据两个或两个以上标志的状态判断转移的条件转移指令。根据所测试操作数类型的不同分为无符号数条件转移指令和有符号数条件转移指令两种，见表 3-4。

表 3-4　　　　　　　　　　　　　复测试条件转移指令

指令助记符	指令功能	转移条件	备注
JA/JNBE	高于/不低于不等于转移	CF=0 AND ZF=0	无符号数
JAE/JNB	高于等于/不低于转移	CF=0 OR ZF=1	无符号数
JB/JNAE	低于/不高于不等于转移	CF=1 AND ZF=0	无符号数
JNB/JNA	低于等于/不高于转移	CF=1 OR ZF=1	无符号数
JG/JNLE	大于/不小于不等于转移	SF=OF AND ZF=0	有符号数
JGE/JNL	大于等于/不小于转移	SF=OF OR ZF=1	有符号数
JL/JNGE	小于/不大于不等于转移	SF≠OF AND ZF=0	有符号数
JLE/JNG	小于等于/不大于转移	SF≠OF OR ZF=1	有符号数

【例 3.58】　在内存的数据段中存放了 100 个 8 位有符号数，其首地址为 TABLE，试统计其中正元素、负元素和零元素的个数，并分别将个数存入 PLUS、MINUS 和 ZERO 这 3 个单元中。

题目分析：

为实现上述功能，可先将 PLUS、MINUS 和 ZERO 这 3 个单元清零，之后将数据表中的有符号数逐个放入 AL 中，利用条件转移指令测试该数是正数、负数还是零，再分别在对应的单元中计数。程序如下：

```
START:  XOR AL,AL            ;AL 清零
        MOV PLUS,AL          ;PLUS 单元清零
        MOV MINUS,AL         ;MINUS 单元清零
        MOV ZERO,AL          ;ZERO 单元清零
        LEA SI,TABLE         ;数据表首地址送 SI
        MOV CL,100           ;表长度送 CL
        CLD                  ;使 DF=0
CHECK:  LODSB                ;取一个数到 AL
        OR AL,AL             ;操作数自身"或",仅影响标志位
        JS X1                ;若为负,转 X1
        JZ X2                ;若为零,转 X2
        INC PLUS             ;否则为正,PLUS 单元加 1
        JMP NEXT
X1:     INC MINUS            ;MINUS 单元加 1
```

```
        JMP NEXT
    X2: INC ZERO                        ;ZERO 单元加 1
  NEXT: DEC CL                          ;CL 减 1
        JNZ CHECK                       ;若 ZF=0 转 CHECK
        HLT                             ;停止
```

2. 循环控制指令

循环控制指令实际上是一组增强型的条件转移指令，它也是根据测试状态、标志位，判断是否控制程序转移。

在 8086/8088 指令系统中，提供了 LOOP、LOOPE/LOOPZ 和 LOOPNE/LOOPNZ 等 3 种形式的循环指令，指令所控制的目的地址都是在以当前 IP 内容为中心的-128～+127 字节范围内。在执行指令前，循环次数必须先送入 CX 寄存器中，一般情况下，循环控制指令放到循环程序的开始或结尾，每循环一次，CX 内容减 1，若 CX≠0，则继续循环；否则退出循环。

3 种形式的循环指令均不影响标志寄存器。

（1）LOOP 指令。

指令格式：LOOP　LABEL

这里的 LABEL 相当于一个近地址标号。指令的执行过程是：先将 CX 内容减 1，再判断 CX 的值是否为 0，若 CX≠0，则转移到目标标号所给定的地址继续循环；否则结束循环，执行下一条指令。

因此，"LOOP LABEL"指令相当于以下两条指令的组合：

```
DEC   CX
JNZ   LABEL
```

由于 LOOP 循环指令同时完成减 1 与转移的测试操作，从而简化了循环程序的循环控制部分，即用一条指令完成两条以上指令的功能。

【例 3.59】　在内存 BUFFER 的数据区中存放着 100 个字节类型的有符号数，编程统计正元素、负元素及零的个数，并分别将统计结果存入 PLUS、MINUS 和 ZERO 三个字节存储单元中。

```
        ...
        XOR BL,BL                      ;BL 清零
        MOV PLUS,BL                    ;PLUS 单元清零
        MOV MINUS,BL                   ;MINUS 单元清零
        MOV ZERO,BL                    ;ZERO 单元清零
        LEA SI, BUFFER                 ;SI←BUFFER 偏移地址
        MOV CX, 100                    ;CX←100
    WW: MOV AL,[SI]                     ;AL←第一个数
        AND AL,AL
        JS K1                          ;SF=1,即为负数时转移 K1 处
        JZ K2                          ;ZF=1,即等于 0 时转移 K1 处
        INC PLUS
        JMP TT
    K1: INC MINUS
        JMP TT
    K2: INC ZERO
    TT: INC SI
        LOOP WW
        ...
```

【例 3.60】 有一首地址为 ARRAY 的 M 个字数组，试编写一段程序，求出该数组的内容之和（不考虑溢出），并把结果存入 TOTAL 中，程序段如下：

```
           MOV   CX,M              ;设计数器初值
           MOV   AX,0              ;累加器初值为 0
           MOV   SI,AX             ;地址指针初值为 0
    START: ADD   AX,ARRAY[SI]
           ADD   SI,2              ;修改指针值(字操作,因此加 2)
           LOOP  START             ;重复
           MOV   TOTAL,AX          ;存结果
```

（2）LOOPE/LOOPZ 指令。

指令格式：LOOPE/LOOPZ   LABEL

执行过程：先将 CX 减 1 送 CX，若 CX≠0 且 ZF=1，则循环，否则执行下一条指令。

说明：这是一条复合条件的循环指令，既要满足 CX≠0，还应满足"相等"或"等于零"的条件才能循环。即继续执行的条件是 CX≠0 且 ZF=1；若 CX=0 或者 ZF=0，则不再循环。

【例 3.61】 有一字符串，存放在 ASCIISTR 的内存区域中，字符串的长度为 L。要求在字符串中查找空格（ASCII 码为 20H），找到则继续运行，否则转到 NOTFOUND 去执行。实现上述功能的程序段如下：

```
              MOV   CX,L              ;设计数器初值
              MOV   SI,0              ;设地址指针初值
              MOV   AL,20H            ;空格的 ASCII 码送 AL
       NEXT:  CMP   AL,ASCIISTR[SI]   ;比较是否空格?
              INC   SI
              LOOPNZ NEXT
              JNZ   NOTFOUND
              …
NOTFOUND:  …
           …
```

（3）LOOPNE/LOOPNZ 指令。

指令格式：LOOPNE/LOOPNZ   LABEL

执行过程：先将 CX 减 1，然后再判断 CX 和 ZF 的值，若 CX≠0 且 ZF=0，则转至目标地址处继续循环，否则退出循环。这是一条复合条件的循环指令，既要满足 CX≠0，还应满足"不相等"或"不等于零"的条件才能循环。

【例 3.62】 比较两组输入端口的数据是否一致。主端口的首地址为 MAIN_PORT，冗余端口的首地址为 REDUNDANT_PORT，端口数目均为 NUMBER.

```
             MOV DX,MAIN_PORT          ;DX←主端口地址指针
             MOV BX,REDUNDANT_PORT     ;BX←冗余端口地址指针
             MOV CX,NUMBER             ;CX←端口数
       TOP:  IN AX,DX                  ;AX←从主端口输入一个数据
             XCHG AX,BP                ;主端口输入的数据暂存于 BP
             INC DX                    ;主端口地址指针加 1
             XCHG BX,DX                ;DX←冗余端口地址指针
             IN AX,DX                  ;AX←从冗余端口输入一个数据
             INC DX                    ;冗余端口地址指针加 1
             XCHG BX,DX                ;两端口地址指针恢复到原寄存器中
```

```
              CMP AX,BP                    ;比较两端口的数据
              LOOPE TOP                    ;若两端口数据相等且 CX-1≠0,则转 TOP
              JNZ PORT_ERROR               ;若两端口数据不相等,则转至 PORT_ERROR
              ...
PORT_ERROR: ...
              ...
```

3. 过程调用与返回指令

在某一程序中，如果有一些程序段需要在不同的地方多次反复出现，则可以将这些程序段设计成过程（相当于子程序），每次需要时进行调用。过程结束后，再返回原来调用的地方。在需要时，还可以进行多次调用。采用这种方法可以使程序的总长度大大缩短，有利于实现模块化的程序设计，使程序的编制、阅读和修改都比较方便。8086/8088 指令系统为实现对过程（子程序）的调用，提供了调用指令 CALL 和返回指令 RET。

（1）过程调用指令 CALL（Call a procedure）。

指令格式：CALL　　过程名

指令功能：指令执行时，首先把主程序的断点地址（调用指令的下一条指令地址）压入堆栈保存，然后将目标地址（过程的首地址）装入 IP（或同时装入 IP 和 CS）以控制 CPU 转移到目标过程去执行被调用的过程。执行调用指令对标志位无影响。

由于子程序有可能和主程序在同一个段内，也有可能不在同一个段内，所以与无条件转移指令一样，过程调用 CALL 指令也有 4 种形式，即段内直接调用、段内间接调用、段间直接调用、段间间接调用。

1）段内直接调用。

指令格式：CALL　NEAR　PROC

PROC 是一个近过程的符号地址，表示调用的过程在当前代码段内，NEAR 可省略。指令在汇编后会得到 CALL 指令的下一条指令与被调用过程入口地址之间相差的 16 位相对位移量。CALL 指令在执行时，首先将 CALL 指令的下一条指令的偏移地址压入堆栈，然后将指令中 16 位的相对偏移量和当前 IP 的内容相加,新的 IP 内容就是所调用过程的入口地址（被调用子过程第一条指令的地址）。指令具体执行过程可以表示如下：

```
SP-2→SP
IPH→(SP+1)                        ;IP 值压入堆栈
IPL→(SP)
IP+16 位偏移量→IP
```

2）段内间接调用。

指令格式：CALL　OPRD

OPRD 为 16 位寄存器或两个存储单元的内容,这个内容表示的是一个近过程的入口地址。指令的执行是将 CALL 指令的下一条指令的偏移地址压入堆栈。若指令中的操作数是一个 16 位通用寄存器，则将寄存器的内容送至 IP；若操作数是存储单元，则将连续的两个存储单元的内容送至 IP。指令具体执行过程可以表示如下：

```
SP-2→SP
IPH→(SP+1)
IPL→(SP)
```

寄存器或存储单元的内容→IP。

例如：

```
CALL AX              ;AX→IP,子程序的入口地址由 AX 给出
CALL WORD PTR [BX]   ;(BX+1,BX) →IP, 子程序的入口地址由数据段的两个存储单
                      元的内容给出
```

3）段间直接调用。

指令格式：CALL　FAR PROC

PROC 是一个远过程的符号地址，表示调用的过程不在当前代码段内，FAR 不可省略。

指令在执行时先将 CALL 指令的下一条指令的地址（包括段地址 CS 和偏移地址 IP）压入堆栈，然后用指令中给出的远过程符号地址所在的段地址取代 CS 的内容，偏移地址取代IP 的内容。指令具体执行过程可以表示如下：

```
SP-2→SP;CS→(SP+1,SP)
SP-2→SP;IP→(SP+1,SP)
被调用过程入口的段地址→CS
被调用过程入口的偏移地址→IP
```

例如指令"CALL 2000H：3000H"直接给出所调用的段地址和偏移地址。此时，被调用过程入口的段地址和偏移地址分别是：2000H 和 3000H，即到物理地址 23000H 处执行新的程序。

4）段间间接调用。

指令格式：CALL　PROC

这里 PROC 为 32 位的存储单元地址。指令在执行时先将 CALL 指令的下一条指令的地址（包括段地址 CS 和偏移地址 IP）压入堆栈，然后把指令中给出的 4 个存储单元中的内容送至 IP 和 CS，低地址的两个单元的内容为偏移地址，送入 IP；高地址的两个单元的内容为段地址，送入 CS。指令具体执行过程可以表示如下：

```
SP-2→SP;CS→(SP+1,SP)
SP-2→SP;IP→(SP+1,SP)
存储单元的前两个字节→IP
存储单元的后两个字节→CS。
```

例如：

```
CALL DWORD PTR[SI]
```

【例 3.63】设 DS=6000H，SI=0560H，执行指令 CALL DWORD PTR[SI]。

该指令表示所调用程序的入口地址存放在当前数据段中 SI 的内容为首地址的连接 4 个字节单元中。指令操作示意图如图 3-26 所示。执行完指令后，CS=4000H，IP=2000H，即到物理地址为 42000H 处执行新的指令。

（2）过程返回指令 RET。

指令格式：RET

图 3-26　段间间接调用指令操作示意图

过程返回指令与过程调用指令的操作正好相反。从堆栈中弹出由 CALL 指令压入堆栈的断点地址值，送回 IP 或同时送回 IP 和 CS 寄存器中，迫使 CPU 返回到主程序的断点处继续执行。对于段内调用的子过程，用 RET 指令返回主程序时，只需从堆栈顶部弹出一个字的内容给 IP 作为返回的偏移地址，便可使 CPU 返回到主程序的断点继续执行；对于段间调用的主程序，用 RET 指令返回主程序时，则需从堆栈顶部弹出两个字的内容作为返回地址：先弹出一个字的内容给 IP 作为返回的偏移地址，再弹出一个字的内容给 CS 作为返回的段地址，然后使 CPU 返回到主程序的断点继续执行。无论是段间返回还是段内返回，返回指令在形式上都是一样的。

返回指令对标志位无影响。

调用指令 CALL 与返回指令 RET 成对使用。返回指令一般作为子程序的最后一条语句。返回指令不影响标志位。

4. 中断指令

中断是指在程序运行期间因某种随机或异常事件，要求 CPU 暂时中止正在运行的程序转去执行一组专门的中断服务程序来处理这些事件，处理完毕后又返回到原来被中止处继续执行原程序的过程。

引起中断的事件叫中断源，中断源又可以分为内部中断源和外部中断源。内部中断源引起的中断称为内部中断；外部中断源引起的中断称为外部中断。外部中断主要用来处理外设与 CPU 间的通信；内部中断则包括由运算异常及中断指令引起的中断。

8086/8088CPU 可在程序中安排一条中断指令来引起一个中断过程，这种中断称为软件中断。8086/8088 指令系统提供了 3 条与软件中断相关的指令。

（1）INT 指令。

指令格式：INT　n

指令功能：执行中断类型号为 n 的中断服务程序。

这里的 n 被称为中断类型号（也称中断向量码），是一个常数，由于 8086/8088 可以处理 256 种中断类型，因此 n 的取值范围是 0～255。

指令执行时，CPU 根据中断类型号 n 的值计算出中断向量的地址，然后从该地址中取出中断服务程序的入口地址（即中断服务程序第一条指令的地址），并转到该入口地址处去执行中断服务子程序。

根据中断类型号 n 的值计算中断向量地址的方法是将中断类型号 n 乘以 4。INT 中断指令的具体过程如下：

1）将标志寄存器压入堆栈。

2）清除 IF 和 TF。清除 IF 和 TF 的目的是保证不会中断正在执行的中断子程序，同时不响应单步中断。

3）把断点地址（即 INT 指令的下一条指令的地址）压入堆栈。

4）将中断类型号 n 乘以 4 得到中断向量地址，中断向量地址的第二个字内容送给 CS，将中断向量的第一个字内容送入 IP，程序转移到 CS：IP 处执行相应的中断服务程序。

INT n 指令除了复位 IF 和 TF 外，对其他标志无影响。

从 CPU 执行中断指令的过程中可以看出，INT 指令的基本操作与存储器寻址的段间间接调用指令相似，但有以下 3 点不同：

1）INT 指令需要将标志寄存器 FLAGS 压栈保存，而 CALL 指令则不需要保存 FLAGS 的内容。

2）INT 指令影响 IF 和 TF 标志，而 CALL 指令不影响。

3）中断服务程序入口地址放在内存的固定位置，以便通过中断向量码获得，而 CALL 指令可以任意指定子程序入口地址的存放位置。

（2）溢出中断指令 INTO。

指令格式：INTO

INTO 称为溢出中断指令，指令助记符无操作数，执行溢出中断的中断服务程序，该指令相当于指令"INT 4"。

若 OF=1，则启动一个类型为 4 的中断过程；如果 OF=0，不做任何操作。

INTO 指令通常安排在有符号数加减运算指令之后。

（3）中断返回指令 IRET。

指令格式：IRET

IREF 称为中断返回指令，用于从中断服务子程序返回到被中断的程序继续执行。该指令通常是中断服务程序的最后一条指令，执行过程与 INT 指令相反。IRET 指令将压入堆栈的段地址和偏移地址弹出到 CS 和 IP，接着将 INT 指令执行时压入堆栈的标志寄存器内容弹出到标志寄存器以恢复中断前的标志状态。

中断返回指令 IRET 影响所有的状态标志位。

3.3.6 处理器控制指令

8086/8088 处理器控制指令共有 12 条，可以完成修改标志位、使 CPU 暂停、等待等功能。

1. 标志位操作指令

8086/8088 标志位操作指令共 7 条，用来设置或改变标志位的状态。

（1）CLC（Clear carry flag）。清进位标志位。该指令的操作是将 CF 清零。

（2）STC（Set carry flag）。置进位标志位。该指令的操作是将 CF 置 1。

（3）CMC（Complement carry flag）。对进位标志位求反。

（4）CLD（Clear direction flag）。清方向标志位。该指令的操作是将 DF 清零。

（5）STD（Set direction flag）。置方向标志位。该指令的操作是将 DF 置 1。

（6）CLI（Clear interrupt flag）。清中断允许标志位。该指令的操作是将 IF 清零。

（7）STI（Set interrupt enable flag）。置中断允许标志位。该指令的操作是将 IF 置 1。

2. 同步控制指令

8086/8088 处理器在最大方式下工作时可与别的处理器一起构成多处理器系统。当 CPU 需要协处理器帮助它完成某个任务时，CPU 可用同步指令向协处理器发出请求，待它们接受这一请求后，CPU 才能继续执行程序。8086/8088 指令系统中有 5 条同步控制指令。

（1）ESC（Escape）。

指令格式：ESC　外部操作码，源操作数

指令功能：换码指令 ESC 用来实现 8086 对 8087 协处理器的控制。

由于 8086 和 8087 的系统总线是互连的，所以两个处理器一直共同监视着从存储器中取出的每一条指令。8087 只处理与自己有关的 ESC 指令，而不理睬 8086 的其他指令，8086 也只处理属于它自己的指令。一旦取到一条 ESC 指令，8087 的忙碌（BUSY）引脚就变成高电平，并将它送到与之相连的 8086 $\overline{\text{TEST}}$ 引脚上，8087 协处理器便开始工作。

（2）WAIT（Wait while $\overline{\text{TEST}}$ pin not asserted）。

指令格式：WAIT

指令功能：该指令完成 CPU 与协处理器或外部硬件的同步。

WAIT 指令通常用在 CPU 执行完 ESC 指令后，用来等待外部事件，即等待 $\overline{\text{TEST}}$ 线上的有效信号。如果 8086/8088 CPU 的 $\overline{\text{TEST}}$ 引脚上的信号无效（即高电平），则 WAIT 指令使 CPU 处于等待状态，重复执行 WAIT 命令。如果 $\overline{\text{TEST}}$ 信号有效（即低电平），则 CPU 不再执行 WAIT 指令，继续执行后续指令。

WAIT 指令同 ESC 指令成对使用，它们之间可以插入一个程序段也可以相连。

（3）LOCK（Lock bus）。

指令格式：LOCK

指令功能：8086/8088CPU 工作在最大模式下时，它使 CPU 在执行 LOCK 后面的指令时保持一个总线封锁信号 $\overline{\text{LOCK}}$ 。该信号禁止其他处理器对总线进行访问。

LOCK 是指令前缀而不是一条单独的指令，不能单独使用，可位于任何指令前。

（4）NOP。

指令格式：NOP

指令功能：空操作指令。CPU 执行 NOP 指令时，不执行任何操作，但占用 3 个时钟周期，但使指令指针寄存器 IP 加 1，执行完 NOP 指令后，接着执行后续指令。

NOP 指令对标志位没有影响。

（5）HLT（Halt）。

指令格式：HLT

指令功能：执行 HLT 指令后，CPU 处于暂时停机状态。

当 CPU 执行 HLT 指令时，实际上是用软件的方法使 CPU 暂停工作。在 RESET 信号线上加复位信号、在 NMI 信号端有非屏蔽中断请求产生，或者当 IF=1，在 INTR 输入端有可屏蔽中断请求产生时，CPU 会退出暂停状态。

HLT 指令对标志位没有影响。

思考与练习

3-1　什么叫寻址方式？8086/8088 CUP 有哪几种寻址方式？

3-2　判断下列指令书写是否正确？

（1）MOV　AL，BX　　　　　　　（2）MOV　20H，AL

（3）MOV　AX，[SI][DI]　　　　　（4）MOV　[SI]，[BX]

（5）MUL　30H　　　　　　　　　（6）PUSH　2000H

（7）ADD　AL，256　　　　　　　（8）POP　CS

（9）JMP　BYTE PTR[BX]　　　　　（10）MOV　DATA[SI]，ES：AX

（11）OUT 300H，AX　　　　　　　（12）IN　BX，DX

3-3　什么是堆栈操作？有什么特点？假设堆栈指针 SP=2000H，AX=3000H，BX=5000H，试问：（1）执行指令 PUSH AX 后，SP=？（2）再执行指令 PUSH BX 及 POP AX 后，SP=？AX=？BX=？

3-4　设 DS=6000H，ES=2000H，SS=1500H，SI=0A0H，BX=0800H，BP=1200H，字符常数 VAR=50H。分别指出下列各条指令源操作数的寻址方式，并计算除立即数寻址外的其他寻址方式下源操作数的物理地址。

（1）MOV AX，BX　　　　　　　　（2）MOV DL，80H

（3）MOV AX，VAR　　　　　　　　（4）MOV AX，VAR[BX][SI]

（5）MOV AL，'B'　　　　　　　　　（6）MOV DI，　ES：[BX]

（7）MOV DX，[BP]　　　　　　　　（8）MOV BX，20H[BX]

3-5　假设 DS=212AH，CS=0200H，IP=1200H，BX=0500H，位移量 DATA=40H，[217A0H]=2300H，[217E0H]=0400H，[217E2H]=9000H。确定下列转移指令的转移地址：

（1）JMP BX

（2）JMP WORD PTR[BX]

（3）JMP DWORD PRT[BX+DATA]

3-6　已知 AX=8060H，DX=03F8H，端口 PORT1 的地址是 48H，内容为 40H；PORT2 的地址是 84H，内容为 85H。指出下列指令执行后的结果。

（1）OUT　DX，AL　　　　　　　　（2）IN　AL，PORT1

（3）OUT　DX，AX　　　　　　　　（4）IN　AX，48H

（5）　OUT　PORT2，AX

3-7　若 AL=96H，BL=12H，分别执行指令 MUL 和 IMUL 后的结果是多少？

3-8　试述下列指令的区别：

（1）MOV AX，2010H 和 MOV AX，DS：[2010H]

（2）MOV BX，200H[BX]和 LEA BX，200H[BX]

（3）CMP DX，CX 和 SUB DX，CX

3-9　试比较无条件转移指令、条件转移指令、调用指令和中断指令有什么异同。

3-10　写出完成下述功能的程序段。

（1）从地址 DS：0010H 中传送一个数据 50H 到 AL 寄存器。

（2）AL 的内容与字节单元 DS：0010H 中的内容相乘。

（3）乘积存入字单元 DS：0020H 中。

（4）屏蔽 CX 寄存器中的 D_{11}、D_7 和 D_3 位。

第4章 汇编语言程序设计

汇编语言是介于机器语言和高级语言之间的计算机语言，是一种用符号表示的面向机器的程序设计语言。它既有与机器语言指令代码一一对应的符号指令，还有辅助汇编程序如何进行汇编的伪指令。它比机器语言易于阅读、编写和修改，又比高级语言运行速度快，能充分运用硬件资源，占用内存空间少，能充分发挥计算机效能和进行精确控制等。因此，计算机控制系统的开发、高级语言编译程序的编制、软件开发等应用中常采用汇编语言。

本章主要介绍汇编语言的语法规则、汇编语句的组成、伪指令的使用方法和汇编程序的基本设计方法。本章是前述知识的综合应用，是后续微机系统应用的基础。本章需要重点掌握汇编程序的段式结构、伪指令的使用方法、汇编程序的调试及汇编语言程序的设计思路，难点是如何灵活运用系统功能调用。

4.1 汇编语言概述

计算机语言是实现人机信息交互的基本工具，可分为机器语言、汇编语言和高级语言。任何一段计算机程序都是用某种计算机语言来编写的。根据计算机语言是更接近人类还是更接近于计算机，又可将其分成两大类：高级语言和低级语言。低级语言包括机器语言和汇编语言。这三种语言的特点如下。

（1）机器语言（Machine Language）用二进制数表示指令和数据。它的优点是执行速度快，占用内存少。其缺点是不直观，不易理解和记忆。因此编写、阅读和修改机器语言程序比较烦琐。

（2）汇编语言（Assembly Language）弥补了机器语言的不足，它用助记符来书写指令、地址数据，也可用符号进行表示。其优点是，与机器语言相比，编写、阅读和修改程序都比较方便，不易出错，且其程序的执行速度和机器语言差不多，但需要用汇编程序对其进行汇编。

用汇编语言编写的程序称为汇编语言源程序。由于计算机只能辨认和执行机器语言，因此，必须将汇编语言源程序"翻译"成能够在计算机上执行的机器语言，这个翻译的过程称为汇编（Assemble），完成汇编过程的系统程序叫作汇编程序（Assembler）。目前使用较多的汇编程序称为宏汇编（MASM）程序。它除了能将源程序翻译成目标代码外，还提供了很多增强功能：允许使用宏定义简化编程；能检查出源程序编写过程中出现的语法错误；可根据用户要求自动分配各类存储区（程序区、数据区等）；能自动将非二进制数转换为二进制数；自动进行字符到 ASCII 码的转换以及计算指令中表达式的值等。

汇编语言同机器语言一样，都是面向具体机器的语言，不同的 CPU 具有不同的汇编语言。因此，使用汇编语言编写程序需要对它所适用的计算机系统结构及工作原理有一定了解。

（3）高级语言（High Level Language）不针对具体的计算机，通用性强。用高级语言编程不需要了解计算机内部的结构和原理。对于非计算机专业的人员来说比较容易掌握。其优点是高级语言程序易读、易编，相对比较简短，大量用于科学计算和事务处理，如 C、BASIC、FORTRAN。缺点：高级语言编写的程序必须"翻译"成机器语言后计算机才能执行。所需的系统软件称为编译程序或解释程序。这些编译程序和解释程序比汇编程序复杂得多，需占用较多的内存空间，影响执行速度。

对于程序执行速度要求较高而内存容量又有限的场合用汇编语言编写程序，而其他场合可用高级语言编程。

4.2　汇编语言源程序的结构及组成

4.2.1　源程序的基本结构

一个汇编语言源程序是由若干个程序段组成的，这些程序段只能是数据段、堆栈段、附加段中的一个、若干个或者全部。在这些段中，代码段是必不可少的。每个段以 Segment 语句开始，以 Ends 语句结束。整个源程序的结束用 End 语句。

对应于每一个段，它们都有自己专门的段寄存器来存储数据。源程序的基本模式如下：

```
DATA    SEGMENT                      ;定义数据段
NUM     DB    'Hello World!$'        ;字符串定义
DATA    ENDS
SSEG    SEGMENT   STACK              ;定义堆栈段
        DB   100 DUP ( ? )           ;开辟堆栈空间
SSEG    ENDS
ESEG    SEGMENT                      ;定义附加段
ARRAY   DB    0, 1, 2, 3, 4, 5, 6    ;变量定义
ESEG    ENDS
CODE    SEGMENT                      ;定义代码段
    ASSUME  CS:CODE,DS:DATA,SS:SSEG,ES:ESEG
START:  MOV    AX,DATA               ;初始化数据段
        MOV    DS,AX
        MOV    AX,SSEG               ;初始化堆栈段
        MOV    SS,AX
        MOV    AX,ESEG               ;初始化附加段
        MOV    ES,AX
        LEA    DX,NUM
        MOV    AH,9
        INT    21H                   ;DOS 功能调用,显示字符串
        MOV    AH,4CH                ;返回操作系统
        INT    21H
CODE    ENDS
        END    START
```

说明：汇编语言源程序中的段与前面讨论的 CPU 管理存储器的段既有联系又在概念上有所区别。由前述可知，微处理器对存储器的管理是分段进行的，因而在汇编语言程序中也要求分段组织指令、数据和堆栈等，以便将源程序汇编成目标程序后分别装入存储器相应的段中。以 8086/8088 微处理器为例，它有四个段寄存器（DS、ES、SS 和 CS），因此 CPU 对存储器按照四个物理段进行管理，即数据段、附加段、堆栈段和代码段。任何时候 CPU 只能访问这四个物理段，而在汇编语言中设置段的自由度比较大。例如，一个源程序可以有多个数

据段或多个代码段等。一般来说，汇编语言源程序中段的数目可根据实际而定。为了与 CPU 管理的存储器物理段相区别，将汇编语言程序中的段称为逻辑段。

【例 4.1】 实现两个十进制数求和的源程序。

```
DATA    SEGMENT                      ;数据段开始
  X       DB   17                    ;定义字节变量
  Y       DB   126
  SUM     DB   ?                     ;定义字节存储空间
DATA    ENDS                         ;数据段结束
CODE    SEGMENT                      ;代码段开始
  ASSUME  CS:CODE,DS:DATA            ;指示段与段寄存器的关系
START: MOV   AX , DATA               ;给 AX 赋值
       MOV   DS , AX                 ;设置 DS
       MOV   AL , X
       ADD   AL , Y                  ;实现 X+Y
       MOV   SUM , AL                ;结果存入 SUM 中
       MOV   AH , 4CH                ;设置 DOS 功能调用功能号
       INT   21H                     ;执行 DOS 功能调用,返回 DOS
CODE    ENDS                         ;代码段结束
END  START                           ;程序结束,表明源程序从 START 语句处开始执行
```

源程序分析：从上述程序中，可以明显地看出段式结构。DATA、CODE 分别为两个数据段和代码段的名字。每个段有明显的起始语句与结束语句，这些语句称为"段定义"语句；源程序由语句组成，语句可以分为指令语句、伪指令语句和宏指令语句。

4.2.2 汇编语言语句的类型和组成

总的来说，一个汇编语言源程序是由一行一行的语句组成的。汇编语言源程序中的语句主要有两种类型：指令性语句、指示性语句。汇编语句一般由以下 1～4 部分组成，中括号内为可选项：

```
[名字]   操作码/伪指令   [操作数][;注释]
```

指令性语句简称指令语句，是能产生目标代码的语句，这些目标代码可供 CPU 执行并完成特定操作，主要由指令组成。例：

```
START:MOV   AX , DATA   ;给 AX 赋值
```

指示性语句又称为伪操作语句，是一种不产生目标代码的语句，它仅仅在汇编过程中告诉汇编程序应如何汇编，主要由伪指令组成。例：

```
X    DB   9              ;定义字节变量
```

指令和伪指令的区别如下：

（1）执行的对象不同。

①CPU 指令是给 CPU 的命令，在程序运行时由 CPU 执行。每条指令对应 CPU 的一种特定操作，如前面所学的数据传送指令、加法指令等。

②伪指令是汇编程序的命令，在汇编过程中由汇编程序进行处理，如定义数据类型、分配存储区、定义段及过程等。

（2）执行的效果不同。

①汇编以后，每条 CPU 指令产生一一对应的目标代码。

②伪操作指令汇编后不产生相应的目标代码。

1. 名字

汇编语言语句的第一个组成部分是名字（Name）。变量名、常量名、段名、宏名和过程名等统称为名字。名字的命名规则如下：

1）组成名字的合法字符有字母（不分大小写）、数字和特殊符号（"？""："""@"、"_"、"$"），如"SUM""Sum"和"sum"表示同一名字。

2）名字的有效长度小于 31 个西文字符。

3）名字以字母开头。

4）不能把保留字用作名字，如 MOV、ADD、DB 和 END 等均为保留字。

（1）指令性语句的名字。指令性语句的名字写在指令语句之前，其名字之后有冒号"："，常称为标号。标号在代码段中定义，它实质是指令的符号地址，但并非每条指令语句必须有标号。如果一条指令前面有一个标号，则程序的其他地方就可以引用这个标号。

标号有三种属性：段、偏移量和类型。

标号的段属性是定义标号程序段的段地址，当程序中引用一个标号时，该标号段应在 CS 寄存器中。

标号的偏移量是标号所在段的起始地址到定义该标号的地址之间的字节数。偏移量是一个 16 位的无符号数。

标号的类型有两种：NEAR 和 FAR。前一个可以在段内引用，地址指针为两个字节，后一个可以在段间引用，地址指针为 4 个字节。

（2）指示性语句的名字。与指令性语句中的标号不同，这些指示性语句中的名字并不是任选的，有些伪操作规定前面必须有名字，有些伪操作不允许有名字，也有一些伪操作的名字是任选的，即不同的伪操作对于是否有名字有不同的规定。

伪操作名字后面通常不跟冒号，这是它和标号的一个明显区别。

很多情况下，指示性语句中的名字是变量名，变量名代表存储器中一个数据区的名字。

变量也有三种属性：段、偏移量、类型。

变量的段属性是变量所代表数据区所在段的段地址，由于数据区一般在存储器的数据段中，所以变量的段值常常放在 DS 和 ES 寄存器中。

变量的偏移量是变量所在段的起始地址与变量地址之间的字节数。

变量的类型有 Byte（字节）、Word（字）、Dword（双字）、Qword（四字）、Tbyte（十个字节等），表示数据区中存取操作对象的大小。

2. 助记符和伪操作

汇编语言语句的第二个组成部分是助记符或伪操作（伪指令）。

指令性语句中的第二部分是 8086/8088 CPU 指令的助记符，共 90 余条；指示性语句中的第二部分是伪指令，伪指令在程序中的作用是定义变量类型、定义段及命令汇编程序结束汇编等。这些都是由汇编程序来完成的。

3. 操作数

汇编语言语句中的第三个组成部分是操作数（Operand）。对于 CPU 指令，可以有单操作数或双操作数，也可以没有操作数；而伪指令则可能有多个操作数，当操作数不止一个时互相之间用逗号隔开。

可以作为操作数的有常量、寄存器、标号、变量和表达式等。

（1）常量。常量（Constant）是具有一定值的量，并且其值不能改变。汇编语言程序中的常量有数字常量、字符常量和符号常量。

1）数字常量。数字常量的表现形式有十进制数、八进制数、十六进制数和二进制数等，如 53D、87Q、0F9H 和 01101010B 均为数字常量。

2）字符常量。字符常量用单引号括起来，如 '8' 'A' 和 'a' 等。字符常量在操作中体现出的值是其 ASCII 码值。

3）符号常量。用名字来标识的常量称为符号常量。以符号代替常量，可增加程序的可读性及通用性，如 Count = 12，源程序后面出现 Count 时，其值都为 12。

（2）寄存器。8086/8088 CPU 中的寄存器可作为操作数。8 位的 8 个，16 位的 12 个。

（3）标号。由于标号（Label）代表一条指令的符号地址，因此可作为转移指令、过程调用和循环控制等指令的操作数。

（4）变量。变量（Variable）通过数据定义伪指令进行定义，变量代表存储器中某个数据区的名字，因此在指令中可作为存储器操作数。

（5）表达式。汇编语言语句中的表达式（Expression）按性质可分为两种：数值表达式和地址表达式。

数值表达式产生一个数值结果，只有大小，没有属性。地址表达式不只是一个单纯的数值，而是一个表示存储器地址的变量或标号，它有三种属性：段、偏移量和类型。

表达式中常用的运算符有以下几种。

1）算术运算符。算术运算符可用于数值表达式，运算结果是一个数值。算术运算符有五种："+" "-" "*" "/" 和 MOD（求余）。MOD 操作是将两个整数相除后取余数。地址表达式中只能用 "+" "-" 两种运算符。例：

```
NUMBER DB 12H, 33H, 56H, 77H
MOV  AX , NUMBER+1                    ; NUMBER+1 为地址表达式
```

2）逻辑运算符。逻辑运算符只用于数值表达式中对数值进行按位逻辑运算，并得到一个数值结果。逻辑运算符包括 AND（与）、OR（或）、NOT（非）和 XOR（异或）。表达式中的逻辑运算是在汇编过程中完成的，注意逻辑运算符与逻辑指令的区别。对地址进行逻辑运算无意义。例：

```
CONST  EQU  0FH;助记符中的 AND 在目标程序中执行,表达式中的 AND 在汇编中执行
AND  AL, CONST AND 78H
```

3）关系运算符。关系运算符用于数的比较，关系运算符有 EQ（等于）、NE（不等于）、LT（小于）、GT（大于）、LE（小于或等于）等。

参与关系运算的必须是两个数值，或同一个段中的两个存储单元地址，但运算结果只可能是两个特定的数值之一：当关系成立时，结果为 0FFFFH；当关系不成立时，结果为 0。

4）分析运算符。分析运算符用于分析一个标号或存储器操作数的属性，如段、偏移量或类型等。合成运算符则可以规定操作数的某个属性，如类型。

①OFFSET。利用 OFFSET 可得到一个标号或变量的偏移地址。

②SEG。利用运算符 SEG 可得到一个标号或变量的段值。

③TYPE。运算符 TYPE 的运算结果是一个数值，这个数值与存储器操作数类型属性一一对应。如果是变量，则汇编程序将回送该变量以字节表示的类型：DB 为 1，DW 为 2、DD 为 4、DQ 为 8，DT 为 10。如果是标号，则汇编程序将回送代表该标号类型的数值：NEAR 为 -1，FAR 为 -2。

④LENGTH。如果一个变量已用 DUP 重复操作符说明其变量的个数，则利用 LENGTH 运算符可得到变量的个数。非 DUP 定义的数据，返回 1。

⑤SIZE。如果一个变量已用 DUP 说明，则利用 SIZE 运算符可得到分配给该位变量的字节数。显然，SIZE = TYPE * LENGTH。

5）属性运算符。属性运算符用来建立或改变已定义变量、内存操作数或标号的类型属性。属性运算符有 PTR、THIS 和是 SHORT。

①PTR。格式：类型 PTR　变量/标号，返回值：具有规定类型属性的变量或标号。

PTR 在重新指定变量类型时使用。例：

```
DATAW DW 1122H, 3344H,5566H
MOV   AX, DATAW
MOV   AX, BYTE PTR DATAW          ;临时改变 DATAW 变量的字属性为字节属性
```

PTR 在指定内存操作数的类型时使用。例：

```
MOV   AL, BYTE PTR [BX]           ;内存操作数为字节属性
MOV   AX, WORD PTR [BX]           ;内存操作数为字属性
```

PTR 与 EQU 一起定义一个新变量时使用。例：

```
DATAW DW 1122H, 3344H, 5566H
DATAB EQU BYTE PTR DATAW          ;变量 DATAW 和 DATAB 的起始地址相同
MOV   AX, DATAW                   ;进行字存取时可用变量 DATAW
MOV   AL, DATAB                   ;进行字节存取时可用变量 DATAB
```

②THIS。THIS 可以像 PTR 一样建立一个指定类型的地址操作数，该操作数的段地址和偏移地址与紧靠它的下一个存储单元地址相同。例：

```
DATAB EQU  THIS BYTE              ;变量 DATAB 为字节类型
DATAW DW 1122H, 3344H, 5566H     ;变量 DATAB 和 DATAW 的起始地址相同
```

③SHORT。SHORT 用于 JMP 指令，指明是短转移。

6）其他运算符。

①方括号[ ]。例：

```
MOV   AX, [1000H]                         ;方括号中的数据为有效地址，默认为数据段
```

②段超越。例：

```
MOV   AX, ES: [1000H]                     ;读取的数据在附加段中
```

③字节分离运算符 High、Low。High、Low 将分别得到一个数值或地址表达式的高位和低位字节。

4. 注释项

注释项用来说明一段程序、一条或几条指令的功能，此项为可选项，不会影响程序的执行。对编程者而言，注释项是一种"备忘录"。好的注释，使程序容易读懂，便于维护。注释

前面应加";"号。

4.3 伪 操 作 指 令

在汇编语言源程序中共有两大类语句:一类是指令性语句,这类语句经汇编语言汇编和连接之后将生成目标代码,指挥 CPU 去执行某一操作,它的核心是 CPU 的指令;还有一类语句,它们本身并不产生目标代码,但可以指示汇编程序、连接程序等软件如何去汇编和连接,通常称之为伪指令语句,它的核心是伪操作指令,简称伪指令。伪指令语句是一种说明(指示)性语句,仅仅在汇编过程中告诉汇编程序如何汇编。例如,告诉汇编程序已写出的汇编语言源程序有几个段、段的名称是什么、是否采用过程、汇编到某处是否需要留出存储空间、应留多大、是否要用到外部变量,所以通俗地讲,伪指令语句是一种汇编程序在汇编时用来控制汇编过程及向汇编程序提供汇编相关信息的指示性语句。与指令性语句不同的是,伪指令语句本身并不直接产生可供计算机执行的机器目标代码。

宏汇编程序 MASM 提供了几十种伪指令,它们可以分为如下几类。

1)处理器方式伪指令。

2)数据定义伪指令。

3)符号定义伪指令。

4)段定义伪指令。

5)过程定义伪指令。

6)模块定义与结束伪指令。

7)宏处理伪指令。

8)模块连接伪指令。

4.3.1 处理器方式伪指令

处理器方式伪指令用以设置 CPU 的方式。

处理器方式伪指令的格式是在处理器名称前加一个点,如.8086,.8086 伪指令将通知汇编程序只汇编 8086/8088 CPU 的指令系统。此时若在源程序中出现 80286 或 80386 指令,将提示错误。如果不写任何处理器方式伪指令,则汇编程序默认为.8086 方式。

一般情况下,各种处理器方式伪指令置于整个汇编语言源程序的开始,用以设定源程序的指令系统。

4.3.2 数据定义伪指令

数据定义伪指令的用途是定义一个变量的类型,给存储器赋初值,或者仅仅给变量分配存储单元,不赋予特定的值。

数据定义伪指令有 DB、DW、DD、DQ 和 DT,分别用来定义类型属性为字节(DB)、字(DW)、双字(DD)、4 字(DQ)和 5 字(DT)。

指令格式:[变量名] 伪指令 [操作数 1,操作数 2,⋯]

指令功能:用来为数据分配存储单元,建立变量与存储单元之间的联系。

说明:

①括号中的变量名为可选项,可以有也可以没有。

②变量名后面没有冒号。

③操作数可以不止一个，如有多个操作数，用逗号隔开。

注意：DW 伪指令后面的操作数每个占两个字节。在内存中存放时，采用小端模式，即低位字节占用低地址，高位字节占用高地址，汇编时为每个操作数分配两个存储单元。

大端模式将较高的有效字节存放在较低的存储器地址中，较低的有效字节存放在较高的存储器地址中。采用大/小端模式对数据进行存放的主要区别在于存放的字节顺序，大端模式将高位存放在低地址，小端模式将高位存放在高地址。采用大端模式进行数据存放符合人类的正常思维，而采用小端模式进行数据存放有利于计算机处理。

有的处理器系统采用了大端模式进行数据存放，80x86 微处理器都采用了小端模式进行数据存放。大端与小端模式的差别体现在一个处理器的寄存器、指令集和系统总线等各个层次中。

数据定义伪指令操作数的说明：

1）数据定义伪指令后面的操作数可以是常数、表达式或字符串。

2）每项操作数的值不能超过由伪操作所定义的数据类型限定的范围。例如，DB 伪操作定义数据类型为字节，则其范围如果是无符号数为 0～255，带符号数为–128～+127。字符串必须放在单引号中，另外超过两个字符的字符串只能用 DB 伪指令定义。

3）除常数表达式和字符串外，问号"?"也可以作为数据定义伪操作的操作数，此时仅给变量分配相应的存储单元，并不赋予变量某个确定的值。

4）当同样的操作数重复多次时，可用重复操作符"DUP"来表示，其形式为：n　DUP（初值，[初值]）。

圆括号中为重复的内容，n 为重复次数。如果用"n　DUP（?　）"作为数据定义伪操作的唯一操作数，则汇编程序产生一个相应的数据区，但不赋予任何初值。

【例 4.2】

```
DATAB  DB  67,12H,'A',?
DATAW  DW  1122H,5678H,?
DATAS  DB  'Hello','1122',6DUP(0),3DUP(1,2DUP(3))
```

4.3.3　符号定义伪指令

在编制源程序时，程序设计人员常把某些常数、表达式等用一特定符号来表示，这样为编写程序带来了许多方便。

符号定义伪指令是给一个符号重新命名或定义新的类型属性等。上述符号是指汇编语言中的变量名、标号名、过程名、寄存器名及指令助记符等。

常用的符号定义伪指令有 EQU、"="（等号）和 LABEL。

（1）EQU。

指令格式：名字　EQU　表达式

指令功能：用名字来代替表达式的值。

说明：格式中的表达式可以是一个常数、符号、数值表达式或地址表达式。

应用：

①利用 EQU 伪指令，可以用一个名字代表一个数值或用一个较短的名字代表一个较长的名字。

②如果源程序中需要多次引用一个表达式，则可以利用 EQU 伪指令给其赋一个名字，以代

替程序中的表达式，从而使程序更加简洁，易于阅读。如果欲修改此表达式，则只需修改一次。

注意：EQU 伪指令不允许对同一个符号重复定义。

（2）"＝"（等号）。

指令格式：名字　＝　表达式

指令功能：用名字代替表达式的值。

说明："＝"等号伪指令的功能与 EQU 伪指令基本相同，其主要区别在于它可以对同一个名字重复定义。

（3）LABEL。

指令格式：变量/标号　LABEL　类型

指令功能：定义变量或标号的类型，而变量或标号的段属性和偏移量属性由该语句所处的位置确定。

说明：在定义中，若是变量，其类型可以是 BYTE、WORD、DWORD 等，若是标号则其定义类型只能是 NEAR 或 FAR 类型。

利用 LABEL 伪指令可以使用一数据区兼有 BYTE 和 WORD 两种属性。这样在以后的程序中可以根据不同需要分别以字节为单位或以字为单位存取其中的数据。

LABEL 伪指令也可以将一个属性已定义为 NEAR 或者后面跟有冒号（隐含属性为 NEAR）的标号再定义为 FAR。

【例 4.3】

```
DATAW    LABEL  WORD
DATAB    DB  10H,20H,30H                    ; DATAW 与 DATAB 指向相同的数据区
```

4.3.4　段定义伪指令

8086/8088 微处理器对存储器的管理是分段进行的，因而汇编语言程序中也要求分段组织指令、数据和堆栈等，以便将源程序汇编成为目标代码后可分别装入存储器的相应段中。

段定义伪指令的功能就是把源程序划分为逻辑段，便于汇编程序在相应段名下生成目标代码，同时也便于连接程序，组合、定位、生成可执行的目标程序。常用的段定义伪指令有 SEGMENT/ENDS 和 ASSUME 等。

（1）SEGMENT/ENDS（程序段定义伪指令）。

指令格式：段名　　SEGMENT　　[定位类型][组合类型][类别]

　　　　　　　　　……

　　　段名　ENDS

指令功能：用来定义程序中的一个段，指明当前数据或指令在哪一个程序段上。

说明：

①SEGMENT 伪指令位于一个逻辑段的开始部分，而 ENDS 伪指令则表示一个逻辑段的结束。在汇编语言源程序中，这两个伪指令总成对出现，且两者前面段名必须一致。SEGMENT 后面括号中的内容为可选项。

②定位类型用来指定段的地址边界。定位类型可以是 BYTE（段可从任何地址开始）、WORD（段的起始地址应为偶地址）、PARA（段的起始地址应为 16 的倍数）和 PAGE（段的起始地址应为 256 的倍数）。

③组合类型告诉汇编程序当装入存储器时各逻辑段应如何组合。组合类型可以是

PRIVATE（默认值，连接时不与其他模块中的同类别名段合并）、PUBLIC（连接时与其他模块中的同类别名段合并）、STACK（同 PUBLIC，只用于堆栈段，汇编及连接后系统自动为 SS 及 SP 分配值）、COMMON（为各模块相同类别名的段指派同一基地址）、MEMORY（与 PUBLIC 同义，装在所有同类别名段最后）和 AT exp（段地址为表达式 exp 的值）。

④类别主要用于控制段的存放次序，必须用单引号括起。

三个选项的顺序必须符合格式中的规定，这些可选项是给汇编程序和连接程序（Link）的命令。

汇编程序 MASM 或 ASM 可将源程序汇编成二进制目标程序（.OBJ）。但是由于目标程序中的地址是浮动的，因此必须通过 Link（连接程序）进行连接，将地址最终确定下来才可得到可执行程序（.EXE）。"浮动"地址的含义是指对源程序进行汇编时，每个逻辑段的开始地址均先设置为零，因而汇编后一个逻辑段中所有指令、数据等的偏移地址实际上只是相对本段开始处的偏移量。将来装入内存时，每个段将被安排从某一实际的存储器物理地址开始，该段内所有的指令或数据等的地址也将据此浮动。因此，源程序汇编以后所得到的未经连接的目标程序中的地址是浮动的。

（2）ASSUME（指定段寄存器伪指令）。在代码段中的可执行指令前必须要有指定段寄存器的伪指令 ASSUME，它主要用来指出程序中各逻辑段应通过哪个段寄存器寻址。在一个源程序中，至少应该有一个 ASSUME 伪指令指出 CS 段寄存器所对应的程序代码段。

指令格式：ASSUME　段寄存器名：段名[，段寄存器名：段名...]

指令功能：该伪指令用来告诉源程序中所定义的段由哪个寄存器去寻址。段寄存器可以是 CS、DS、ES、SS，段名是程序中由 SEGMENT 所定义的段的名字。

说明：

①ASSUME 伪操作明确指出了程序中逻辑段与物理段之间的关系。当汇编一个逻辑段时，即可利用相应的段寄存器寻址该逻辑段中的指令或数据。

②ASSUME 伪指令只是告诉汇编程序段与段寄存器之间的关系，并没有给段寄存器赋初值，必须在程序中用指令给段寄存器赋初值。DS、ES 的值必须在程序段中用指令语句进行赋值，而 CS、SS 由系统负责设置。

4.3.5　过程定义伪指令

在程序设计中，常把具有一定功能的程序段设计成一个子程序。汇编程序用过程来构造子程序。过程定义伪指令是由 PROC 和 ENDP 这两个伪指令助记符来完成的。其中 PROC 伪指令用来表示过程的开始，而 ENDP 伪指令用来表示过程的结束。

格式：过程名　　PROC　[类型]
　　　　　　　　……
　　　　　　　　RET
　　　过程名　　ENDP

功能：用来定义一个过程。

说明：

①当一个程序被定义为过程后，程序中其他地方就可以用 CALL 指令来调用这个过程，格式为

CALL　过程名

②过程名实际上是过程入口的符号地址，它和标号一样，有三种属性：段、偏移量和类型。过程名由用户自己定义。

③过程名的类型取值为 NEAR 或 FAR，表示该过程是段内调用或段间调用，默认为 NEAR。当用 CALL 指令对该过程进行调用时，由类型属性决定是段内调用还是段间调用。

④在子程序中，RET 为过程返回主程序的出口语句，该语句不可默认。

⑤伪指令 PROC 和 ENDP 必须成对出现，它们组成一个完整的过程定义。

⑥若过程的属性为 NEAR，则只能被它所在代码段中的 CALL 指令调用。

4.3.6 模块定义和结束伪指令

（1）NAME。

指令格式：NAME　　　模块名

指令功能：为源程序的目标程序指定一个模块名。

说明：如果程序中没有 NAME 伪指令，则汇编程序将 TITLE 伪指令定义的标题名前 6 个字符作为模块名；如果程序中既没有 NAME，也没有 TITLE，则汇编程序将源程序的文件名作为目标程序的模块名。

（2）END。

指令格式：END　　　[起始地址]

指令功能：END 伪指令表示源程序的结束。

说明：该指令中的起始地址为可选项，表示第一条要执行指令的地址。它可以是标号。如果多个程序模块相连接，则只有主程序要使用标号，其他子模块只用 END 而不必指定标号。

4.3.7 宏处理伪指令

1. 宏处理伪指令的特点

如果程序中需要多次使用同一个程序段，则可以将这个程序段定义为一个宏指令，然后每次需要时，即可简单地用宏指令名来代替（称为宏调用），从而避免了重复书写，使源程序更加简洁、易读。

显然，利用子程序（过程）也能将某些需要多次调用的指令编写成一个程序段。然后在需要的地方调用这个过程，从而使程序易于实现模块化，增强源程序的可读性。

从某种意义上讲，"宏处理"与"过程"有相似之处，也可以将构成一条宏指令程序段定义为一个过程，但两者间有明显的区别：

①宏调用语句由宏汇编程序 MASM 中的宏处理程序来识别，并完成相应的处理；而调用过程用 CALL 语句由 CPU 来执行。

②汇编语言在汇编过程中要将宏指令所代替的程序段汇编成相应的机器代码，并插入到源程序的目标代码中，每次调用均要插入，这样使用宏调用并不能缩短目标代码的长度，但被定义的"过程"经汇编后的代码是与主程序分开而独立存在的，其目标代码在存储器中只保留一段，因此采用过程调用能有效缩短目标代码的长度，即节省内存空间，而宏指令没有这个优点。

③过程调用时需要保留程序的断点和现场，待执行完毕还要恢复现场和断点，这些操作需要耗费 CPU 的时间，而宏调用则不需要这些操作。因此，过程调用可以节省程序占用的存储空间，但却降低了程序的执行速度；而宏调用不能节省存储空间，却有较快的执行速度。

④在每次宏调用时，允许修改有关参数，使得同一条宏指令在各次调用中可完成不同的操作；而"过程"一旦被定义，一般不允许修改。因此，任何一个"过程"在各次调用中完

成相同的功能。

从上述特点可以看出，在需要多次执行的程序段比较长，对速度要求不高，并且不要求修改参数的情况下，宜采用过程调用方式；若要求多次执行的程序段比较短，或希望在各次调用中能修改某些参数时，宜采用宏调用方式。

2．MACRO/ENDM

指令格式：宏名　　　MACRO　　[形式参数 1,形式参数 2,…]

　　　　　　　　　　　　　∷}宏体(指令序列)

　　　　　　　　　　ENDM

指令功能：宏定义伪指令定义的宏名可以像指令一样在程序中被引用。

说明：

①MACRO 伪操作是宏定义符，它将一个宏指令名定义为宏定义阵中包含的程序段，ENDM 表示宏定义结束，前面不要加宏指令名；

②进行一次宏定义，可以多次利用宏指令名进行宏调用，但必须先定义后引用；

③宏定义伪操作允许带参数，此时可定义的宏指令具有较强的通用性，宏定义中的参数称为形式参数（Dummy Parameter）或称为哑元，当形式参数不止一个时，它们之间用"，"号隔开；

④宏调用时，应在宏指令名后面写上相应的实际参数（Actual Parameter），称为实元。

4.3.8　模块连接伪指令

当一个程序较大时，可把整个程序划分为几个相对独立又相互联系的源程序模块，分别单独汇编后用 Link 连接程序将这些目标模块连接在一起形成一个统一的可执行代码文件。这种设计的程序称为多模块程序。每一个独立汇编的源程序称为一个模块。由于每个模块都和其他模块相关联，允许相互访问，可能 A 模块的变量或标号被 B 模块使用，这样必须在编程时加以说明，否则在汇编时就会产生错误。当某一个模块被单独汇编时，必须用伪指令告知汇编程序该模块使用了哪些外部符号名及其类型属性，同时也要告知汇编程序本模块中所定义的标号和变量，哪些可以作为一个标识符被其他模块使用，这就需要用 PUBLIC 和 EXTRN 伪指令加以说明。

（1）EXTRN。

指令格式：EXTRN　符号名 1：类型 [符号名 2：类型，…]

指令功能：指明本模块中引用了哪些外部的符号名及其类型。

说明：在定义符号时，必须给出其类型。类型可以是 BYTE、WORD、DWORD、NEAR 和 FAR 等。其类型必须与其他模块定义该符号时的类型保持一致。

（2）PUBLIC。

指令格式：PUBLIC　符号名 1：[符号名 2，…]

指令功能：指明本模块中所定义的变量、标号和符号常量可以被其他模块所引用。

说明：符号名是本模块中所定义的变量、标号和符号常量。

4.4　汇编程序的功能及汇编过程

4.4.1　汇编程序的功能

汇编程序的主要功能是将由汇编语言（助记符）编写的程序翻译成用机器语言（二进制

代码）编写的目标程序。汇编程序的功能如图 4-1 所示。

输出

图 4-1 汇编程序的功能

从图 4-1 中可以看出，汇编语言源程序作为汇编程序（MASM 或 ASM）这个"翻译"的输入，而这个"翻译"的输出是 3 个文件。其中，目标代码文件就是机器码文件，在目标代码文件中的地址数据还是浮动的（相对的），因此它不能直接运行；列表文件包含了程序的逻辑地址、代码程序与源程序对照清单；交叉索引文件包含了符号定义行号和引用行号。

4.4.2 程序的编辑、汇编及连接过程

汇编语言的程序一般要经过编辑、汇编（MASM、ASM）、连接（Link）和调试（Debug）等步骤。汇编语言程序实现的流程如图 4-2 所示。

从具体问题到编程解决问题，一般需要经过如下几个步骤：

1）分析问题，抽象出描述问题的数学模型。

2）确定解决问题的算法或算法思想。

3）绘制流程图或结构图。

4）分配存储空间及相应的寄存器。

5）编写程序，排除语法错误。

6）上机调试。

绘制流程图十分必要，它令解题思路清晰，有利于理解和编制程序，还有利于修改程序和减少错误等。流程图是程序算法的图形描述，它用图形的方式把解决问题的先后次序和程序的逻辑结构直观、形象地描述出来。流程图以时间为线索把程序中具有一定功能的各部分有机地联系起来，形成一个完整的体系。

流程图中的矩形框为工作框，用来说明一个

图 4-2 汇编语言程序实现的流程图

程序的功能；菱形图为逻辑框图，用来进行判断，以决定程序的转向，所以它总是引出两个箭头，表示在不同条件下的不同去向；椭圆框用来表示程序的开始或结束。

1. 建立源文件

建立源文件用编辑软件来完成，常用的编辑工具有 Edit.com、Quickbasic、C 语言、记事本、WORD 等。无论采用何种编辑工具，生成的文件必须是纯文本文件，所有字符为半角，且文件扩展名为.ASM。

2. 汇编

用汇编工具对源程序文件（.ASM）进行汇编产生目标文件（.OBJ）等。汇编程序的主要功能是检查源程序的语法，并给出错误信息；产生目标程序文件；展开宏指令。

3. 程序连接

汇编产生的二进制目标文件（.OBJ）并不是可执行程序，还要用连接程序把它转换为可执行文件（.EXE）。

4. 执行程序

建立了可执行文件（.EXE）后，只需在命令提示符下输入文件名即可运行程序。若程序能够运行但不能得到预期结果，则需要静态或动态查错。静态查错通过阅读分析源程序来发现错误，动态查错需要使用调试工具来完成。

5. 程序调试

有时静态检查不容易发现问题，尤其是碰到复杂程序时更是如此，这时就需要使用调试工具动态查错，即通过运行程序发现错误。当程序结果不能在屏幕上显示时也需要调试工具查看结果。

Debug 调试工具是专为宏汇编语言设计的一种调试手段，是必须掌握的一种调试工具。Debug 调试工具提供了 18 条子命令，利用它们可以对程序进行汇编和反汇编，可以观察和修改内存及存储器的内容，可以执行跟踪程序并观察每一步执行结果。

【例4.4】　程序调试过程如下：

（1）用鼠标单击开始菜单（针对 Windows 操作系统），单击运行。

（2）在运行窗口中输入 cmd，回车进入命令提示符。

（3）在命令提示符中编译汇编源程序并连接*.OBJ 文件。

```
C:\>D:    ↓(回车)
D:\ >CD  MASM ↓
D:\MASM>MASM  SY1.ASM↓
D:\MASM>LINK  SY1.OBJ↓
```

（4）在命令提示行中运行并调试汇编程序。

```
D:\MASM>SY1.EXE    ↓(回车)
D:\MASM>DEBUG  SY1.EXE ↓
```

早期的开发都是依靠单一功能的各个独立工具软件来一步一步完成的，初学者掌握此过程十分必要。熟练掌握汇编语言程序开发的基本步骤后可以采用集成开发环境来提高程序的开发效率。集成开发环境是将编辑、汇编、连接和调试工具软件集成在一个功能强大的软件包中，给程序设计人员提供了一个较理想的开发平台。进入该环境后开发者就能方便自如地在编辑、汇编、连接和调试之间实现切换，从而大大提高了应用程序的开发效率。如果使用的 64 位 Windows 系统不支持 16 位 MS-DOS 应用程序的运行，可以使用虚拟机虚拟出一个 MS-DOS 操作系统来调试 16 位汇编应用程序，或安装 DOS 模拟器（如 DosBox）进行 Debug 调试。

适应目前 Windows 环境的汇编语言集成开发软件有多种产品，由于其应用目标是一致的，在使用方法上彼此之间大同小异。常用的集成开发环境有 FASM（未来汇编）、MASMPlus、RadASM、"Masm for Windows 集成实验环境"等，网上都有免费的资源提供下载。集成开发环境安装后一般都提供详细的使用说明，短期内较易掌握。

4.5   汇编程序设计方法及应用

4.5.1   概述

程序（Program）是为实现特定目标或解决特定问题而用计算机语言编写的命令序列集合。为了使程序结构良好、易于阅读和便于维护，应当在设计中严格遵守结构化程序设计的要求。

结构化程序设计的主要观点：采用自顶向下、逐步求精的程序设计方法；使用三种基本控制结构构造程序，任何程序都可由顺序、选择、循环三种基本控制结构构造。结构化程序设计理论认为，随着计算机运算速度的提高和内存价格的下降，软件的设计和维护成本在系统中所占的比重越来越大。因此，过分追求节省时间和空间而采用若干小技巧以致破坏程序易读性和易维护性的方法是不可取的。保持良好的程序结构应当作为程序设计的首要考虑。

程序设计时，应先考虑总体，后考虑细节；先考虑全局目标，后考虑局部目标。对复杂问题，应设计一些子目标作为过渡，逐步细化，并采用模块化的设计思想。模块化是把程序要解决的总目标分解为子目标，再进一步分解为具体的小目标，把每一个小目标称为一个模块。汇编语言程序设计中可将子过程视为一个子模块。汇编语言本身并不是结构化的程序设计语言，但在汇编程序设计时应坚持运用结构化程序设计的方法。

4.5.2   顺序结构程序设计

顺序结构程序又称简单程序。这种结构程序中无程序跳转指令、无循环指令，所有指令按其书写顺序逐条顺序执行，程序的执行路径从上到下只有一条。因此顺序程序的设计只要依照步骤写出相应的指令即可。

【例 4.5】 将存储单元 A 中 2 位压缩的 BCD 码转换成相应的 ASCII 码存入存储单元 B 和 C 中。

说明：得到低位 BCD 码的方法是屏蔽操作数高 4 位，保留低 4 位；得到高位 BCD 码的方法是操作数右移 4 位后再屏蔽高 4 位，保留低 4 位。

```
DSEG  SEGMENT
  A    DB   56H                        ;2 位压缩 BCD 码
  B    DB   ?
  C    DB   ?
DSEG  ENDS
CSEG   SEGMENT
  ASSUME  CS:CSEG,DS:DSEG
START:MOV  AX , DSEG                   ;给 AX 赋值
```

```
        MOV   DS , AX                    ;设置 DS
        MOV   AL , A
        AND   AL , 0FH                   ;屏蔽高 4 位,取低位 BCD 码
        OR    AL , 30H                   ;将低位 BCD 码转换成 ASCII 码
        MOV   B , AL                     ;存入单元 B 中
        MOV   AL , A
        MOV   CL , 4
        SHR   AL , CL                    ;高位 BCD 码移入 AL 的低 4 位
        AND   AL , 0FH
        OR    AL , 30H
        MOV   C , AL
        MOV   AH , 4CH
        INT   21H                        ;执行 DOS 功能调用,返回 DOS
CSEG ENDS
END  START
```

4.5.3 分支程序设计

分支程序是指程序的运行过程中要求计算机作一些判断,并根据判断选择不同的处理。在 8086/8088 指令系统中,判断的依据主要是运算结果及运算标志寄存器中的状态位。

分支程序分为双分支和多分支两种结构。

双分支结构一般由以下三部分组成。

(1) 条件产生语句。在进行判定以前必须要有条件产生语句,如算术运算指令、比较指令等,通过它们影响标志寄存器状态位 SF、CF、OF、ZF 等,为条件测试做准备。

(2) 条件测试语句。利用条件转移指令进行测试。满足条件,跳转到标号处;不满足条件,顺序执行条件测试语句下面的指令。执行分支段程序后必须保证程序顺序执行下去。

(3) 标号。在分支程序段前设置标号以便于跳转。

【例 4.6】 比较两个无符号数的大小,把较大的数存入 MAX 单元中。

说明:绘制流程图,并根据流程图编写程序。流程图如图 4-3 所示。

图 4-3 找出两数中较大数

```
DATA  SEGMENT
  NUM  DB  55H,78H
  MAX  DB  ?
DATA  ENDS
CODE  SEGMENT
    ASSUME  CS: CODE, DS:DATA
START:  MOV   AX, DATA
        MOV   DS, AX
        MOV   AL, NUM            ;取第一个数
        CMP   AL, NUM+1          ;两数相减比较大小
        JNC   BIG               ;第一个数大,跳转 BIG 处
        MOV   AL, NUM+1
  BIG:  MOV   MAX,AL            ;保存较大数
        MOV   AH, 4CH
```

```
           INT       21H
CODE    ENDS
           END       START
```

多分支结构中条件有多个。这些条件之间存在两种情况：一是所有条件中只可能有一个条件成立，称为"相异性条件"；二是所有条件中可能有两个以上甚至所有条件都成立，称为"相容性条件"。

对于相异性条件，要保证各个条件所对应的分支程序段互斥执行，即对特定的输入只能选择分程序中的一个运行。对于相容性条件，注意条件判定的次序，一旦找到成立的条件，就执行相应的程序段，其后的条件是否成立就不进行判断了。设计多分支程序的关键是如何按条件对多分支进行判断，从而根据不同的条件转移到不同的入口去执行。常用方法有三种：转移表法、地址表法和逻辑分解法。

4.5.4 循环结构程序设计

循环指程序段在一定条件下重复执行。循环结构一般由三部分组成。

（1）设置循环初值。为程序操作、地址指针、循环计数、结束条件等设置初始值。

（2）循环主体。完成程序的基本操作，使用循环结构的目的就是为了重复执行这段程序。

（3）循环控制。循环控制包括修改循环计数值和检测循环结束条件等，保证循环条件满足时进入循环，循环条件不满足时退出循环，执行循环体外的后续语句。

【例 4.7】 编程实现在 10 个无符号字节整数的数组中找出最大数。

说明：首先建立一个数据指针指向数据区的首地址，将第一个数取到某个寄存器中（如 AL）与下一个数相比较，若下一个数大，就将它存到 AL 中，替换原来的数；然后调整数据指针，将 AL 的数与此指针所指的数进行比较，再重复上述步骤，两两比较下去，直到比较完毕结果 AL 中留下最大数为止。流程图如图 4-4 所示。

图 4-4 找出数组中的最大数

```
DATA    SEGMENT
  ARRAY   DB        25,56,78,8,76
          DB        90,96,33,21,06
  COUNT   DW        $ - ARRAY
DATA    ENDS
CODE    SEGMENT
  ASSUME    CS :CODE,DS:DATA
START:  MOV       AX, DATA
        MOV       DS, AX
        MOV       BX, OFFSET  ARRAY     ;设置数据区指针首地址
        MOV       CX, COUNT             ;设置计数器初值
        DEC       CX                    ;设置比较次数
        MOV       AL, [BX]              ;取数到 AL 中
AGAIN:  INC       BX                    ;指向数据区下一个数据
        CMP       AL, [BX]              ;两数相比较
        JNB       NEXT                  ;AL≥[BX],转 NEXT
        MOV       AL, [BX]              ;否则,把较大数送入 AL 中
```

```
NEXT:    DEC    CX                           ;全部数据比较完否
         JNZ    AGAIN                        ;否,转 AGAIN 处
         MOV    AH, 4CH
         INT    21H
CODE     ENDS
         END    START
```

【例 4.8】 设在内存数据区 TABLE 地址开始存放一列表,表长在 LEN 单元,表中数据为有符号字节数据,用冒泡排序法编程将表中数据从小到大排序。

说明:排序的目的是为检索提供方便,一组数据按照由小到大的顺序排列称为升序,反之称为降序。排序的方法很多,如交换排序、选择排序、快速排序等。下面介绍交换排序中冒泡法排序的基本思想。

（1）对 N 个数进行相邻两数比较,若两数为正序,保持原位序,若两数为逆序,交换位置,共进行 $N–1$ 次,结果最小数（升序）冒到顶部或最大数沉到底部,成为有序序列。

（2）对剩余无序的 $N–1$ 个数进行与第一步类似的第二轮两两比较,比较次数为 $N–2$。

（3）每完成一轮,有序序列中数的个数增 1,无序序列中数的个数减 1,共做 $N–1$ 轮,所有数均归为有序序列中,排序结束。

源程序中引入的交换标志 DX,其初值为 0,在每一轮比较过程中只要发生过数据交换则 DX 置为 1。每一轮比较后检查该交换标志,若 DX 等于初值,说明未发生过交换,即有序表已形成,无须继续循环,排序结束,否则,还要进一步排序比较。程序流程图如图 4-5 所示。

图 4-5　数组元素按升序排序

```
DSEG  SEGMENT
  ARRAY    DB    23, 54, 62, -12, 83, -53, 0, 36
  LEN      EQU   $- ARRAY
DSEG  ENDS
CSEG  SEGMENT
  ASSUME  CS: CSEG, DS:DSEG
START:  MOV  AX,  DSEG
        MOV  DS,  AX
        MOV  BX,  LEN-1                      ;比较轮数送入 BX
   LP:  MOV  SI,  LEN-1                      ;比较起始位置送入 SI
        MOV  CX,  BX                         ;比较次计数送入 CX
        MOV  DX,  0                          ;交换标志清零
LP1:    MOV  AL,  ARRAY [SI]                 ;相邻两数比较
        CMP  AL,  ARRAY [SI-1]
        JGE  NEXT                            ;大于等于时跳转
```

```
            MOV  AH, ARRAY [SI-1]          ;否则,相邻两数交换
            MOV  ARRAY [SI-1], AL
            MOV  ARRAY [SI], AH
            MOV  DX, 1                     ;交换标志置 1
     NEXT:  DEC  SI                        ;修改地址,指向数组中低地址元素
            LOOP LP1                       ;判断内循环是否结束
            CMP  DX, 0                     ;需要下一轮吗
            JZ   OVER                      ;数组已排序好,转到程序结束处
            DEC  BX                        ;外循环所有轮是否结束
            JNZ  LP                        ;未完继续
     OVER:  MOV  AH, 4CH
            INT  21H                       ;返回 DOS
      CSEG  ENDS
            END  START
```

4.5.5　子程序设计

如果在一个程序中的多个地方或在多个程序中都要用到同一段程序,可以把该程序段独立出来,以供其他程序调用,这段程序称为"子程序"或"过程"。子程序是供其他程序调用的相对固定的程序段,调用子程序的程序体称为"主程序"或"调用程序"。

采用子程序结构,具有以下优点。

(1)简化程序设计过程,大量节省程序设计时间。

(2)缩短程序长度,节省计算机汇编源程序的时间和程序所占的存储单元。

(3)增加程序的可读性,便于程序修改。

在程序设计中,一个程序可以调用某个子程序,该子程序可以调用其他子程序,这就形成了子程序嵌套。子程序嵌套调用的层次不受限制,其嵌套层数称为"嵌套深度"。

子程序中使用堆栈来保护断点,堆栈操作的特性(后进先出)能自动保证各个层次子程序断点的正确入栈和返回,因此在子程序中使用 PUSH、POP 指令时要格外小心,以免造成子程序无法正确返回。

【例 4.9】　利用堆栈,采用递归子程序的方法,编程实现求 $N!$。

说明:由于用 AX 作为出口参数存放阶乘值,所以 $N \leqslant 9$,即 $(N-1)! \leqslant 0FFFFH$。子程序中 BX 有两个作用:保存并恢复原始数据;保存并恢复求连乘积时所需要的乘数 N,$N-1$,…,3,2。堆栈区也不应设置过小,否则会限制递归调用的次数。用递归子程序求阶乘示意图如图 4-6 所示。当程序执行到 EXIT 时,堆栈空间示意图如图 4-7 所示。

图 4-6　求阶乘示意图

图 4-7　堆栈空间示意图

```
DSEG    SEGMENT
    N       DW      5                   ;此变量要送入 AX 中,应定义为字类型
    RLTL    DW      ?                   ;存放运算结果低 16 位
    RLTH    DW      ?                   ;存放运算结果高 16 位
DSEG    ENDS
SSEG    SEGMENT  STACK  'STACK'         ;声明组合类型后系统自动为 SS 及 SP
        DW   100 DUP  (?)               ;分配值
SSEG    ENDS
CSEG    SEGMENT
        ASSUME    CS:CSEG,DS:DSEG,SS:SSEG
START:  MOV    AX, DSEG
        MOV    DS, AX
        MOV    AX, N
        CALL   REC                      ;调用求阶乘递归子程序
  BRK:  MOV    RLTL,AX                  ;运算结果低 16 位送入 RLTL 中
        MOV    RLTH,DX                  ;运算结果高 16 位送入 RLTH 中
        MOV    AH, 4CH
        INT    21H
REC     PROC   NEAR
        PUSH   BX                       ;递归调用时 BX(5、4、3、2)依次压入堆栈
        MOV    BX, AX
        CMP    AX,1
        JZ     EXIT
        DEC    AX
        CALL   REC                      ;递归调用
  AMD:  MUL    BX                       ;AX * BX→DX AX
 EXIT:  POP    BX
        RET
REC     ENDP
CSEG    ENDS
        END    START
```

【例 4.10】 实现两个无符号数相加,并将结果显示在屏幕上。

说明:源程序包括模块 a 和模块 b,分别编译模块 a 和模块 b,并把生成的两个 OBJ 文件连接成一个可执行文件。各模块内的 PUBLIC 语句与 EXTRN 语句应该相互照应。在 EXTRN 出现的符号应在其他模块的 PUBLIC 语句中找到,并且类型相互一致,否则在连接时会出错。多目标文件(.OBJ)连接格式为 D:\MASM>LINK　A.OBJ+B.OBJ。

```
;模块 a:源文件名 A.ASM
PUBLIC  SUM                             ;模块 b 中引用的变量
EXTRN   PROC2: NEAR                     ;本模块引用的 b 模块定义过程
DATA    SEGMENT   PUBLIC 'DATA'
  ARRAY   DW    166H, 288H              ;定义两个无符号数据
  SUM     DW    ?                       ;定义字类型变量,用于保存运算后的结果
DATA    ENDS
SSEG    SEGMENT   STACK
        DW   100 DUP ( ? )              ;声明 200 个字节堆栈空间
  TOS   LABEL    WORD
SSEG    ENDS
CODE    SEGMENT   PUBLIC 'CODE'
        ASSUME    CS:CODE, DS:DATA,  SS:SSEG
```

```
START:  MOV     AX,  DATA
        MOV     DS,  AX
        MOV     AX,  SSEG
        MOV     SS,  AX
        MOV     SP,  OFFSET  TOS        ;SP 指向栈顶
        MOV     SI,  OFFSET  ARRAY      ;无符号数首地址送入 SI
        CALL    PROC1                   ;调用本模块的求和子程序
        MOV     AH,  4CH                ;返回 DOS
        INT     21H
PROC1   PROC    NEAR                    ;实现两个无符号数相加
        PUSH    DX
        PUSH    BX
        PUSH    AX
        PUSH    SI
        PUSH    CX
        MOV     AX,  [SI]               ;首个无符号数送入 AX
        ADD     AX,  [SI+2]             ;两个无符号数相加
        MOV     SUM, AX                 ;和送入 SUM
        CALL    PROC2                   ;调用 b 模块中的显示子程序
        POP     CX
        POP     SI
        POP     AX
        POP     BX
        POP     DX
        RET
   PROC1 ENDP
   CODE  ENDS
        END     START
;模块 b:源文件名 B.ASM
PUBLIC  PROC2                           ;模块 a 中引用的过程
EXTRN   SUM:WORD                        ;本模块引用的 a 模块定义的变量
CODE SEGMENT   PUBLIC 'CODE'
     ASSUME    CS:CODE
PROC2   PROC    NEAR
        MOV     BX,  SUM                ;和送入 BX 中待用
        MOV     CH,  4                  ;循环执行 4 次
AGAIN:  MOV     CL,  4
        ROL     BX,  CL                 ;高 4 位循环移入低 4 位
        MOV     AL,  BL
        AND     AL,  0FH                ;移入的低 4 位保留,其他位清零
        ADD     AL,  30H                ;低 4 位转换成 ASCII 码
        CMP     AL,  3AH                ;判断是否为 0~9 的 ASCII 码
        JL      NEXT                    ;如果是 0~9 的 ASCII 码,则跳转
        ADD     AL,  07H                ;转换成 A~F 的 ASCII 码
NEXT:   MOV     DL,  AL                 ;入口参数 DL = 输出字符
        MOV     AH,  2                  ;2 号功能为显示输出
        INT     21H                     ;DOS 功能调用
        DEC     CH                      ;循环次数减 1
        JNZ     AGAIN                   ;循环 4 次退出
        RET
PROC2   ENDP
```

```
CODE    ENDS
        END
```

4.5.6 宏定义与使用

宏是源程序中一段有独立功能的程序代码。它只需在汇编语言源程序中定义一次便可以多次反复调用。调用时只需要一条宏指令即可。

【例 4.11】 实现无符号数组的求和。

说明：当源程序被汇编时，汇编程序对每个宏调用进行宏扩展。宏调用中实参数之间用逗号隔开。实参数是形式参数的实际代替。实参数和形式参数的顺序一致。原则上，实参数的个数应和形式参数的个数相等。若实参数的个数大于形式参数的个数，则在替换时多余的实参数不予考虑。若实参数的个数小于形式参数的个数，则多余的形式参数作为空（字符）或零（数字）处理。

```
SUM_W MACRO OP1,OP2                    ;数组元素连续相加宏指令
    NEXT: ADD    OP1,[OP2]
          ADD    OP2, 2
          LOOP   NEXT
          ENDM
    EXIT    MACRO                      ;返回 DOS 宏指令
          MOV    AH,4CH
          INT    21H
          ENDM
    DSEG    SEGMENT
      ARRAY DW     1, 2, 3, 4, 5, 6, 7, 8, 9, 10
      COUNT DW     ($-ARRAY)/2
       SUM DW      ?
    DSEG ENDS
    CSEG SEGMENT
        ASSUME   CS:CSEG, DS:DSEG
    START: MOV     AX,DSEG
          MOV     DS,AX
          LEA     SI,ARRAY              ;取数组的首地址
          MOV     CX,COUNT              ;取数组中元素的个数
          XOR     AX,AX                 ;AX 清零
          SUM_W   AX,SI                 ;数组求和宏调用
          MOV     SUM,AX
          EXIT
    CSEG  ENDS
          END     START
```

4.5.7 系统功能调用

1. 概述

DOS（Disk Operation System）和 BIOS（Basic Input and Output System）为用户提供了两组系统服务程序。用户程序可以调用这些系统服务程序。在调用时有如下特点。

（1）与过程调用不同，不用 CALL 指令。

（2）与宏调用不同，不用这些系统服务的名称，而采用软中断指令 INT n。

（3）用户程序不必与这些服务程序的代码连接。

使用 DOS 和 BIOS 调用所编写的程序简单、清晰，可读性好，而且代码紧凑，调试方便。

BIOS 是 IBM PC 与 PC/XT 的基本 I/O 系统，包括系统测试程序、初始化引导程序、部分矢量装入程序及外部设备的服务程序，由于这些程序固化在 ROM 中，只要机器通电就可以调用它们。

DOS 是 IBM PC 及 PC/XT 的操作系统，负责管理系统的所有资源，协调微机各组成部分的操作，其中包括大量可供用户调用的服务程序，完成设备及磁盘文件的管理。DOS 含有三个模块，即 Command.com、Msdos.sys、IO.sys。三个模块间可单项调用。用户可通过两种途径使用 DOS 功能。第一种途径是普通用户从键盘输入命令，DOS 的 Command.com 模块接收识别处理输入的命令。第二种途径是高级用户通过用户程序去调用 DOS 和 BIOS 中的服务程序。当然，高级用户需要对操作系统有较深入的了解。

一般来说，用户程序通过以下四种方式控制 PC 的硬件。

（1）使用高级语言提供的功能控制。高级语言一般提供一些 I/O 语句及使用方法，但高级语言的 I/O 语句较少，执行速度慢。

（2）使用 DOS 提供的程序控制硬件。DOS 用户提供的 I/O 程序近百种，而且是在较高层次上提供的，不需要用户对硬件有太多的了解。使用 DOS 调用的程序可移植性好，I/O 功能多，编程简单，调试方便，但执行效率较低。

（3）使用 BIOS 提供的程序控制硬件。BIOS 在较低层次上为用户提供了一组 I/O 程序，要求用户对硬件有相当的了解。BIOS 驻留在 ROM 中，独立于任何操作系统，使用 BIOS 调用的汇编、C 和 PASAL 程序的可移植性较差。当 DOS 和 BIOS 提供的功能相当时，用户应当首选 DOS 调用，但 BIOS 调用效率高，并且 BIOS 调用中的一部分功能是 DOS 没有的。

（4）直接访问硬件。这种方式直接访问硬件，这就要求用户对微型机的硬件和外设非常熟悉。此种方式只用于两种情况：为获得较高的效率和为获得 DOS 和 BIOS 中不支持的功能。显然直接访问硬件的程序可移植性差，在一个厂商生产的机器上可以运行的程序在另一个厂商生产的兼容机上可能无法运行。

2. DOS 系统功能调用

8086/8088 指令系统中有一种软中断指令 INT　n。每执行一条软中断指令就调用一个相应的中断服务程序：当 n=5～1FH 时，调用 BIOS 中的服务程序；当 n=20H～3FH 时，调用 DOS 中的服务程序。其中，INT　21H 是一个具有多种功能的服务程序，一般称为 DOS 系统功能调用。

系统功能调用 INT　21H 是一个具有近 90 个子功能的中断服务程序，这些子功能的编号称为功能号。INT　21H 的功能大致可分为四个方面，即设备管理、目录管理、文件管理和其他功能。

设备管理主要包括键盘输入、显示输出、打印机输出、串行设备输入/输出、初始化磁盘、取剩余磁盘空间等。

目录管理主要包括查找目录项、查找文件、置/取文件属性、文件设备等。

文件管理主要包括打开、关闭、读写/删除文件等。

其他功能包括终止程序、置/取中断矢量、分配内存、置/取日期及时间等。

DOS 系统功能调用的方法如下。

（1）根据需要的功能调用设置入口参数。

（2）把功能调用号送入 AH 寄存器。

（3）发软中断指令"INT　21H"。

（4）可根据有关功能调用的说明取得出口参数。

下面介绍 INT　21H 的主要功能。

（1）键盘输入。有关键盘的系统功能调用的功能号有 1、7、8、A、B、C。功能包括单字符输入、字符串输入、键盘状态检验等。

①键盘状态检验。DOS 系统功能调用的 0BH 号功能可以检验是否有字符输入。如果有键按下时 AL=0FFH，否则 AL=00H。

②单字符输入。功能号 1、7、8 都可以直接接收输入的字符。程序中常利用这些功能回答程序中的提示信息，或选择菜单中的可选项来执行不同的程序段。其中功能号 7、8 有不回显的特性，可输入需要保密的信息。

入口参数没有，出口参数为 AL=输入字符的 ASCII 码。

③字符串输入。用户程序经常需要从键盘上接收一串字符。0AH 号功能可以接收输入的字符串并将其存入内存中用户定义的缓冲区。缓冲区的第一个字节为用户定义的最大输入字符数，若用户输入的字符数（包括回车符）大于此数，则机器响铃，且光标不再右移，直到输入回车符为止。缓冲区的第二个字节为实际输入字符数（不包括回车符），由 DOS 自动填入，从第三个字节开始存放输入的字符。显然，缓冲区的大小等于最大字符数加 2。

（2）显示器（CRT）输入。功能号 2、6、9 是关于显示器的系统功能调用。

使用功能调用 9 时，需要注意两点：第一，被显示的字符串必须以"$"为结束符；第二，当显示由功能 0A 输入的字符串时，DS：DX 应指向用户定义缓冲区的第三个字节，即输入的第一个字符的存储单元。

（3）返回操作系统。这是 4CH 号系统功能调用，其格式如下：

```
MOV    AH,4CH
INT    21H
```

它没有入口参数，执行结果是结束当前正在执行的程序。

【例 4.12】 接收键盘输入并在屏幕上显示。如果是"Esc"键，则退出程序。

```
CSEG  SEGMENT
      ASSUME  CS: CSEG
  START: MOV   AH, 01H          ;功能号为 01H 的功能是键盘输入并回显
  INPUT: INT   21H
         CMP   AL, 1BH          ;"Esc"键的 ASCII 是 1BH
         JZ    OVER             ;输入为"Esc"键时,返回 DOS
         JMP   INPUT
  OVER:  MOV   AH, 4CH
         INT   21H
  CSEG  ENDS
         END   START
```

【例 4.13】 输出 MESS 中的字符串。按"Esc"键退出程序。

```
DSEG  SEGMENT
  MESS  DB      'HuaBei ShuiDian DaXue!$'    ;显示信息
```

```
        DSEG    ENDS
        CSEG    SEGMENT
                ASSUME    CS: CSEG,  DS:DSEG
        START:  MOV     AX, DSEG
                MOV     DS, AX
                LEA     DX, MESS
                MOV     AH, 9
                INT     21H
                MOV     AH, 07H              ;功能号为 07H 的功能是键盘输入无回显
        INPUT:  INT     21H
                CMP     AL, 1BH              ;"Esc"键的 ASCII 是 1BH
                JZ      EXIT                 ;按"Esc"键退出程序
                JMP     INPUT
        EXIT:   MOV     AH, 4CH
                INT     21H
        CSEG    ENDS
                END     START
```

3. BIOS 功能调用

BIOS 常驻 ROM，独立于 DOS，可与任何操作系统一起工作。它的主要功能是驱动系统所配置的外部设备，如磁盘驱动器、显示器、打印机及异步通信接口等。通过 INT 10H～INT 1AH 向用户提供服务程序入口，使用户无须对硬件有深入了解就可完成对 I/O 设备的控制与操作。BIOS 的中断调用与 DOS 功能调用类似。下面作为 BIOS 功能调用入门对键盘 I/O（中断类型 16H）和显示调用（中断类型 10H）加以介绍。

（1）键盘输入。当用户按键时，键盘接口会得到一个被按键的键盘扫描码，同时产生一个中断请求。如果键盘中断是允许的，并且 CPU 处于中断状态，那么 CPU 通常就会响应中断请求转入键盘中断处理程序。

键盘中断处理程序首先从键盘接口取得被按键的扫描码，然后根据扫描码判别用户所按的键并做相应的处理。键盘 I/O 程序以 16H 号中断处理程序的形式存在。它提供若干功能，每一个功能有一个编号。在调用键盘 I/O 程序时，把功能编号置入 AH 寄存器中，然后发出中断指令 INT　16H。调用返回后从有关寄存器中取得出口参数。

（2）显示器输出。显示器的显示方式分为图形显示方式和文本显示方式。图形显示方式以像素为单位，较为复杂；文本显示方式以字符为单位，较易掌握。文本显示模式下，显示器的屏幕被划分为 80 列 25 行，所以每一屏最多可显示 2000（80×25）个字符。字符通常是指字母、数字、普通符号（如运算符）和一些特殊符号（如菱形块）。文本显示方式用行号和列号组成的坐标来定位屏幕上的每个可显示位置，左上角的坐标规定为（0，0），向右增加列号，向下增加行号，这样右下角的坐标便是（79，24）。显示器的显示属性分为单色显示和彩色显示。屏幕上显示的每个字符在存储中用两个字节来表示，一个字节保存字符的 ASCII 码，另一个字节保存字符的属性。字符的属性确定了每个要显示字符的特性。在单色显示时，显示属性定义了闪烁、反相和高亮度等显示特性；在彩色显示时，属性还定义了前景色和背景色。在彩色显示属性字节中，RGB 分别表示红、绿、蓝，I 表示亮度，BL 表示闪烁。位 0 到位 3 组合 16 种前景色。亮度和闪烁只能用于前景。当 I 位为 1 时，表示高亮度，为 0 时表示普通亮度。当 BL 为 1 时，表示闪烁，为 0 时表示不闪烁。彩色显示属性字节如

图 4-8 所示。

彩色显示属性字节的典型值：01H（黑底蓝字）、04H（黑底红字）、07H（黑底白字）、0EH（黑底黄字）、0FH（黑底亮白字）、70H（白底黑字）、74H（白底红字）、87H（黑底灰白闪烁字）、0F4H（白底红闪烁字）。

图 4-8　彩色显示属性字节

【例 4.14】采用 BIOS 功能调用在屏幕上用多种属性显示字符串。

说明：先用一种属性在屏幕上显示指定信息，然后按一键后再换一种属性显示，当按下 ESC 键时，返回 DOS。

显示子程序为 ECHO，先调用 BIOS 显示程序的 2 号功能把光标定到指定位置，然后利用 BIOS 显示程序的 0EH 号功能逐个显示字符串中的字符。由于该方式显示不含属性，因此先调用 9 号功能把指定属性写到显示字符串的位置处。

```
ROW=5                                      ;常量定义,显示信息的行号
COLUM=10                                   ;显示信息的列号
ESCKEY=1BH                                 ;ESC 键的 ASCII 码值
DSEG SEGMENT
    MESS   DB      'HuaBei ShuiDian DaXue!'  ;显示信息
MESS_LEN =       $ - OFFSET MESS            ;显示信息的长度
    COLORB DB      07H,01H,0FH,70H,74H      ;颜色属性
    COLORE LABEL   BYTE
DSEG ENDS
CSEG SEGMENT
    ASSUME  CS: CSEG, DS:DSEG, ES:DSEG
START: MOV    DI, OFFSET COLORB-1           ;颜色指针初值
NEXTC: MOV    AX, DSEG
       MOV    DS, AX                        ;设置数据段段值
       MOV    ES, AX                        ;ES 指向数据段
       INC    DI                            ;调整颜色指针
       CMP    DI, OFFSET COLORE             ;是否超过指定的颜色
       JNZ    NEXTE                         ;没有超过则跳转
       MOV    DI, OFFSET COLORB             ;超过则重新指定为第一种颜色
NEXTE: MOV    BL, [DI]                      ;取颜色
       MOV    SI, OFFSET MESS               ;取显示信息指针
       MOV    CX, MESS_LEN                  ;取显示信息长度
       MOV    DH, ROW                       ;设置显示开始的行号
       MOV    DL, COLUM                     ;设置显示开始的列号
       CALL   ECHO                          ;调用显示子程序
       MOV    AH, 0                         ;0 号功能为从键盘读字符
       INT    16H                           ;执行 INT  16H 的 0 号功能
       CMP    AL, ESCKEY                    ;是否为 ESC 键
       JNZ    NEXTC                         ;不是,继续循环
       MOV    AH, 4CH                       ;结束程序,返回 DOS
       INT    21H
;子程序入口参数包括 DS:SI = 字符串首地址
;CX = 字符串长度,BL = 属性,DH = 显示开始的行号,DL=显示开始的列号
   ECHO PROC   NEAR
        JCXZ   ECHO2                        ;如果字符串长度为 0,则结束
```

```
            MOV     BH, 0
            MOV     AH, 2                        ;设置光标位置
            INT     10H
            MOV     AL, 20H                      ;用指定属性写一空格
            MOV     AH, 9                        ;AL=字符 ASCII 码,BL=字符属性
            INT     10H                          ;写字符至当前光标处
            MOV     AH, 0EH
  ECHO1:    MOV     AL, [SI]
            INC     SI
            INT     10H                          ;逐个显示字符
            CALL    DELAY                        ;调用延时子程序
            LOOP    ECHO1
  ECHO2:    RET
  ECHO      ENDP
  DELAY     PROC    NEAR                         ;延时子程序
            PUSH    BX
            PUSH    CX
            MOV     BX, 500
  WAIT0:    MOV     CX, 0FFFFH
  WAIT1:    LOOP    WAIT1
            DEC     BX
            JNZ     WAIT0
            POP     CX
            POP     BX
            RET
  DELAY     ENDP
  CSEG      ENDS
            END     START
```

【例 4.15】 将用户编写的显示系统时间的中断服务子程序驻留在内存中,通过定时器中断(向量号为 1CH)定时调用中断服务子程序来显示系统的时间,同时可以在命令提示符下运行并调试其他程序,实现多任务操作。

说明:本程序综合运用了 DOS 功能调用和 BIOS 功能调用。程序中将用户编写的定时器中断服务子程序的入口地址写入中断向量表中,通过定时器中断定时显示系统的时间。IBM PC/AT 中定时器时钟中断是由硬件电路产生的,中断类型号为 08H,只要计算机正常启动,定时器时钟中断就会每秒产生 18.2 次。定时器时钟中断服务子程序中要调用一次 INT 1CH 指令,INT 1CH 为定时器定时软中断指令。在 ROM BIOS 中,INT 1CH 中断服务子程序中只有一条 IRET 中断返回指令,用户可利用它完成周期性任务。注意,当 1CH 中断发生时,执行用户中断服务子程序后必须调用一次原中断服务子程序才能完成周期性任务。中断概念的理解可参考后续章节。

```
CODE  SEGMENT
        ASSUME   CS:CODE, DS:CODE
START:  JMP  GOSET                   ;程序开始将跳转到标号 GOSET 处执行
OLDCUR DW      ?
OLD1C DW      2 DUP(?)
NEWINT1C: PUSHF                      ;中断服务子程序的入口地址,定时显示时间
        PUSH  AX
        PUSH  BX
```

```
          PUSH    CX
          PUSH    DX
          XOR     BH, BH                  ;BH 清零
          MOV     AH, 3                   ;INT 10H 的 3 号功能为读光标位置
          INT     10H                     ;BH=页号,返回参数 DH/DL=行/列
          MOV     CS:OLDCUR, DX           ;光标位置保存在 OLDCUR 单元中
          MOV     AH, 2                   ;INT 10H 的 2 号功能为置光标位置,BH=页号
          XOR     BH, BH                  ;清零,表明为 0 页
          MOV     DX, 0146H               ;DH/DL=行/列,设置显示的时间在 1 行/70 列
          INT     10H
          MOV     AH, 2                   ;INT  1AH 的 2 号功能为读电池供电时钟时间
          INT     1AH                     ;出口参数:CH:CL:DH=时:分:秒
          PUSH    DX
          PUSH    CX
          POP     BX                      ;CX 压入堆栈的值弹出给 BX
          PUSH    BX
          CALL    SHOWBYTE                ;此处调用为显示小时
          CALL    SHOWCOLON               ;显示':'
          POP     BX
          XCHG    BH, BL                  ;BL 中为分钟值
          CALL    SHOWBYTE                ;此处调用为显示分钟
          CALL    SHOWCOLON               ;显示':'
          POP     BX                      ;DX 压入堆栈的值弹出给 BX
          CALL    SHOWBYTE                ;BL 中为秒值
          MOV     DX, CS:OLDCUR           ;恢复保存在 OLDCUR 单元中的光标位置
          MOV     AH, 2
          XOR     BH, BH
          INT     10H
          POP     DX
          POP     CX
          POP     BX
          POP     AX
          CALL    DWORD PTR CS:OLD1C ;OLD1C 中为 1CH 的原中断向量交还控制权
          IRET                            ;中断返回指令
SHOWBYTE  PROC    NEAR                    ;将 BX 中的值转换为 ASCII 码后显示在屏幕上
          PUSH    BX
          MOV     CL, 4
          MOV     AL, BH                  ;BH 中的值可以是当前时:分:秒
          SHR     AL, CL
          ADD     AL, 30H                 ;计算 ASCII 码
          CALL    SHOW                    ;在光标位置显示字符和属性
          CALL    CURMOVE                 ;子程序的功能为读当前光标并后移
          POP     BX
          MOV     AL, BH
          AND     AL, 0FH
          ADD     AL, 30H
          CALL    SHOW
          CALL    CURMOVE
          RET
SHOWBYTE  ENDP
SHOWCOLON PROC    NEAR                    ;显示':'
```

```
                MOV     AL,':'
                CALL    SHOW
                CALL    CURMOVE
                RET
      SHOWCOLON ENDP
      CURMOVE   PROC    NEAR            ;读当前光标并后移
                PUSH    AX
                PUSH    BX
                PUSH    CX
                PUSH    DX
                MOV     AH, 3           ;INT 10H 的 3 号功能为读光标位置
                MOV     BH, 0
                INT     10H
                INC     DL              ;列增 1,光标后移
                MOV     AH, 2           ;INT 10H 的 2 号功能为置光标位置
                INT     10H
                POP     DX
                POP     CX
                POP     BX
                POP     AX
                RET
      CURMOVE   ENDP
      SHOW      PROC    NEAR            ;子程序的功能为在光标位置显示字符和属性
                PUSH    AX
                PUSH    BX
                PUSH    CX
                MOV     AH, 09H         ;INT 10H 的 9 号功能为在光标位置显示字符和属性
                MOV     BX, 1FH         ;1FH 为属性值, 显示的字符为白底蓝字
                MOV     CX, 1           ;BH=显示页,AL/BL=字符/属性,CX=字符重复次数
                INT     10H
                POP     CX
                POP     BX
                POP     AX
                RET
      SHOW ENDP
      GOSET:    PUSH    CS
                POP     DS              ;DS 指向代码段
                MOV     AX, 351CH       ;取中断向量,AH=35H 的功能为获取中断向量
                INT     21H             ;入口:AL=中断类型号,出口:ES:BX=中断向量
                MOV     OLD1C, BX       ;中断向量(CS:IP)保存在 OLD1C 单元中
                MOV     BX, ES
                MOV     OLD1C+2, BX     ;中断向量的高 16 位
                MOV     DX, OFFSET NEWINT1C  ;NEWINT1C 为中断程序的入口地址
                MOV     AX, 251CH       ;AH=25H 的功能为设置中断向量
                INT     21H             ;出口参数 DS:DX=中断向量
                MOV     DX, OFFSET GOSET
                SUB     DX, OFFSET START  ;计算代码段相对偏移量
                MOV     AX, 3100H       ;AH=31H 的功能为程序终止并驻留
                INT     21H             ;AL=返回码,DX=驻留区大小
      CODE  ENDS
            END     START
```

思考与练习

4-1　什么是标号？它有哪些属性？

4-2　什么是变量？它有哪些属性？

4-3　什么是伪指令？什么是宏指令？伪指令在什么时候被执行？宏指令在程序中如何被调用？

4-4　汇编语言表达式中有哪些运算符？它们所完成的运算是在什么时候进行的？

4-5　下列语句中定义的变量各分配多少个字节？

```
VAR0  DW  4 DUP (0), 2
VAR1  DB  100
VAR2  LABEL  WORD
VAR3  DB  50 DUP (?)
CONT  EQU  100
VAR4  DW  COUNT DUP (0)
VAR5  DD  20 DUP (1)
VAR6  DB  'Happy New Year! '
```

4-6　试编程实现统计字符串中空格的个数。

4-7　设从 BLOCK 开始有 20 个单字节的数，试编程找出最大的数，并保存到 SUM 中。

4-8　试编写一个汇编语言程序，要求对键盘输入的小写字母用大写字母显示出来。

4-9　在 DATA 数据区中有 20 个字符的字符串，试编程实现按 ASCII 码值进行升序的排序。

4-10　试编程调用 BIOS 显示程序中的 13H 功能在屏幕上显示多种属性的字符串。

第5章 存 储 器

存储器是计算机系统中的记忆设备，用来存放程序和数据。随着计算机的发展，存储器在系统中的地位越来越重要。本章主要介绍存储器的分类、存储器的性能评价指标、工作原理，存储器的扩展技术以及存储器与微机系统的连接。

5.1 概　　述

在计算机的组成结构中，有一个很重要的部分，就是存储器。存储器是一种记忆部件，是用来存储计算机的程序指令、要处理的数据、运算结果，以及各种需要计算机保存的信息。对于计算机来说，有了存储器，才有记忆功能，才能保证计算机的正常工作。存储器是计算机中不可缺少的一个重要组成部分。随着计算机的发展，存储器在系统中的地位越来越重要。由于超大规模集成电路的制作技术，使 CPU 的速率变得惊人的高，而存储器的存数和取数的速度与它很难适配，这使计算机系统的运行速度在很大程度上受到存储器速度的制约。此外，由于 I/O 设备的不断增多，如果它们与存储器打交道都通过 CPU 来实现，会降低 CPU 的工作效率。为此，出现了 I/O 设备与存储器的直接存取方式（DMA），这也使存储器的地位更为突出。尤其在多处理机的系统中，各处理机本身都需与其主存交换信息，而且各处理机在互相通信中，也都需共享存放在存储器中的数据。因此，存储器的地位更为重要。从某种意义上讲，存储器的性能已经成为计算机系统的核心。

存储器由一些能够表示二进制"0"和"1"状态的物理器件组成，这些器件本身具有记忆功能，如电容、双稳态电路等。这些具有记忆功能的物理器件构成一个个存储元（如一个电容就是一个存储元），每个存储元可以保存一位二进制信息。若干个存储元就构成了一个存储单元。通常一个存储单元由 8 个存储元构成，可存放 8 位二进制信息（即一个字节）。许多存储单元组织在一起就构成了存储器。

存储器中存储单元的总数称为存储器的存储容量。显然，存储容量越大，能够存放的信息就越多，计算机的信息处理能力也就越强。存储容量的单位为字节（B）、千字节（KB）或兆字节（MB），如 64KB、128MB 等。CPU 芯片 Intel 8088/8086 可以访问的内存容量为 1MB。

存储器有两种基本操作——读和写。读操作是指从存储器中读出信息，不破坏存储单元中原有的内容，所以读操作是非破坏性的操作。写操作是指把信息写入（存入）存储器，新写入的数据将覆盖原有的内容，所以写操作是破坏性的。

5.1.1　存储器的分类

计算机的存储器从体系结构的观点来划分，可根据其是设在主机内还是设在主机外分为内部存储器和外部存储器两大类。

内部存储器（简称内存或主存）是计算机主机的组成部分之一，用来存储当前正在使用的或经常使用的程序和所需要的数据，CPU 可以直接访问内存并与其交换信息。而外存刚好相反，外存用于存放相对来说不经常使用的程序和数据。CPU 不能对外存直接访问，而必须通过配备专门的设备和机制对它进行读/写（如磁盘驱动器等），这点是它与内存之间的一个本质区别。当需要执行某程序时，系统将这些程序从外存上把数据读出放入内存，然后 CPU 再访问内存以执行该程序。相对外部存储器（简称外存）而言，内存的容量小，存取速度快。外存容量一般都很大，但存取速度相对比较慢。

系统的内存尽量的使得其访问的速度快，且容量大，以加快程序的执行速度。但是内存空间的大小受制于 CPU 地址总线的位数。例如，8086/8088 系统中，系统的地址总线是 20 位的，所以系统的最大直接寻址空间是 2^{20}，即 1MB。

存储器使用的存储介质有半导体器件、磁性材料、光盘等。以下重点讨论用于构成内存的半导体存储器。半导体存储器按照工作方式的不同可以分为随机存取存储器（RAM，也叫读写存储器）和只读存储器（ROM）。

1. 随机存取存储器（RAM）

读/写存储器按其制造工艺可以分为双极型半导体 RAM 和金属氧化物半导体（MOS）RAM。

（1）双极型半导体 RAM。双极型半导体 RAM 的主要优点是存取时间短，通常为几纳秒到几十纳秒。与下面提到的 MOS 型 RAM 相比，其集成度低，功耗大，而且价格也较高。因此，双极型半导体 RAM 主要用于要求存取时间非常短的特殊应用场合。

（2）MOS 型 RAM。用 MOS 器件构成的 RAM 又分为静态读写存储器（SRAM）和动态读写存储器（DRAM）。

1）静态读写存储器（SRAM）。SRAM 的存储单元由双稳态触发器构成。双稳态触发器有两个稳定的状态，可用来存储一位二进制信息。只要不掉电，其存储的信息可以始终稳定地存在，故称其为"静态 RAM"。SRAM 的主要特点是存取时间短（几十纳秒到几百纳秒），外部电路简单，便于使用。常见的 SRAM 芯片容量在 1～64KB 之间。SRAM 的功耗比双极型 RAM 低，价格也比较便宜。

2）动态读写存储器（DRAM）。DRAM 的存储单元以电容来存储信息，电路简单，但电容总有漏电存在，时间长了存放的信息就会丢失或出现错误，因此需要对这些电容定时充电，这个过程称为"刷新"，即定时将存储单元中的内容读出再写入。由于需要刷新，所以这种 RAM 称为"动态 RAM"。

DRAM 的存取速度与 SRAM 的存取速度差不多。其最大的特点是集成度非常高，目前 DRAM 芯片的容量从几百 MB 到若干 GB 不等。另外还有功耗低、价格比较便宜等优点。

由于用 MOS 工艺制造的 RAM 集成度高，存取速度能满足各种类型微型机的要求，而且其价格也比较便宜，因此现在微型计算机中的内存主要由 MOS 型 DRAM 组成。

2. 只读存储器（ROM）

根据制造工艺的不同，只读存储器分为 ROM、PROM、EPROM、EEPROM 等几类。只读存储器在工作时只能读出，不能写入。掉电后不会丢失所存储的内容。

（1）掩膜式只读存储器（ROM）。掩膜式 ROM 是芯片制造厂根据 ROM 要存储的信息对芯片图形（掩膜）通过二次光刻生产出来的，故称为掩膜 ROM。其存储的内容固化在芯片内，用户可以读出，但不能改变。这种芯片存储的信息稳定，成本最低，适用于存放一些可批量生产的固定不变的程序或数据。

（2）可编程 ROM（PROM）。如果用户要根据自己的需要来确定 ROM 中的存储内容，则可使用可编程 ROM（PROM）。PROM 允许用户对其进行一次编程——写入数据或程序。编程之后，信息就永久性地固定下来。用户可以读出其内容，但再也无法改变它的内容。

（3）可擦除的 PROM。上述两种芯片存放的信息只能读出而无法修改，这给应用带来很多不便。因此又出现了两类可擦除的 ROM 芯片。这类芯片允许用户通过一定的方式多次写入数据或程序，也可修改和擦除其中所存储的内容，且写入的信息不会因为掉电而丢失。由于这些特性，可擦除的 PROM 芯片在系统开发、科研等领域得到了广泛应用。

可擦除的 PROM 芯片因其擦除方式不同可分为两类：一类是通过紫外线照射来擦除，这种用紫外线擦除的 PROM 称为 EPROM；另一类是通过电的方法（通常是加上一定的电压）来擦除，这种 PROM 称为 EEPROM（或 E^{2}PROM）。芯片内容擦除后仍可以重新对它进行编程，写入新的内容。擦除和重新编程都可以多次进行。但有一点要注意，尽管 EPROM（EEPROM）芯片既可读出也可对其编程写入和擦除，但它们和 RAM 还是有本质区别的。首先它们不能够像 RAM 芯片那样随机快速地写入和修改，它们的写入需要一定条件（这一点将在后面详细介绍）；另外，RAM 中的内容在掉电之后会丢失，而 EPROM（EEPROM）则不会，其上的内容一般可保存几十年。

（4）快闪存储器（FLASH）。FLASH 也称闪烁存储器，简称闪存，因其可以快速重新编程使其内容频繁变化而得名。FLASH 存储信息密度高、存取速度快、成本低、不挥发，可以块擦除、单一供电，得到广泛应用。

半导体存储器分类见表 5-1。

表 5-1　　　　　　　　　　　　半 导 体 存 储 器 分 类

RAM/ROM	分 类	特 　　点	应用场合
SRAM 静态	SRAM	以双稳态电路为存储单元，翻转快，存取速度高	Cache
	SB SRAM	同步 SRAM：对它的所有操作均在统一时钟控制下同步操作，一般支持突发操作	L2（二级）Cache
	Multi-SRAM	具有多个数据端口的 SRAM	数据共享
	FIFO	按先进先出方式存储信息的 SRAM	缓冲器
	PSRAM	类 SRAM：在动态随机存取芯片 DRAM 内集成了动态刷新逻辑，对外表现为 SRAM 的不需刷新的特性	特定场合
DRAM 动态	FPMDRAM	快速页模式：快速操作时维持行地址不变，由连续的 CAS 信号对不同的列地址进行操作	计算机的主存储器
	EDODRAM	扩展数据输出：省略了用于行地址建立和保持的时间及行列地址复合时间，提高了访问速度	
	SDRAM	对存储器访问的所有操作均在统一的时钟控制下同步进行	
	RDRAM	采用 Rambus 信号标准，允许多个设备同时以极高的带宽随机寻址存储器，进行高速数据传输	
ROM 掉电时信息不丢失	MASKROM	掩膜 ROM：厂商根据用户要求制造掩膜，封装后信息不能改写	计算机固化程序/数据的存储器
	OTPROM	一次性可编程 ROM：用户一次性编程写入，写入后不能改写	
	EPROM	可擦除编程 ROM：可多次用紫外线全部擦除，再编程改写	
	EEPROM	可电擦除编程 ROM：能以字节为单位多次在线用电擦除、改写	
	FLASH	闪存：以块为单位多次在线用电擦除和改写，集成度高	

5.1.2　存储器芯片的主要技术指标

1. 存储容量

存储器芯片的存储容量用"存储单元个数×每个存储单元的位数"来表示。例如，SRAM芯片 6264 的容量为 8K×8b，即它有 8K 个单元（1K=1024），每个单元存储 8 位（一个字节）二进制数据。再如 DRAM 芯片 NMC41257 的容量为 256K×1b，即它有 256K 个单元，每个单元存储 1 位二进制数据。各半导体器件生产厂家为用户提供了许多种不同容量的存储器芯片，用户在构成计算机内存系统时，可以根据要求加以选用。当然，当计算机的内存确定后，选用容量大的芯片则可以少用几片，这样不仅使电路连接简单，而且功耗也可以降低。

半导体存储器芯片容量取决于存储单元的个数和每个单元所包含的位数。存储容量可以用下面的式子表示：

存储器容量（S）=存储单元数（P）×数据位数（i）

存储单元数（P）与存储芯片的地址线条数（k）有密切关系：$P=2^k$。数据位数一般等于芯片数据线的根数。存储芯片的容量与地址线条数、数据线的位数之间的关系可表示为：$S=2^k×i$。

例如，6264 芯片是一个 8K×8b 的 CMOS SRAM 芯片，说明它有 8 条数据线，8192 个单元，地址线的条数为 $k=\log_2 8192=13$；如一个存储芯片有 20 条地址线和 8 条数据线，它的单元数为 $2^{20}=1M$，容量为 1M×8b（1MB）。

2. 存取时间和存取周期

存取时间又称存储器访问时间，即启动一次存储器操作（读或写）到完成该操作所需要的时间。其上限值称为最大存取时间。CPU 在读写存储器时，其读写时间必须大于存储器芯片的最大存取时间。如果不能满足这一点，微型机则无法正常工作。超高速存储器的最大存取时间小于 20ns，中速存储器为 100～200ns，低速存储器在 300ns 以上。

存取周期是连续启动两次独立的存储器操作所需间隔的最小时间。若令存取时间为 t_A，存取周期为 T_C，则二者的关系为 $T_C \geqslant t_A$。

3. 可靠性

计算机要正确运行，必然要求存储器系统具有很高的可靠性。存储器发生的任何错误都会使计算机不能正常工作，而存储器的可靠性直接与构成它的芯片有关。目前所用的半导体存储器芯片的平均故障间隔时间（MTBF）约为 $5×10^6$～$1×10^8$h。

4. 功耗

它不仅涉及消耗功率的大小，也关系到芯片的集成度。对于在特殊场合下（如野外作业的系统）使用功耗低的存储器芯片构成存储系统不仅可以降低对电源容量的要求，而且还可以提高存储系统的可靠性。存储器的制造工艺有很多种，其中 CMOS 器件能够很好地满足低功耗的要求，但是其容量小，且速度慢会降低系统的运行效率。一般来说，功耗和速度是成正比的。从功耗、速度及存储容量等各方面衡量，HMOS 存储器件是比较适中的存储器。

5.2　随机存取存储器 RAM

随机存取存储器 RAM 的存储单元内容可按需随时读出、写入及修改，且存取的速度与存储单元的位置无关。这种存储器在断电时将丢失其存储内容，因此主要用来存放当前运行的程序、各种输入/输出数据、中间运算结果及堆栈等。随机存取存储器 RAM 分为静态随机存储器（SRAM）和动态随机存储器（DRAM）。本节将从应用的角度出发，以几种常用的典型芯片为例，详细介绍两类 MOS 型读写存储器 SRAM 和 DRAM 的特点、外部特性及其应用。

5.2.1　存储器的系统结构

一个存储元只能存储一个二进制位的信息，要存储多个数据位的信息就需要将这些单个的存储元有机地进行排列，再加上一些外围设备。一般情况下，一个存储器的系统结构如图 5-1 所示。

16×1 静态 RAM 原理如图 5-2 所示。

图 5-1　存储器的系统结构

图 5-2　16×1 静态 RAM 原理图

1. 基本存储单元

一个基本存储单元可以存放一位二进制信息，其内部具有两个稳定的且相互对立的状态，并能够在外部对其状态进行识别和改变。不同类型的基本存储单元决定了由其所组成的存储器件的类型不同。

2. 存储体

一个基本存储单元只能保存一位二进制信息，若要存放 $M \times N$ 个二进制信息，需要用 $M \times N$ 个基本存储单元，它们按一定的规则排列起来，由这些基本存储单元所构成的阵列称为存储体或存储矩阵。

3. 地址译码器

由于存储器系统是由许多存储单元构成的，每个存储单元一般存放 8 位二进制信息，为了加以区分，必须首先为这些存储单元编号，即分配给这些存储单元不同的地址。地址译码器的作用就是用来接收 CPU 送来的地址信号并对它进行译码，选择与此地址码相对应的存储单元，以便对该单元进行读/写操作。

4. 片选与读/写控制电路

片选信号用以实现芯片的选择。对于一个芯片来说，只有当片选信号有效时才能对其进行读/写操作。片选信号一般由地址译码器的输出及一些控制信号形成，而读/写控制电路则用来控制对芯片的读/写操作。

5. I/O 电路

I/O 电路位于系统数据总线与被选中的存储单元之间，用来控制信息的读出与写入，必要时，还可包含对 I/O 信号的驱动及放大处理功能。

6. 集电极开路或三态输出缓冲器

为了扩充存储器系统的容量常常需要将几片 RAM 芯片的数据线并联使用或与双向的数据线相连，这就要用到集电极开路或三态输出缓冲器。

7. 其他外围电路

对不同类型的存储器系统，有时还专门需要一些特殊的外围电路，如动态 RAM 中的预充电及刷新操作控制电路等，这也是存储器系统的重要组成部分。

5.2.2 静态随机存储器（SRAM）

1. 基本存储单元

SRAM 的基本存储电路（即存储元）一般是由 6 个 MOS 管组成的双稳态电路（VT_1 截止、VT_2 导通为状态"1"；VT_2 截止、VT_1 导通为状态"0"），如图 5-3 所示。

图 5-3 中，VT_3、VT_4 是负载管，VT_1、VT_2 是工作管，VT_5、VT_6、VT_7、VT_8 是控制管，其中 VT_7、VT_8 为所有存储元所共用的。

在写操作时，若要写入"1"，则 I/O=1，$\overline{I/O}$ =0，X 地址选择线为高电平，使 VT_5、VT_6 导通，同时 Y 地址选择线也为高电平，使 VT_7、VT_8 导通，要写入的内容经 I/O 端和 $\overline{I/O}$ 端进入，通过 VT_7、VT_8 和 VT_5、VT_6 与 A、B 端相连，使 A= "1"，B= "0"，这样就迫使 VT_2 导通，VT_1 截止。当输入信号和地址选择信号消失后，VT_5、VT_6、

图 5-3 SRAM 基本存储电路

VT_7、VT_8 截止，VT_1、VT_2 保持被写入的状态不变，只要不掉电，写入的信息"1"就能保持不变。写入"0"的原理与此类似。

读操作时，若某个存储元被选中（X、Y 地址选择线均为高电平），则 VT_5、VT_6、VT_7、VT_8 都导通，于是存储元的信息被送到 I/O 端和 $\overline{I/O}$ 线上。I/O 端和 $\overline{I/O}$ 线连接到一个差动读出放大器上，从其电流方向即可判断出所存信息是"1"还是"0"。

SRAM 的使用很方便，在微型计算机领域有极其广泛的应用。常用的典型 SRAM 芯片有 2114、6116、6264、62256、62812 等。下面以典型的 SRAM 芯片 6264 为例说明它的外部特征及工作过程。

2. 6264 存储芯片的引线及其功能

6264 芯片是一个 8K×8b 的 CMOS SRAM 芯片，其引脚如图 5-4 所示。它共有 28 条引出线，包括 13 根信号地址线、8 根数据线及 4 根控制信号线，它们的含义如下：

图 5-4 SRAM 6264 外部引线图

（1）A_0～A_{12}——13 根地址信号线。一个存储芯片上地址线的多少决定了该芯片有多少个存储单元。13 根地址信号线上的地址信号编码最大为 2^{13}，即

8192（8K）个。也就是说，芯片的 13 根地址线上的信号经过芯片的内部译码可以决定选中
6264 芯片上 8K 个存储单元中的哪一个。在与系统连接时，这 13 根地址信号线通常接到系统
地址总线的低 13 位上，以便 CPU 能够寻址芯片上的各个单元。

（2）$D_0 \sim D_7$——8 根双向数据线。对 SRAM 芯片来讲，数据线的根数决定了芯片上每个
存储单元的二进制位数，8 根数据线说明 6264 芯片的每个存储单元中可存储 8 位二进制数，
即每个存储单元有 8 位。使用时，这 8 根数据线与系统的数据总线相连。当 CPU 存取芯片上
的某个存储单元时，读出和写入的数据都通过这 8 根数据线传送。

（3）$\overline{CS_1}$，CS_2——片选信号线。当 $\overline{CS_1}$ 为低电平、CS_2 为高电平（$\overline{CS_1}$ =0，CS_2=1）时，
该芯片被选中，CPU 才可以对芯片进行读写。不同类型的芯片其片选信号的数量不一定相同，
但要选中该芯片，必须所有的片选信号同时有效。

事实上，一个微机系统的内存空间是由若干块存储器芯片组成的，某块芯片映射到内存
空间的哪一个位置（即处于哪一个地址范围）上是由高位地址信号决定的。系统的高位地址
信号和控制信号通过译码产生选片信号，将芯片映射到所需的地址范围上。6264 有 13 根
地址线（$A_0 \sim A_{12}$），8086/8088 CPU 则有 20 根地址线，所以这里的高位地址信号就是 $A_{13} \sim$
A_{19}。有关地址译码将在后边内容中详细介绍。

（4）$\overline{OE}$——输出允许信号。只有当 $\overline{OE}$ 为低电平时，CPU 才能够从芯片中读出数据。

（5）$\overline{WE}$——写允许信号。当 $\overline{WE}$ 为低电平时，允许数据写入芯片；而当 $\overline{WE}$ =1，$\overline{OE}$ =0
时，允许数据从该芯片读出。

（6）其他引线。V_{CC} 为+5V 电源，GND 是接地端，NC 表示空端。

3. 6264 的工作过程

Intel 6264 的操作方式由 $\overline{WE}$ 、$\overline{OE}$ 、$\overline{CS_1}$ 和 CS_2 共同作用决定。其各引脚功能见表 5-2。

表 5-2   6264 真 值 表

$\overline{WE}$	$\overline{CS_1}$	CS_2	$\overline{OE}$	$D_0 \sim D_7$
0	0	1	×	写入
1	0	1	0	读出
×	0	0	×	三态
×	1	1	×	（高阻）
×	1	0	×	

读出时，地址输入线 $A_{12} \sim A_0$ 送来的地址信号经地址译码器送到行列地址译码器，经译
码后选中一个存储单元(其中有 8 位存储位)，由 $\overline{WE}$ 、$\overline{OE}$ 、$\overline{CS_1}$ 和 CS_2 构成读出逻辑（$\overline{WE}$ =1、
$\overline{OE}$ =0、$\overline{CS_1}$ =0，CS_2=1），打开右边的 8 个三态门，被选中单元的 8 位数据经 I/O 电路和三
态门送到 $D_7 \sim D_0$ 输出。静态存储器 6264 读周期时序如图 5-5 所示。其中，t_A 为读出时间，
表示地址有效到数据读出有效之间的时间，MOS 器件在 $50 \sim 500$ns 之间；t_{CO} 为片选到稳定
输出时间，表示从 $\overline{CS}$ 片选信号有效到数据输出稳定的时间，一般 $t_A > t_{CO}$。t_{CX} 为读恢复时间。
输出数据有效之后，存储器不能立即输入新的地址来启动下一次读操作，因为存储器在输出
数据后需要一定的时间来内部操作，这段时间称为读恢复时间。t_{RC} 为存储器的读出周期，是
指启动一个读操作到启动下一次内存操作（读或写）之间所需的时间，满足读出周期 $t_{RC}=$

读出时间 t_A+读恢复时间 t_{CX}。

图 5-5　静态存储器 6264 读周期时序

写入时，地址选中某一存储单元的方法和读出时相同，不过这时 $\overline{WE}$ =0、$\overline{OE}$ 任意、$\overline{CS_1}$ =0、CS_2=1，打开左边的三态门。从 $D_7 \sim D_0$ 端输入的数据经三态门和输入数据控制电路送到 I/O 电路，从而写到存储单元的 8 个存储位中。静态存储器 6264 写周期时序如图 5-6 所示。

图 5-6　静态存储器 6264 写周期时序

其中，t_{WC} 为写周期时间。t_{AW} 为地址建立时间，表示地址出现到稳定的时间。t_W 为写脉冲宽，表示读/写控制线维持低电平的时间。t_{DW} 为数据有效时间。t_{DH} 为数据保持时间。t_{WR} 为写操作恢复时间，表示存储器完成内部操作所需的时间。

当不执行读/写操作时，$\overline{CS_1}$ =1、CS_2 任意或 $\overline{CS_1}$ =1、CS_2=1，即片选处于无效状态，输入/输出三态门呈高阻状态，从而使存储器芯片与系统总线"脱离"。

4. SRAM 芯片的应用

在对 SRAM 芯片的外部引脚功能和工作时序有了一定了解之后，下一步需要掌握的是如何实现它与系统的连接。将一个存储器芯片接到总线上，除了控制信号及数据信号线的连接外，主要是如何保证该芯片在整个内存中占据的地址范围能够满足用户的要求。芯片的片选信号是高位地址信号和控制信号的译码产生的，实际上，正是高位地址信号决定了芯片在整个内存中占据的地址范围。

（1）地址译码。所谓译码，简单地讲就是将一组输入信号转换为一个确定的输出。在存储器技术中，译码就是将高位地址信号通过一组电路（译码器）转换为一个确定的输出信号并将其连接到存储器芯片的片选端，使芯片被选中，从而使系统能够对该芯片上的单元进行读写操作。

8086/8088 CPU 能够寻址的内存空间为 1MB，共有 20 根地址信号线，其中高位地址（$A_{19} \sim A_i$）用于确定芯片的地址范围（即作为译码器的输入），低位地址（$A_{i-1} \sim A_0$）用于片内寻址。由于在微型计算机系统中，CPU 通常都工作在最大模式下，其控制信号需通过总线控制器与系统控制总线连接。因此，对存储器进行读写操作时，不是要求最小模式下的读写控制信号 $\overline{RD}$ 和 $\overline{WR}$ 有效，而是要求总线控制信号 $\overline{MEMR}$ 和 $\overline{MEMW}$ 有效。

地址译码的方式多种多样，综合起来主要分为两种：用基本逻辑门电路构成译码器或用专门译码器进行译码。

（2）地址译码方式。存储器的地址译码方式可以分为两种：全地址译码和部分地址译码。

1）全地址译码方式。所谓全地址译码就是构成存储器时要使用全部 20 位地址总线信号，即所有的高位地址信号都用来作为译码器的输入，低位地址信号接存储器芯片的地址输入线，从而使得存储器芯片上的每一个单元在整个内存空间中具有唯一的地址。

对 6264 芯片而言，就是用低 13 位信号（$A_0 \sim A_{12}$）决定每个单元的片内地址，即片内寻址；而用高 7 位地址信号（$A_{13} \sim A_{19}$）决定芯片在内存中的地址边界，即作为片选地址译码。

图 5-7 所示是一片 SRAM 6264 与 8086/8088 系统的连接图。图中用地址总线的高 7 位信号（$A_{13} \sim A_{19}$）作为地址译码器的输入，地址总线的低 13 位信号 $A_0 \sim A_{12}$ 接到芯片的 $A_0 \sim A_{12}$ 端，故这是一个全地址译码方式的连接。可以看出，当 $A_{19} \sim A_{13}$ 为 0011111 时，译码器输出低电平，使 SRAM 6264 芯片的片选端 $\overline{CS_1}$ 有效（即表示选中该芯片）。所以，该 6264 芯片的地址范围为 3E000H～3FFFFH（低 13 位可以是从全为 0 到全为 1 之间的任何一个值）。

译码电路的构成不是唯一的，可以利用基本逻辑门电路构成，也可以利用专门译码器构成。图 5-8 就是利用 138 译码器实现同样地址范围的译码电路。

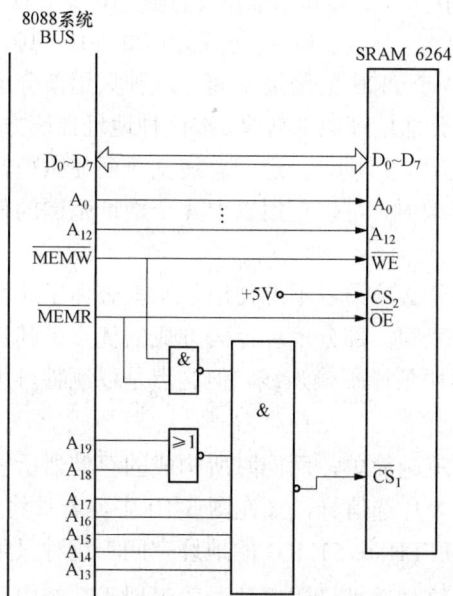

图 5-7　SRAM 6264 的全地址译码连接　　图 5-8　利用 138 译码器实现全地址译码连接

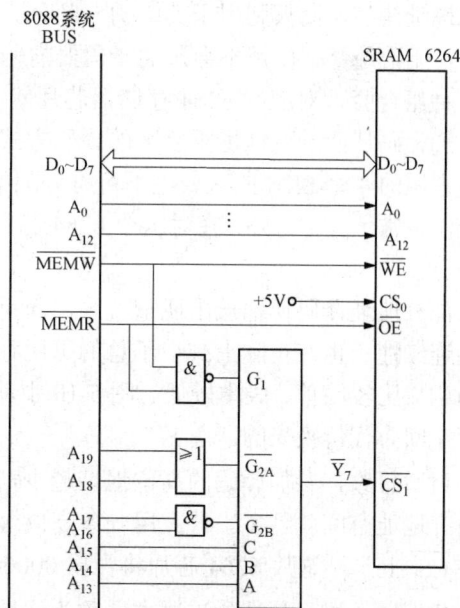

若对图 5-7 中的基本逻辑门电路进行一定的修改，如图 5-9 所示，则 6264 的地址范围就变成 C0000H～C1FFFH。由此可见，使用不同的译码电路可将存储器芯片映射到内存空间的

任意一个范围。

2）部分地址译码方式。部分地址译码就是仅把地址总线的一部分地址信号线与存储器连接，通常是用高位地址信号的一部分（而不是全部）作为片选译码信号。图 5-10 就是一个部分地址译码的例子。从图中可以看出，该 6264 芯片被映射到了以下 4 个内存空间中：AE000H～AFFFFH、BE000H～BFFFFH、EE000H～EFFFFH、FE000H～FFFFFH。

图 5-9　另一种译码电路　　　　　　图 5-10　SRAM 6264 的部分地址译码连接图

该 6264 芯片共占据了 4 个 8KB 的内存地址空间，而 6264 芯片本身只有 8KB 的存储容量。为什么会出现这种情况呢？其原因就在于图中的高位地址译码并没有利用地址总线上的全部地址信号，而只利用了其中的一部分。在图 5-10 中，A_{18} 和 A_{16} 并没有参加译码，即 A_{18} 和 A_{16} 无论是什么值都不会影响译码器的输出。因此，当 A_{18} 和 A_{16} 分别为 00、01、10、11 这 4 种组合时，对应的 6264 存储器芯片就占据了 4 个 8KB 的地址空间。这种只用部分地址线参加译码从而产生地址重复区的译码方式就是部分地址译码的含义。按这种地址译码方式，芯片占用的 4 个 8KB 的区域绝不可再分配给其他芯片，否则，会造成总线竞争而使微型计算机无法正常工作。另外，在对这个 6264 芯片进行存取时，可以使用以上 4 个地址范围的任意一个。

部分地址译码使地址出现重叠区，而重叠的部分必须留着不准使用，这就破坏了地址空间的连续性，也在实际上减小了总的可用存储地址空间。部分地址译码方式的优点是其译码器的构成比较简单、成本较低。图 5-10 中就少用了两条译码输入线，但这点是以牺牲可用的内存空间为代价换来的。

可用想象，参加译码的高位地址越少，译码器就越简单，而同时所构成的存储器所占用的内存地址空间就越多。若占用一条高位地址线作为片选信号，如在图 5-10 中，若只将 A_{19} 接在 $\overline{CS_1}$ 上，则这片 6264 芯片将占据 00000H～7FFFFH 共 512KB 的地址空间。这种只用一条高位地址线进行片选的连接方法称为线性选择，这种地址译码方法一般仅用于系统中只使用 1～2 个存储芯片的情况。

在实际应用中，采用全地址译码还是部分地址译码应根据具体情况来定。如果地址资源很富余，为使电路简单可考虑用部分地址译码方式；如果要充分利用地址空间，则应该采用全地址译码方式。

（3）SRAM 的应用实例。以上讲述了当利用 RAM 芯片构成内存时经常采用的两种地址译码方式，其中最常用的是全地址译码。上面已经提到，实现全地址译码可以使用各种基本逻辑门电路，也可以使用现成的译码器芯片，如 74LS138 译码器等。下面通过例子来说明如何使用 SRAM 芯片构成所需的存储器。

【例 5.1】 用存储器芯片 SRAM 6116 构成一个 6KB 的存储器。要求其地址范围在 0C1000H～0C27FFH 之间。

图 5-11 是 6116 芯片的外部引线图。由芯片的地址线和数据线的根数可以看出，6116 为 2K×8b 的存储芯片。6116 芯片有 11 根地址线（A_0～A_{10}）、8 根数据线（D_0～D_7）、读写控制信号 R/$\overline{W}$（R/$\overline{W}$=0 时写入；R/$\overline{W}$=1 时读出）、输出允许信号 $\overline{OE}$ 及片选信号 $\overline{CS}$。要构成一个 6KB 的存储器，需要三片 6116 芯片。由题目所给的地址范围可知，其容量正好为 6KB，即表明三片存储器芯片都具有唯一的地址范围。因此，需要采用全地址译码方式。

译码电路的构成不是唯一的，可以利用基本逻辑门电路（如"与"、"或"、"非"门等）构成，也可以利用 3-8 译码器 74LS138 构成。本例中采用全地址译码方式使三片 6116 具有唯一的地址范围。因需要多个片选信号，选用 74LS138 作为地址译码器可以更方便、高效，且译码电路更简洁。图 5-12 为存储器与工作在最大模式下的 8088 系统总线连接图。图 5-12 中，用 74LS138 和一些门电路构成地址译码器，对地址线高 9 位（A_{11}～A_{19}）进行译码。将 $\overline{MEMR}$、$\overline{MEMW}$ 信号组合后接到 138 译码器的使能端，保证了只有对存储器进行读写操作时，138 译码器才能工作。

图 5-11　SRAM 6116 芯片外部引线图　　　　图 5-12　6116 的应用连接图

【例 5.2】 用 8256 存储器芯片构成 1MB 的存储器。

分析：8256 为 256K×8b 的 SRAM 芯片。其外部引线图如图 5-13 所示。其中，A_0～A_{17} 为地址线；D_0～D_7 为数据线；$\overline{WE}$ 是写信号线（低电平有效）；$\overline{OE}$ 为读出允许信号（低电平有效）；$\overline{CS}$ 为选片信号（低电平有效）。所需存储芯片数量为 1024KB/256KB=4 片，4 片 8256 的地址范围分别为：

```
00000H～3FFFFH
40000H～7FFFFH
80000H～BFFFFH
C0000H～FFFFFH
```

采用 74LS138 译码器构成译码电路。由于 8256 芯片有 18 根地址线，只有两根高位地址信号 A_{19} 和 A_{18} 可以用于片选译码，因此将 74LS138 的输入端 C 直接接低电平，而使另外两个输入端 A 和 B 分别接到 A_{18} 和 A_{19}，这两路高位地址信号的 4 种不同的组合分别选中 4 片8256。

8256 与 8088CPU 芯片的连接图如图 5-14 所示。

图 5-13　SRAM 8256 引线图　　　　图 5-14　8256 与 8088CPU 芯片的连接图

从以上几个例子可以看出，在用 SRAM 芯片构造存储器时可以采用多种连接方式。只要了解了 SRAM 芯片的外部引线含义，再根据 CPU 总线所能提供的信号，选择适当的器件构成译码器，便可以很容易地构成任何所需的存储器空间。

5.2.3　动态随机存储器（DRAM）

动态随机存储器和静态随机存储器不同，动态 RAM 的基本存储电路利用电容存储电荷的原理来保存信息，由于电容上的电荷会逐渐泄漏，所以对动态 RAM 必须定时进行刷新，使泄漏的电荷得到补充。动态 RAM 的基本存储电路主要有六管、四管、三管和单管几种形式，在这里介绍四管和单管动态 RAM 基本存储电路。

1. 四管动态存储元

四管动态存储元电路是将六管静态存储元电路中的负载管 VT_3、VT_4 去掉而成的。

六管静态 RAM 基本存储电路依靠 VT_1 和 VT_2 管来存储信息，电源 V_{CC} 通过 VT_3、VT_4 管向 VT_1、VT_2 管补充电荷，所以 VT_1 和 VT_2 管上存储的信息可以保持不变。实际上，由于MOS 管的栅极电阻很高，泄漏电流很小，即使去掉 VT_3、VT_4 管和电源 V_{CC}，VT_1 和 VT_2 管栅极上的电荷也能维持一定的时间，于是可以由 VT_1、VT_2、VT_5、VT_6 构成四管动态 RAM 基本存储电路，如图 5-15 所示。

电路中，VT_5、VT_6、VT_7、VT_8 管仍为控制管，当字选择线 X 和位选择线 Y 都为高电平时，该基本存储电路被选中，VT_5、VT_6、VT_7、VT_8 管都导通，则 A、B 点与位线 D、$\overline{D}$ 分别相连，再通过 VT_7、VT_8 管与外部数据线 I/O、$\overline{I/O}$ 相通可以进行读/写操作。同时，在列选择线上还接有两个公共的预充管 VT_9 和 VT_{10}。

写操作时，如果要写入 "1"，则在 I/O 线上加高电平，在 $\overline{I/O}$ 线上加低电平，并通过导通的 VT_5、VT_6、VT_7、VT_8 四个晶体管把高、低电平分别加在 A、B 点，将信息存储在 VT_1 和 VT_2 管栅极电容上。行、列选通信号消失以后，VT_5、VT_6 截止，靠 VT_1、VT_2 管栅极电容的存储作用在一定时间内可保留所写入的信息。

读操作时，先给出预充信号使 VT_9、VT_{10} 导通，由电源对电容 C_D 和 $C_{\overline{D}}$ 进行预充电，使它们达到电源电

图 5-15　四管动态存储元电路

压。行、列选择线上为高电平使 VT_5、VT_6、VT_7、VT_8 导通，存储在 VT_1 和 VT_2 上的信息经 A、B 点向 I/O、$\overline{I/O}$ 线输出。若原来的信息为 "1"，即电容 C_2 上存有电荷，VT_2 导通、VT_1 截止，则电容 $C_{\overline{D}}$ 上的预充电荷通过 VT_6 经 VT_2 泄漏，于是 I/O 线输出 0，$\overline{I/O}$ 线输出 1。同时，电容 C_D 上的电荷通过 VT_5 向 C_2 补充电荷，所以读出过程也是刷新的过程。

2. 单管动态存储元

单管动态基本存储元电路只有一个电容和一个 MOS 管，是最简单的存储元结构，如图 5-16 所示。

图 5-16　单管动态存储元电路

在这样一个基本存储电路中，存放的信息到底是 "1" 还是 "0" 取决于电容中有没有电荷。在保持状态下，行选择线为低电平，VT 管截止，使电容 C 基本没有放电回路（当然还有一定的泄漏），其上的电荷可暂存数毫秒或者维持无电荷的 "0" 状态。

对于这样的基本存储电路组成的存储矩阵进行读操作时，若某一行选择线为高电平，则位于同一行的所有基本存储电路中的 VT 管都导通，于是刷新放大器读取对应电容 C 上的电压值，但只有列选择信号有效的基本存储电路才受到驱动，从而可以输出信息。刷新放大器的灵敏度很高，放大倍数很大，并且能将读得的电容上的电压值转换为逻辑 "0" 或者逻辑 "1"。在读出过程中，选中行上所有基本存储电路中的电容都受到了影响，为了在读出信息之后仍能保持原有的信息，刷新放大器在读取这些电容上的电压值之后又立即进行重写。

在写操作时，行选择信号使 VT 管处于导通状态，如果列选择信号也为 "1"，则此基本存储电路被选中，于是由数据输入/输出线送来的信息通过刷新放大器和 VT 管送到电容 C。

上面介绍的两种动态基本存储电路中，四管动态 RAM 用的管子多，从而使芯片的集成

度较低，但其外围电路比较简单，读出过程就是刷新过程，不必为刷新另加外部逻辑电路。单管动态 RAM 将结构简化到了最低程度，因而集成度高，但要求的读写外围电路较复杂一些，适用于大容量存储器。

3. 动态 RAM 的刷新

动态 RAM 是利用电容 C 上充积的电荷来存储信息的。当电容 C 有电荷时，为逻辑"1"，没有电荷时，为逻辑"0"。但由于任何电容都存在漏电，因此当电容 C 存有电荷时，过一段时间由于电容的放电过程而导致电荷流失，信息也就丢失。因此需要周期性地对电容进行充电，以补充泄漏的电荷，通常把这种补充电荷的过程叫刷新或再生。随着器件工作温度的增高，放电速度会变快，刷新时间间隔一般要求在 1～100ms，工作温度为 70℃时，典型的刷新时间间隔为 2ms，因此 2ms 内必须对存储的信息刷新一遍。尽管对各个基本存储电路在读出或写入时都进行了刷新，但对存储器中各单元的访问具有随机性，无法保证一个存储器中的每一个存储单元都能在 2ms 内进行一次刷新，所以需要系统地对存储器进行定时刷新。

对整个存储器系统来说，各存储器芯片可以同时刷新。对每块 DRAM 芯片来说，则是按行刷新，每次刷新一行，所需时间为一个刷新周期。如果某存储器有若干块 DRAM 芯片，其中容量最大的一块芯片的行数为 128，则在 2ms 之内至少应安排 128 个刷新周期。

在存储器刷新周期中，将一个刷新地址计数器提供的行地址发送给存储器，然后执行一次读操作，便可完成对选中行各基本存储电路的刷新。每刷新一行，计数器加 1，所以它可以顺序提供所有的行地址。因为每一行中各个基本存储电路的刷新是同时进行的，故不需要列地址，此时芯片内各基本存储电路的数据线为高阻状态，与外部数据总线完全隔离，所以尽管刷新进行的是读操作，但读出的数据不会被送到数据总线上。

下面以一种 DRAM 芯片 2164A 为例，来说明 DRAM 的外部特性及工作过程。

4. 2164A 存储芯片的引线及其功能

这里介绍一个动态随机存储器——Intel 2164A。Intel 2164A 芯片的存储容量为 64K×1 位，采用单管动态基本存储电路，每个单元只有一位数据，其内部结构如图 5-17 所示。

图 5-17　Intel 2164A 内部结构示意图

2164A 芯片的存储体本应构成一个 256×256 的存储矩阵，为提高工作速度（需减少行/

列线上的分布电容），将存储矩阵分为四个 128×128 矩阵，每个 128×128 矩阵配有 128 个读出放大器，各有一套 I/O 控制（读/写控制）电路。64KB 容量本需 16 位地址，但芯片引脚只有 8 根地址线，如图 5-18 所示。为了满足容量要求，地址线 $A_0 \sim A_7$ 需要分时复用。在行地址选通信号 $\overline{RAS}$ 的控制下先将 8 位行地址送入行地址锁存器，锁存器提供 8 位行地址 $RA_7 \sim RA_0$，译码后产生两组行选择线，每组 128 根。然后在列地址选通信号 $\overline{CAS}$ 的控制下将 8 位列地址送入列地址锁存器，锁存器提供 8 位列地址 $CA_7 \sim CA_0$，译码后产生两组列选择线，每组 128 根。行地址 RA_7 与列地址 CA_7 选择四个 128×128 矩阵之一。因此 16 位地址是分成两次送入芯片的，对于某一个地址码，只有一个 128×128 矩阵和它的 I/O 控制电路被选中。$A_0 \sim A_7$ 这八根地址线还用于在刷新时提供行地址，因为刷新是按行进行的。Intel 2164A 引脚如图 5-18 所示。

（1）读操作时序。Intel 2164A 在读操作过程中，要接收来自 CPU 的地址信号，经译码选中相应的存储单元后把其中保存的一位信息通过 D_{OUT} 数据输出引脚送至系统数据总线。

图 5-18　Intel 2164A 引脚与逻辑符号

Intel 2164A 的读操作时序如图 5-19 所示。从时序图中可以看出，读周期是由行地址选通信号 $\overline{RAS}$ 有效开始的，要求行地址要先于 $\overline{RAS}$ 信号有效，并且必须在 $\overline{RAS}$ 有效后再维持一段时间。同样，为了保证列地址的可靠锁存，列地址也应领先于列地址锁存信号 $\overline{CAS}$ 有效，且列地址也必须在 $\overline{CAS}$ 有效后再保持一段时间。

要从指定的单元中读取信息，必须在 $\overline{RAS}$ 有效后使 $\overline{CAS}$ 也有效。由于从 $\overline{RAS}$ 有效起到指定单元的信息读出送到数据总线上需要一定的时间，因此存储单元中信息读出的时间与 $\overline{CAS}$ 开始有效的时刻有关。

图 5-19　Intel 2164A 的读操作时序

存储单元中信息的读写取决于控制信号 $\overline{WE}$。为实现读出操作，要求 $\overline{WE}$ 控制信号无效，且必须在 $\overline{CAS}$ 有效前变为高电平。

（2）写操作时序。在 Intel 2164A 的写操作过程中，它同样通过地址总线接收 CPU 发来的行/列地址信号，选中相应的存储单元后，把 CPU 通过数据总线发来的数据信息保存到相应的存储单元中。Intel 2164A 的写操作时序如图 5-20 所示。

图 5-20　Intel 2164A 的写操作时序

2164A 的读/写操作由 $\overline{WE}$ 信号来控制。读操作时，$\overline{WE}$ 为高电平，选中单元的内容经三态输出缓冲器从 D_{OUT} 引脚输出；写操作时，$\overline{WE}$ 为低电平，D_{IN} 引脚上的信息经数据输入缓冲器写入选中单元。2164A 没有片选信号，实际上用行地址和列地址选通信号 $\overline{RAS}$ 和 $\overline{CAS}$ 作为片选信号，可见片选信号已分解为行选信号与列选信号两部分。

（3）读—修改—写操作时序。这种操作的性质类似于读操作与写操作的组合，但它并不是简单地由两个单独的读周期与写周期组合起来的，而是在 $\overline{RAS}$ 和 $\overline{CAS}$ 同时有效的情况下由 $\overline{WE}$ 信号控制的，先实现读出，待修改之后再实现写入。其操作时序如图 5-21 所示。

图 5-21　Intel 2164A 的读—修改—写操作时序

（4）刷新操作时序。Intel 2164A 内部有 4×128 个读出放大器，在进行刷新操作时，芯片只接收从地址总线上发来的行地址（其中 RA_7 不起作用），由 RA_6～RA_0 共七根行地址线在四个存储矩阵中各选中一行，共 4×128 个单元，分别将其中所保存的信息输出到 4×128 个读出

放大器中，经放大后再写回到原单元，即可实现 512 个单元的刷新操作。这样，经过 128 个
刷新周期就可完成整个存储体的刷新。其操作时序如图 5-22 所示。

图 5-22　Intel 2164A 中 $\overline{RAS}$ 有效刷新操作的时序

（5）系统中 DRAM 的连接。现在微型机系统中，大多采用 DRAM 芯片构成主存储器。
由于在使用中既要做到能够正确读写，又要能在规定的时间里对它进行刷新，因此，微型机
中对 DRAM 的连接和控制电路要比 SRAM 复杂得多。这里仅通过一个简化的电路示意图来
说明 DRAM 的使用。

图 5-23 所示的是 PC/XT 微型机的 DRAM 简化电路图。图中用虚线画的长立方体表示由
8 片 2164A DRAM 组成的 64KB 的存储器。LS158 是二选一的数据选择器，LS245 为驱动器。

当 CPU 读写存储器的某个单元时，首先由行列
锁存信号电路送出行地址锁存信号 $\overline{RAS}$，同时
ADDSEL=0，使 LS158 的 A 端口导通，CPU
将 8 位行地址信号通过地址总线的低 8 位
（$A_0 \sim A_7$）从 LS158 的 A 口加到存储器芯片上，
并在 $\overline{RAS}$ 作用下锁存于存储芯片内部的行地址
锁存器。60ns 后，ADDSEL = 1，使 LS158 的
B 端口导通，CPU 将 8 位列地址信号通过地址
总线的高 8 位（$A_8 \sim A_{15}$）从 LS158 的 B 口加到
存储芯片上，延迟 40ns 后由 $\overline{CAS}$ 将其锁存于
存储芯片内部的列地址锁存器。最后，在存储器
读/写信号 $\overline{MEMR}$ / $\overline{MEMW}$ 控制下实现数据的
读写。

图 5-23　DRAM 读写简单电路示意图

PC/XT 微型机中 DRAM 的刷新过程是利用
DMA 来实现的。首先由可编程定时器 8253 每隔 15.12μs 产生一个 DMA 请求；之后由 DMA
控制器 8237 在其 $\overline{DACK}_0$ 端产生一个低电平，使列地址锁存信号 $\overline{CAS}$ 为高电平，而行地址信
号 $\overline{RAS}$ 为低电平；最后，通过 DMA 控制器送出刷新的行地址，实现一次刷新。

下面通过例题来说明如何使用 DRAM 芯片构成所需的存储器系统。

【例 5.3】用动态 RAM 芯片 Intel 2116 组成一个 16K×8b 的存储器，其地址范围为 4000H～
7FFFH。画出连线图。

分析：单片 2116 芯片的容量为 16K×1b，共需要 8 片 2116 才能组成 16K×8b 的存储器。8 片 2116 上的 I/O 线（共 8 根）正好与 CPU 的 8 条数据总线 $D_7 \sim D_0$ 相连。每片 2116 芯片上共有 7 根地址输入线，分时传送 14 位地址信号。因此 CPU 在读或写存储器时，由 $IO/\overline{M}$ 信号经过行列选通信号发生器与其他控制信号一起产生相应的行地址选通信号 RAS、$\overline{RAS}$，列地址选通信号 CAS、$\overline{CAS}$ 和读/写控制信号 $\overline{WE}$，分别送到 2116 和地址多路转换器。$A_{15}=0$、$A_{14}=1$ 及 $IO/\overline{M}=0$ 时，利用 $\overline{RAS}$ 信号使动态 RAM 被选中。CPU 的地址总线 $A_{13} \sim A_0$ 上的行地址 $A_6 \sim A_0$ 和列地址 $A_{13} \sim A_7$ 分别在 RAS 和 CAS 的控制下，经地址多路转换器被分别送入 2116 芯片内部的行地址锁存器和列地址锁存器。经译码后选中被寻址的存储单元。

动态 RAM 存储芯片 2116 与 CPU 的连接线路如图 5-24 所示。

图 5-24   DRAM2116 与 CPU 的连接线路

5.2.4　存储器扩展技术

一个系统的存储系统容量取决于地址线的位数，一般都远远大于单片存储器芯片的容量。每一个存储器芯片的容量都是有限的，而且其字长有时也不能正好满足计算机系统对字长的要求。因此，微机系统的存储器总是由多个存储器芯片共同构成的。对存储芯片进行扩展与连接时要考虑两方面问题，一是如何用容量较小、字长较短的芯片组成满足系统容量要求的存储器；另一个是存储器如何与 CPU 连接。

存储器芯片的扩展包括位扩展、字扩展和字位扩展三种情况。

1．位扩展

位扩展是指存储器芯片的字（单元）数满足要求而位数不够，需对每个存储单元的位数进行扩展。

【例 5.4】 用 8K×1b 的 RAM 芯片通过扩展构成 8KB 的存储器系统。

分析：由于存储器的字数与存储器芯片的字数一致，都是 8K，即 2^{13}，所以需要 13 根地址线（$A_0 \sim A_{12}$）对各芯片内的存储单元寻址。而每个芯片只有一条数据线，要组成 8KB 的存储器系统则需要有 8 片 8K×1b 的芯片，将每片数据线分别接到数据总线（$D_0 \sim D_7$）的相应位，有

所需的芯片数=总容量/单个芯片容量=（8K×8b）/（8K×1b）=8

用 8K×1b 芯片组成 8K×8b 的存储器接线如图 5-25 所示。

在此连接方法中，每一条地址线有 8 个负载，每一条数据线有一个负载。在位扩展法中，所有芯片都应同时被选中，各芯片 CS 端可直接接地，也可并联在一起。根据地址范围的要求，与高位地址线译码产生的片选信号相连。这个例子中，若地址线 $A_0 \sim A_{12}$ 上的信号为全 0，即选中了存储器 0 号单元，该单元的 8 位信息是由各芯片 0 号单元的 1 位信息共同构成的。地址总线从该存储器系统中读或写一个字节的信息需要访问所有的存储器芯片，每片只访问 1b。

图 5-25 用 8K×1b 芯片组成 8K×8b 的存储器接线

可以看出，位扩展的连接方式是将芯片的地址线、片选 CS、读/写控制线相应并联，而数据线要分别引出。

前面的例 5.3 便使用了位扩展技术以构成所需的存储器系统。

2. 字扩展

字扩展用于存储芯片的位数满足要求而字数不够的情况，是对存储单元数量的扩展。

【例 5.5】 用 16K×8b 的芯片构成一个 64KB 的存储器系统。

分析：所给芯片与要求构成的存储器系统的字长相同，都是 8b，因此需要进行字扩展。要达到所要求的容量，需要增加芯片的数量来实现字节数的增加，即需要进行字的扩展，此时

$$所需芯片数 = （64K×8b）/（16K×8b）$$
$$= 4$$

接线如图 5-26 所示。

图 5-26 用 16K×8b 芯片组成 64K×8b 存储器的接线

图 5-26 中 4 个芯片的数据端与数据总线 $D_0 \sim D_7$ 相连，地址总线低位地址 $A_0 \sim A_{13}$ 与各芯片的 14 位地址线连接，用于进行片内寻址，为了区分 4 个芯片的地址范围，还需要两根高位地址线 A_{14}、A_{15} 经 2∶4 译码器译出 4 根片选信号线，分别和 4 个芯片的片选端相连。各芯片的地址范围见表 5-3。

表 5-3   图 5-26 中各芯片地址空间分配表

片号 地址	$A_{15}A_{14}$	$A_{13}A_{12}A_{11}\cdots A_1A_0$	说明
1	00 00	000$\cdots$00 111$\cdots$11	最低地址 最高地址
2	01 01	000$\cdots$00 111$\cdots$11	最低地址 最高地址

片号 地址	$A_{15}A_{14}$	$A_{13}A_{12}A_{11}\cdots A_1A_0$	说明
3	10 10	000…00 111…11	最低地址 最高地址
4	11 11	000…00 111…11	最低地址 最高地址

字扩展的连接方式是将芯片的地址线、数据线、读/写控制线并联,而由片选信号来区分各片地址。也就是说将低位地址线直接与各芯片地址线相连,以选择片内的某个单元;用高位地址线经译码器产生若干不同片选信号连接到各芯片的片选端,以确定各芯片在整个存储空间中所属的地址范围。

前面的例 5.1 和例 5.2 便使用了字扩展技术以构成所需的存储器系统。

3. 字位扩展

在实际应用中,往往会遇到字数和位数都需要扩展的情况。若使用 $l \times k$ 位存储器芯片构成一个容量为 $M \times N$ 位($M > l$,$N > k$)的存储器,那么这个存储器共需要(M/l)×(N/k)个存储器芯片。连接时可将这些芯片分成(M/l)个组,每组有(N/k)个芯片,组内采用位扩展法,组间采用字扩展法。

【例 5.6】 用 2114(1K×4b)RAM 芯片构成 4K×8b 的存储器系统。

分析:所给芯片 2114 的字长(4b)达不到系统字长 8b 的大小,因此需要进行位扩展。单片存储单元的容量(1K)也小于要求存储器系统的容量(4K),因此还需要进行字扩展。此时

$$所需芯片数=(4K \times 8b)/(1K \times 4b)=4 \times 2=8$$

字位扩展接线如图 5-27 所示。

图 5-27 字位扩展接线

图中将 8 片 2114 芯片分成了 4 组（RAM_1、RAM_2、RAM_3 和 RAM_4），每组两片。组内用两片 2114 通过位扩展法构成 1K×8b 的存储模块，4 个这样的存储模块用字扩展法连接便构成了 4K×8b 的存储器。用 A_0～A_9 10 根地址线对每组芯片进行片内寻址，同组芯片应被同时选中，故同组芯片的片选端应并联在一起。这里用 2:4 译码器对两根高位地址线 A_{10}～A_{11} 译码，产生 4 根片选信号线，分别与各组芯片的片选端相连。

5.2.5 存储器与系统的连线

存储器应用到系统中实际上就是如何将存储器与系统总线连接在一起。CPU 对存储器进行读/写操作，首先要由地址总线给出地址信号，选择要进行读/写操作的存储单元，然后通过控制总线发出相应的读/写控制信号，最后才能在数据总线上进行数据交换。因此存储器与系统的连线主要包括地址线、数据线、控制线。

在实际连线时，需要考虑以下几个问题。

（1）CPU 总线的负载能力。通常在设计 CPU 芯片时，考虑其输出线的直流负载能力为仅带一个 TTL 负载的情况。现在的存储器一般都为 MOS 电路，直流负载很小，主要的负载是电容负载，CPU 可以直接与存储器相连。但是，如果由 RAM 和 ROM 构成的主存储器直接挂在系统总线上，则会造成 CPU 的负载能力不能满足要求。为此，需要加入总线驱动器来提高 CPU 的总线驱动能力和负载能力。一般使用缓冲器来充当总线驱动器。

（2）CPU 的时序和存储器的存取速度之间的配合问题。CPU 在取指令和存储器在读/写操作时是有固定时序的，用户要根据这些来确定对存储器存取速度的要求，或在存储器已经确定的情况下，考虑是否需要增加 t_w 周期以及如何实现的问题。

（3）片选信号和存储器的地址分配问题。存储器的地址译码分为片选译码和片内译码。在执行读/写操作时，对存储单元的寻址分两步进行。首先通过片选信号选择芯片或芯片组，然后再对芯片内部或组内某个存储单元进行地址选择。通常片选信号是高位地址通过译码电路产生的。芯片内部单元寻址与芯片的结构有关，一般由低位地址进行，为芯片提供行地址和列地址。

（4）控制信号的连接。CPU 在与存储器交换信息时，通常有以下几个控制信号（对 8088/8086 来说）：$\overline{\text{IO/M}}$（或 IO/$\overline{\text{M}}$）、$\overline{\text{RD}}$、$\overline{\text{WR}}$ 以及 WAIT 信号。这些信号与存储器要求的控制信号相连以实现所需的控制功能。

5.3 只读存储器（ROM）

前面介绍了随机读写存储器（RAM），由于其断电后信息丢失的特点，所以在某些场合不适用，而只读存储器（ROM）的结构简单，集成度高，断电后信息不会丢失，是一种非易失性器件，可靠性比较高，因此一般用于存放一些固定的程序，如监控程序、BIOS 程序等。下面将分别讨论几种不同类型 ROM 的结构和工作原理。

5.3.1 掩膜式只读存储器（MROM）

掩膜式只读存储器（Mask ROM，即 MROM）的内容是由生产厂家按用户要求在芯片的生产过程中写入的，写入后其存储内容将不能修改。MROM 采用二次光刻掩膜工艺制成，首先要制作一个掩膜板，然后通过掩膜板曝光在硅片上刻出图形。制作掩膜板的工艺较复杂，生产周期长，因此生产第一片 MROM 的费用很大，而复制同样的 ROM 就很便宜了，所以适用于大批量生产，不适用于科学研究。MROM 有双极型、MOS 型等几种电路形式。其应用场合有家电等。厂家将程序写入 MROM 之后只能读出。用户使用的时候只要根据需要选择地址就可以调用这些程序了。

只读存储器的存储单元可以是二极管、晶体管及场效应晶体管。以场效应晶体管为例说明数据的存储情况。

图 5-28　MROM 示意图

图 5-28 所示是一个简单的 4×4 位 MOS 管 ROM，采用单译码结构，两位地址线 A_1、A_0 译码后可有四种状态，输出 4 条选择线，分别选中 4 个单元，每个单元有 4 位输出。在此矩阵中，行和列的交点处有的连有管子，表示存储"0"信息；有的没有管子，表示存储"1"信息。若地址线 $A_1A_0=00$，则选中 0 号单元，即字线 0（单元 0）为高电平，若有管子与其相连（如位线 D_2 和 D_0），其相应的 MOS 管导通，位线输出为 0，而位线 1 和 3 没有管子与字线相连，则输出为 1。因此，单元 0 输出为 1010。对于图中矩阵，各单元内容见表 5-4。

表 5-4　　　　　　　　　　　　　　　**MROM 的 内 容**

单元 ＼ 位	D_3	D_2	D_1	D_0
0	1	0	1	0
1	1	1	0	1
2	0	1	0	1
3	0	1	1	0

5.3.2　可编程只读存储器（PROM）

可编程只读存储器出厂时各单元内容全为 0，用户可用专门的 PROM 写入设备将信息写入，这种写入是破坏性的，对这种存储器只能进行一次编程。根据写入原理，PROM 可分为两类：结破坏型和熔丝型。如图 5-29 所示为熔丝型 PROM 的一个存储元示意图。

基本存储电路由 1 个晶体管和 1 根熔丝组成，可存储一位信息。出厂时，每根熔丝都与位线相连，存储的都是"0"信息。如果用户在使用前根据程序的需要，利用编程写入器对选中的基本存储电路通以 20～50mA 的电流将熔丝烧断，则该存储元将存储信息"1"。由于熔丝烧断后无法再接通，所以 PROM 只能一次编程，编程后不能再修改。

图 5-29　PROM 存储元示意图

写入时，按给定地址码后选通字线，根据要写入信息的不同在位线上加不同的电位，若 D_i 位要写"0"，则对应位线 D_i 悬空（或接较大电阻）而使流经被选中基本存储电路的电流很小，不足以烧断熔丝，该位仍保持"0"状态；若要写"1"，

则位线 D_i 加负电位（–2V），瞬间通过被选基本存储电路的电流很大，致使熔丝烧断，即改写为"1"。在正常只读状态工作时，加到字线上的是比较低的脉冲电位，但足以开通存储元中的晶体管。这样，被选中单元的信息就一并被读出了。存储信息为"0"，则对应位线有电流；存储信息为"1"，则对应位线无电流。在只读状态，工作电流将很小，不会造成熔丝烧断，即不会破坏原存信息。

5.3.3　可擦除、可再编程的只读存储器

PROM 虽然可供用户进行一次编程，但仍有局限性。为了便于研究，实验各种 ROM 程序方案，可擦除、可再编程 ROM 在实际应用中得到广泛应用。这种存储器利用编程器写入信息后，便可作为只读存储器来使用。

根据擦除芯片内信息的不同手段和方法，可擦除、可再编程 ROM 可分为两种类型：紫外光擦除 PROM（简称 EPROM）和电擦除 PROM（简称 EEPROM 或 E^2PROM）。

EPROM（Erasable Programmable Read-Only Memory）芯片可重复擦除和写入，解决了 PROM 只能写一次的弊端。EPROM 芯片在其正面的陶瓷封装上开有一个玻璃窗口，透过该窗口可以看到其内部的集成电路。

EPROM 的擦除是对整个芯片进行的，不能只擦除个别单元或个别位，擦除时间较长，且擦写均需离线操作，使用起来不方便。紫外线透过该孔照射一定的时间，可以将内部芯片内的数据擦除。擦除时，将芯片放入擦除器的小盒中，用紫外灯照射约 20min，若读出各单元内容均为 FFH，说明原信息已全部擦除，恢复到出厂状态。一片编程后的 EPROM 可以保持其数据大约 10～20 年，并能无限次读取。在写入资料后，要以不透光的贴纸或胶布把窗口封住，以免受到周围的紫外线照射而使资料受损。

近年来，能够在线电擦写的 EEPROM 芯片得到广泛应用。EEPROM（Electrically Erasable Programmable Read-Only Memory），又称为 E^2PROM。这种存储器在系统掉电后数据不丢失，用户可在计算机上或使用专用设备擦除已有信息，重新编程。与 EPROM 芯片不同，EEPROM 不需从计算机中取出即可修改，常用在接口卡中，用来存放硬件设置数据。EPROM 虽然已经实现了可以反复擦写，但当一位写错时，就需要将 EPROM 芯片中的所有信息全部擦除，再写入相关信息。这给使用带来了很大不便。而 EEPROM 可对以字节为单位的信息进行擦除和重写，这就极大地方便了使用。

1. EPROM 芯片

EPROM 芯片有多种型号，一般都是以 27 开头的。常用的有 2716（2K×8）、2732（4K×8）、2764（8K×8）、27128（16K×8）、27256（32K×8）等。下面以 2716 为例介绍其性能及工作方式。

（1）2716 的内部结构和外部引脚。2716 EPROM 芯片采用 NMOS 工艺制造，双列直插式 24 引脚封装。其引脚、逻辑符号及内部结构如图 5-30 所示。

图 5-30 中，A_0～A_{10} 为 11 条地址输入线。其中，7 条用于行译码，4 条用于列译码。O_0～O_7 为 8 位数据线。编程写入时是输入线，正常读出时是输出线。$\overline{OE}$ 为数据输出允许控制信号引脚，输入低电平有效，用以允许数据输出。$\overline{CE}$/PGM 为片选/编程控制信号。该引脚为双重功能控制线。作为片选信号 $\overline{CE}$ 时，低电平有效；当对芯片进行编程时，它为编程控制信号 PGM，用于引入编程脉冲。V_{PP} 为编程电源。在编程写入时，V_{PP}=+25V；正常读出时，

V_{PP}=+5V。V_{CC} 为工作电源，其为+5V。

图 5-30 Intel 2716 的引脚及内部结构

(a) 引脚；(b) 内部逻辑

（2）2716 的工作方式。2716 的工作方式见表 5-5。

表 5-5　　　　　　　　　　　　　　2716 的工作方式

方式 \ 引脚	$\overline{CE}$/PGM	$\overline{OE}$	V_{PP}	数据总线状态
读出方式	0	0	+5V	D_{OUT}（输出）
未选中方式	×	1	+5V	高阻
待机方式	1	×	+5V	高阻
编程方式	约 50ms 宽的正脉冲	1	+25V	D_{IN}（输入）
校验编程内容方式	0	0	+25V	D_{OUT}
禁止编程方式	0	1	+25V	高阻

1）读出方式。在 $\overline{OE}$=0 时，此方式可以将选中存储单元的内容读出。

2）未选中方式。当 $\overline{OE}$=1 时，不论 PGM 的状态如何，2716 均未被选中，数据线呈高阻抗。

3）待机（备用）方式。当 $\overline{CE}$/PGM=1 时，2716 处于待机方式。这种方式和未选中方式类似，但其功耗由 525mW 下降到 132mW，下降了 75%，所以又称为功率下降方式。这时数据线呈高阻抗。

4）编程方式。当 V_{PP}=+25V，在 $\overline{CE}$/PGM 端加上约 50ms 宽的正脉冲时，可以将数据线上的信息写入指定的地址单元。数据线为输入状态。

在这里特别指出，根据芯片的制作工艺和内部构造的不同，对 EPROM 芯片的编程可以采用不同宽度的编程脉冲，一般分为如下两种。

一种是标准编程。对双极型电路小容量芯片，如 2716、2764 等，采用标准的 50ms 脉冲宽度，即采用标准编程。标准编程方式就是每给出一个编程负脉冲就写入一个字节的数据。针对本芯片，编程方式即以上给出的方式。早期的 EPROM 采用的都是标准编程方式。这种方法有两个严重的缺点：一是编程脉冲太宽（50ms），使得编程时间过长，容量大的 EPROM，其编程时间长得令人难以接受，如 64KB 的 EPROM，编程时间将近 1h；二是不安全，脉冲太宽会使得芯片功耗过大而损坏 EPROM。

另一种是快速编程方式。快速编程方式与标准编程的工作过程一样，只是编程脉冲要窄得多。比如，MOS 型芯片 27C40 的编程脉冲宽度仅为 100μs。它的过程是这样的，先用 100μs 的编程脉冲依次写完所有要编程的单元，然后再从头校验每个所写入的字节。若不正确，则重新写入此单元。写完后再校验，直至写入正确。若连续 10 次仍不能正确写入，则认为芯片已损坏。最后再从头到尾对每一个编程单元校验一遍，全部正确，则编程完成。

还有一种在此基础上提出的优化快速编程。根据不同的型号芯片，选择可用的编程电压编程单元的第一个编程脉冲为 25μs。如果校验通过，则编第二个地址数，若不能通过时，第二个编程脉冲改为 50μs，如再次校验仍未通过时，则再次加宽编程脉冲为 100μs，以此类推。最终经过 12 次加倍后，编程脉冲宽度达到 62.4ms，最后一次编程失败时，则认为此器件永久失效，不可再用。

5）校验编程内容方式。此方式与读出方式基本相同，只是 V_{PP}=+25V。在编程后，可将 2716 中的信息读出，与写入的内容进行比较，以验证写入内容是否正确。数据线为输入状态。

6）禁止编程方式。此方式禁止将数据总线上的信息写入 2716。

另外，EPROM 芯片允许擦除的次数超过上万次。一块新的芯片或擦除过的芯片，其存储单元的内容都是 FFH。对使用过的 EPROM 进行编程需要先将芯片放到专门的擦除器上进行擦除操作。擦除器利用紫外线光照射芯片的窗口，一般经过 15～20min 就可以擦除干净。

当 2716 需要写入信息时，通过专用 EPROM 的编程器对存储器芯片进行编程，且芯片要与电路隔离，在编程器上进行操作。

（3）只读存储器与系统的连接。EPROM2716 芯片在与系统的连接应用上基本用与 RAM 芯片相同的方法来设计电路，稍有不同。由于编程脉冲输入端 PGM 和 $\overline{CE}$ 是同一个引脚，2716 在只读操作下只需要提供有效的 $\overline{CE}$ 信号就可以。编程电压 V_{PP} 端都接在+5V 电源 V_{CC} 上。图 5-31 是 2716 芯片与 8088 总线的连接图。图 5-31 中 2716 芯片的地址范围为 71800H～71FFFH。

内存储器一般由 EPROM 和 RAM 组成。

【例 5.7】 一个 8088 系统，其内存地址空间分配为 0000H～1FFFH 的 8KB 为 EPROM；2000H～2FFFH 的 4KB 为静态 RAM；3000H～3FFFH 的 4KB 为待扩存储空间。要求 EPROM 用 Intel 2716，RAM 用 Intel 2114，用 74LS138 译码器作片选控制。试画出其连接图。

分析：EPROM 2716 的容量为 2K×8b，按照容量要求，需要 4 片进行字扩展。其 8 条数据线与 CPU 的数据总线 D_7～D_0 相连。11 位地址线（A_{10}～A_0）与 CPU 的低 11 位（A_{10}～A_0）

图 5-31　EPROM 2716 与 8088 系统的连接图

相连，SRAM2114 芯片是 1K×4b，要用此芯片构成 4K×8b 的存储器需要字位同时扩展，共需要 8 片芯片。其中，每两片组成一组进行位扩展。

根据表 5-6 给出的地址范围，可以确定其中地址线的分配及连接情况，如图 5-32 所示，具体情况可以根据地址分配表自行分析。

表 5-6   EPROM 和 RAM 芯片组地址范围

芯片	$A_{15}A_{14}$	$A_{13}A_{12}A_{11}$	A_{10}	$A_{15}\sim A_0$		地址范围
				最低地址	最高地址	
2716 I	0 0	0 0 0	0/1	0000000000	1111111111	0000H~07FFH
2716 II	0 0	0 0 1	0/1	0000000000	1111111111	0800H~0FFFH
2716III	0 0	0 1 0	0/1	0000000000	1111111111	1000H~17FFH
2716IV	0 0	0 1 1	0/1	0000000000	1111111111	1800H~1FFFH
2114 I	0 0	1 0 0	0	0000000000	1111111111	2000H~23FFH
2114 II	0 0	1 0 0	1	0000000000	1111111111	2400H~27FFH
2114III	0 0	1 0 1	0	0000000000	1111111111	2800H~2BFFH
2114IV	0 0	1 0 1	1	0000000000	1111111111	2C00H~2FFFH

图 5-32   8088 系统扩展 ROM 和 RAM 连线图

2. EEPROM 芯片

由于 EEPROM 芯片的特性，EEPROM 的使用场合非常多。这里介绍一个 Intel 28 系列 EEPROM 芯片。

（1）2816 芯片引线。Intel 2816 是 2K×8b 的 EEPROM 芯片，有 24 条引脚，单一+5 V 电源。引脚配置如图 5-33 所示。

$A_0 \sim A_{10}$ 为地址线，用于选择片内的 2K 个存储单元。

$I/O_0 \sim I/O_7$ 为 8 条数据线，作为数据的输入/输出通道。

$\overline{CE}$ 为片选信号。低电平有效。$\overline{CE} = 0$ 时，选中该芯片。

$\overline{OE}$ 为输出允许信号。

$\overline{WE}$ 为写允许信号。

当 $\overline{CE} = 0$，$\overline{OE} = 0$，$\overline{WE} = 1$ 时，可将选中地址单元中的数据读出。

当 $\overline{CE} = 0$，$\overline{OE} = 1$，$\overline{WE} = 0$ 时，可将数据总线上的数据写入指定的存储单元。

（2）2816 的工作方式。2816 有 6 种工作方式，2816 的工作方式见表 5-7。

图 5-33　Intel 2816 的引脚

1）读出方式。当 $\overline{CE} = 0$，$\overline{OE} = 0$，并且 V_{PP} 端加+4～+6V 电压时，2816 处于正常的读出工作方式，此时数据线为输出状态。

2）待机（备用）方式。当 $\overline{CE} = 1$，$\overline{OE}$ 为任意状态，且 V_{PP} 端加+4～+6V 电压时，2816 处于待机状态。与 2716 芯片一样，待机状态下芯片的功耗将下降。

3）字节擦除方式。当 $\overline{CE} = 0$，$\overline{OE} = 1$，数据线（$I/O_0 \sim I/O_7$）都加高电平且 V_{PP} 加幅度为+2l V、宽度为 9～15ms 的脉冲时，处于以字节为单位的擦除方式。

4）整片擦除方式。当 $\overline{CE} = 0$，数据线（$I/O_0 \sim I/O_7$）都为高电平，$\overline{OE}$ 端加+9～+15V 电压及 V_{PP} 加幅度为 21V、宽度为 9～15ms 的脉冲时，约经 10ms 可擦除整片内容。

5）字节写入方式。当 $\overline{CE} = 0$，$\overline{OE} = 1$，V_{PP} 加幅度为+21V、宽度为 9～15ms 的脉冲时，来自数据线（$I/O_0 \sim I/O_7$）的数据字节可写入 2816 的存储单元中。可见，字节写入和字节擦除方式实际上是同一种操作，只是在字节擦除方式中，写入的信息为 FFH 而已。

有些 EEPROM 芯片在写入数据时可以采取整页写入的方式。整页写入方式，即自动写入一页信息。在写入时，地址信息中包括所写入页的编号和页内的内存单元寻址，要求被写入的内存单元是连续的。2816 不具有这个功能。

6）擦写禁止方式。当 $\overline{CE} = 1$，V_{PP} 为+4～+22V 时，不管 $\overline{OE}$ 是高电平还是低电平，2816 都进入禁止状态，其数据线（$I/O_0 \sim I/O_7$）呈高阻态，内部存储单元与外界隔离。特别要注意的是，在单字节改写前，必须先进行单字节擦除，不能直接将改写的数据送入未经擦除的字节单元中。

表 5-7　2816 的工作方式

方式 ＼ 引脚	$\overline{CE}$	$\overline{OE}$	V_{PP}（V）	数据线状态
读出方式	低	低	+4～+6	输出
待机（备用）方式	高	×	+4～+6	高阻
字节擦除方式	低	高	+21	输入为高电平
字节写入方式	低	高	+21	输入
整片擦除方式	低	+9～+15V	+21	输入为高电平
擦写禁止方式	高	×	+4～+22	高阻

5.3.4 闪存（**Flash Memory**）

闪存，也叫快擦型存储器，它是不用电池供电的、高速耐用的非易失性半导体存储器，它以性能好、功耗低、体积小、质量轻等特点活跃于便携机存储器市场，但价格较贵。

闪存具有 EEPROM 的特点，又可在计算机内进行擦除和编程，它的读取时间与 DRAM 相似，而写时间与磁盘驱动器相当。闪存有 5V 或 12V 两种供电方式。对于便携机来讲，用 5V 电源更为合适。闪存操作简便，编程、擦除、校验等工作均已编成程序，可由配有闪存系统的中央处理机予以控制。

闪存可替代 EEPROM，在某些应用场合还可取代 SRAM，尤其是对于需要配备电池后援的 SRAM 系统，使用闪存后可省去电池。闪存的非易失性和快速读取的特点能满足固态盘驱动器的要求，同时可替代便携机中的 ROM，以便随时写入最新版本的操作系统。闪存还可应用于激光打印机、条形码阅读器、各种仪器设备及计算机的外部设备中。典型的芯片有 27F256/28F016/28F020 等。

5.4 存储器的分级体系

对于半导体存储器器件而言，低价格、大容量、高速度是一组永恒的矛盾，用单一工艺制造的半导体存储器难以同时满足上述三方面的要求。因此在一个系统中，存储器系统通常由多种存储器有机组合在一起，扬长避短，构成多层次的存储系统。

5.4.1 存储器的分级结构

所谓多级存储体系就是把几种不同容量、不同速度的存储器合理地组织在一起，使之能较好地同时满足大容量、高速度、低价格的要求。实现的技术难度也有相应的增加。

图 5-34 所示是存储器系统的层次结构示意图。该系统由高速缓存、主存、辅存 3 类存储器组成。3 类存储器构成了两个层次的存储系统。

图 5-34 存储器系统的层次结构

1. 高速缓存—主存层次

在这个层次主要解决存储器系统的访问速度问题。

高速缓存，即 Cache，由静态 RAM（SRAM）构成，速度可与 CPU 速度相匹配，容量很小，可存放一小段时间内 CPU 要用到的指令和数据，供 CPU 高速访问，CPU 在这一小段时间内可以不必与主存交换信息而直接访问 Cache，从而提高了指令的执行速度。CPU 访问内存储器，同时将地址码送到 Cache 和主存。若在 Cache 中找到所需的内容，则访问"命中"，信息在 Cache 中存取，否则访问"失败"，CPU 将所需信息页从主存装入 Cache 并进行数据存取。Cache 访问的命中率随应用程序而异，高的达到 90%左右。从系统的角度看，高速缓存—主存层次的速度接近于 Cache，而容量则是主存的容量，忽略 Cache 的容量。

主存一般由大容量的动态存储器组成，它的单位成本低于 Cache，速度相对较慢。Cache 和主存构成计算机的内存储器。Cache 与主存之间以页为单位进行读/写操作。

处理器需要读取指令或数据时将主存中该指令或数据所在的页整体同时读入 Cache。当处理器需要再次读入该页内的指令和数据时，可以从 Cache 内快速读取，从而加快程序的执行速度。由于程序具有局部性的特征，在一个短的时间段内，程序和数据集中在一个小的存储区域内，因此使用 Cache 可以有效地提高系统性能。

可见，存储器系统的速度以 Cache 的速度来衡量。

2. 主存—辅存层次

这个层次主要解决存储系统的容量问题。

辅助存储器由大容量的磁表面存储器或光存储器构成，它的显著特征是具有很低的位存储价格。辅助存储器上存储着大量的程序和数据，在大部分时间里，它们处于静止状态，也就是说没有被使用。处理器仅把目前使用的程序和数据装入主存。辅存和主存之间以页为单位进行读/写交换。

可见，存储器系统的容量以辅助存储器容量的大小来衡量。

以上两个层次的组合本质上来说充分利用了 Cache 的高速度及辅助存储器的大容量和低成本，使存储器系统较好地解决容量—速度—价格之间的矛盾。主存则用来弥补辅存不能随机存取以及辅存与 Cache 速度差异过大的不足。

5.4.2 高速缓存系统

1. Cache 的工作原理

计算机系统均设置有一级高速缓存（L1 Cache）和二级高速缓存（L2 Cache）。一级高速缓存直接嵌入 CPU 芯片内部，又称为内部高速缓存（Internal Cache），其速度极快，但容量很小，一般为 8～64KB。在 CPU 外部，位于主板上的高速缓存称为二级高速缓存，又叫作外部高速缓存（External Cache）。L2 Cache 可以人为升级，其容量从 256KB 到几兆字节不等。随着硬件技术的发展，很多 CPU 的制造商把二级高速缓存内置于 CPU 芯片内部，第一个采用 L2 高速缓存的是 Pentium Pro 处理器，现在基本所有品牌的 CPU 都将其内核与二级缓存一起封装在一个金属盒内。一般情况下，二级缓存的速度仅次于一级缓存。现在无论哪一款 CPU，其内部的二级缓存都以与 CPU 同速的速度在高速运行。除了速度以外，L2 高速缓存的容量也会影响 CPU 的性能，原则是越大越好，现在家庭用或办公用计算机 CPU 的 L2 高速缓容量通常是 512KB，而服务器和工作站用 CPU 的 L2 高速缓存更高达 1～3MB。

在系统配置中，片外主板上也可以配置三级缓存。而 IA-64 架构的 Itanium 2（安腾 2）等芯片则把一、二、三级缓存都集成到微处理器芯片内。

Cache 使 CPU 访问内存的速度大大加快。读取数据时，CPU 首先在一级缓存中寻找数据，如果找不到，则在二级缓存中寻找；若数据在二级缓存中，在传输数据的同时，装入并修改一级缓存的相关内容；若数据既不在一级缓存也不在二级缓存中，则从内存中读取数据并修改两级缓存。

访问存储器时，CPU 输出访问主存的地址，经地址总线送到 Cache 的主存地址寄存器，Cache—主存地址转换机构从主存地址寄存器中获得地址并判断该单元的内容是否已经在 Cache 中存储。如果在，则命中，立即把访问地址转换成其在 Cache 中的地址，随即访问 Cache 存储器。如果被访问的单元内容不在 Cache 中，则未命中，CPU 直接访问主存，并将包含该单元的一个存储页的内容及该页的地址信息装入 Cache 中；若 Cache 已满，则在替换控制部件的控制下，按照某种置换算法将从主存中读取到的信息页替换 Cache 中原来的某页信息。

由程序访问的局部性原理可知，CPU 访问的内容在多数情况下已经复制于 Cache 中，

64KB Cache 可以缓冲 4MB 的主存，命中率一般在 90% 以上，因此 CPU 的读/写操作主要在 CPU 与 Cache 之间进行。

2. Cache 的基本操作

当 CPU 需要访问存储器时，在 CPU—Cache 之间按行传输，Cache—主存之间按页（又称块）传输；行或页的大小因计算机系统而异，一般为连续的 256b，即 32B；页的大小与 Cache—主存之间的地址映射方式相关，通常为 256b 的整数倍。

Cache 和其他存储器一样，有读和写两种基本操作。

（1）读操作。CPU 将主存地址同时送往主存和 Cache，启动存储器读，如果命中 Cache，则从 Cache 中读出数据到数据总线，并立即进行下一次访问操作；如果未命中 Cache，CPU 就从主存中读出数据，同时 Cache 替换部件把被读单元所在的存储块从主存复制到 Cache 中。

（2）写操作。相对于读操作，写操作有很大差异，需要对被写单元设置新值。因此，当对 Cache 的写操作命中时，如何确保它与相对应的主存单元内容之间的一致性是个至关重要的问题。通常有 3 种 Cache 写入方法。

1）通写（Write-through），即每次写入 Cache 时，同时也写入主存，使主存与 Cache 对应单元的内容始终保持一致。这种方法比较简单，能保持主存与 Cache 副本的一致性，可随时修改 Cache 中的内容，不会造成数据丢失；缺点是每次写入 Cache 都要插入慢速的访问主存操作，影响工作速度。

2）改进通写（Improve Write-through）。如果对 Cache 写入的后面紧接着进行的是读操作，那么在主存写入完成前即让 CPU 开始下一个操作，这样就不至于浪费太多的时间；如果前、后两个操作都是对 Cache 写，或者虽然是读，但对 Cache 的寻址没有命中，则需要先将主存中的信息进行更新，仍需在 CPU 写主存时插入等待周期。这种方法与前一种通写法相比，有利于改善系统的性能。

3）回写（Write-back）。该方法不是每次写入 Cache 后就立即向主存写入，只是在相应内容被替换出 Cache 时才考虑向主存回写。如果 Cache 行数据在它存在期间发生过对它的写操作，那么在该行被覆盖（替换出 Cache）前必须将其内容回写到对应的主存位置中；如果该行内容没有被改写，则其内容可以直接被淘汰，无须回写。这种方法的速度比通写法快，被普遍采用，但结构复杂，在回写前 Cache 副本与主存的对应内容不一致。

多核处理器也存在这样的问题。例如，在多核处理器系统中，其内存中有一个数据 x，它的值为 3，被缓存到 Core 0 和 Core 1 中，不过 Core 0 将 x 改为 5，如果 Core 1 不知道 x 已经被修改了，还在使用旧值，就会导致程序出错，这就是 Cache 的不一致。为了保证 Cache 的一致性，处理器提供了两个保证 Cache 一致性的底层操作：Write invalidate 和 Write update。

①Write invalidate（置无效）。当一个内核修改了一份数据时，其他内核上如果有这份数据的复制，就置成无效（invalid）。例如，假设一个三核的处理器，每个内核都有自己私有的 Cache，该系统中的每个内核 Core 都使用了内存中的变量 x，Core 0 将它私有 Cache 中的变量 x 修改为 5，其他 Core 将自己对应的 Cache Line 置成无效（invalid）。

②Write update（写更新）。当一个内核修改了一份数据时，其他地方如果有这份数据的复制，就都更新到最新值。

Write invalidate 和 Write update 比较：Write invalidate 是一种很简单的方式，不需要更新数据，如果 Core 1 和 Core 2 以后不再使用变量 x，这时候采用 Write invalidate 就非常有效。

不过由于一个 Valid 标志对应一个 Cache Line，将 Valid 标志置成 invalid 后，这个 Cache Line 中其他本来有效的数据也不能被使用了。Write update 策略会产生大量的数据更新操作，不过只用更新修改的数据，如果 Core 1 和 Core 2 会使用变量 x，那么 Write update 就比较有效。由于 Write invalidate 简单，大多数处理器都使用 Write invalidate 策略。

3. 地址映射

为了保证 Cache 读/写操作的正确、有效，必须在 Cache 中的存储块与主存中的存储块之间建立起对应关系。按某种函数关系把主存单元地址映射到 Cache 中并进行定位，称为地址映射。在程序运行中，把主存地址变换为 Cache 地址，或者相反地将 Cache 地址变换为主存地址，这个过程称为地址变换。地址映射有直接映射、全相联映射和组相联映射 3 种。

（1）直接映射。直接映射法规定：主存中的一页只能进入与它页号相同的 Cache 页中。

每个主存地址映射到 Cache 中一个指定地址的方式称为直接映射（Direct Mapped）。Cache 空间小，地址位数少，页数也少；主存空间大，地址位数多，页数也多。直接映射是将主存中的页号（页地址）对 Cache 中的页数（页的总数）取模，得到其在 Cache 中的页号。这相当于将主存的空间按 Cache 的大小分区，每个区内相同的页号映射到 Cache 中的同一页号。

直接映射最简单，页调入 Cache 时不涉及替换策略问题，地址变换速度快。但直接映射方式页冲突概率高，当程序反复访问相互冲突的页中数据时，Cache 命中率急剧下降，Cache 中有空闲页也无法利用。

（2）全相联映射。主存中的每个页可映射到 Cache 中任意一个页的位置上，称为全相联映射（Full Association）。全相联映射具有相当高的 Cache 命中率，只有在 Cache 中的页全部装满后才会出现页冲突，页冲突的概率低，Cache 利用率高。

全相联映射访问页中的数据时，页地址要与 Cache 页表中的所有地址标记进行比较以确定命中与否，查找的速度慢；数据页调入时存在复杂的替换策略问题（数据页调入 Cache 中的什么位置、Cache 满时将哪一页调出送回主存等），所有的比较与替换策略要用硬件实现以体现 Cache 的高速度，控制复杂，实现起来也较困难。

（3）组相联映射。组相联映射将 Cache 和主存各自分为若干组，各组之间采用直接映射，组内各页之间采用全相联映射，主存中的某一存储页可调入 Cache 中一个对应组内的任意页中，它是全相联映射和直接映射的一个折中，组数为 1 时就成了直接映射，分组数和页数相等时就成了全相联映射。

80486 一级 8KB Cache 采用两组相联映射法，使其内存性能大大优于 80386；而 Pentium Pro 以后对 256KB～1MB 的二级 Cache 采用 4 组相联映射法，其内存性能更佳。

4. 替换规则

在对存储器进行读/写操作的过程中，当需要从主存复制新页到 Cache 时，若 Cache 已满，就必须在控制部件的控制下用新页替换 Cache 中的旧页。替换按一定的规则进行，这些规则称为替换策略或替换方法。替换规则应尽量使被替换下的页在下一时间段内最少用到。常用的替换规则有以下两种。

（1）先进先出（FIFO）规则。FIFO 规则总是把最先调进 Cache 的页替换出去。FIFO 容易实现，无须随时记录各个数据块的使用情况。这种方法实现起来简单，但不够合理，因为最早进入的页仍然可能是现在频繁使用的页，这是 FIFO 规则的缺点。

（2）近期最少使用（LRU）规则。LRU（Least Recently Used）规则是将 Cache 中近期使用最少的信息块替换出去，需要随时记录 Cache 中各个块的使用情况，以确定哪个块是近期使用最少的块。LRU 的命中率比 FIFO 高；加大分组容量能提高 LRU 规则的命中率。这种算法比较合理，但是实现起来稍微复杂一些。

5. 突发总线周期（Brust Bus Cycle）

主存和 Cache 之间以页为单位进行信息交换，这意味着每次传送都是对连续的若干字节进行的。为了缩短传输时间，新型主存器件都支持突发总线传输方式。

所谓突发总线传输就是向主存储器发送起始地址之后连续传送多个字的数据。以 Pentium 为例，它的 Cache 每页为 64b，与主存之间可以同时传输 64b 也就是 8B 的信息。主存页调入 Cache 时，管理逻辑向主存发出该页的起始地址，同时发出突发总线请求信号。主存在收到上述信号并适当延时之后在连续的多个周期内每次发送 8B（64b）信息，最终把一页内容写入 Cache 中。

使用突发总线传输方式减少了发送地址信号和重复启动读/写的时间，可以获得很高的数据传输速率。

思 考 与 练 习

5-1 什么是 RAM 和 ROM？它们的主要区别和特点是什么？

5-2 简要分析微型计算机存储器系统的组成。

5-3 利用全地址译码将6264芯片接到8088系统总线上，使其所占地址范围为：32000H～33FFFH。

5-4 什么是字扩展？什么是位扩展？什么是字位扩展？它们各自有什么特点？

5-5 假设某微型计算机 RAM 区的容量为 128KB，若用 2164 芯片构成这样的存储器，需要多少片 2164 芯片？至少需多少根地址线？其中多少根用于片内寻址？多少根用于片选译码？

5-6 存储器与系统进行连接时，需要注意哪些问题？

5-7 分析 SRAM 与 DRAM 各自的特点和区别是什么？为什么 DRAM 需要定时刷新？

5-8 已知有 SRAM 芯片 62256（32K×8b）及 EPROM 芯片（32K×8b），用两芯片构成 8088 最小系统内存的一部分，其中 SRAM 所占的地址范围为 40000H～47FFFH，EPROM 所占的地址范围为 F8000H～FFFFFH，分析其原理。

5-9 什么是多层次存储结构？有什么作用？

5-10 什么是 Cache？它能够极大地提高计算机的处理能力是基于什么原理？

第6章 输入输出接口与总线

　　微型计算机的构成除了 CPU 和存储器外还包括输入设备和输出设备，合称外部设备，简称外设。微型计算机通过外部设备与外界进行数据交换。为了解决微型计算机与种类繁多的外设之间的信息交换，各种外设都通过相应的接口（Interface）电路与主机系统相连。CPU 对各种外部设备的电路连接及管理驱动程序就是输入/输出接口技术。

　　本章介绍微机接口技术的基本概念、接口的功能和基本接口、I/O 端口及其编址方式、地址译码技术和 CPU 与外设之间的数据传送方式。

6.1　接　口　概　述

　　所谓接口，就是微处理器与外部设备连接的部件，是 CPU 与外部设备进行信息交换的中转站。例如，源程序或原始数据要通过接口从输入设备送到微机中，而运算结果要通过接口送出去。控制指令要通过接口发出去，现场状态要通过接口取进来。这些来往信息都通过接口进行交换与传递。

　　接口技术就是采用硬件与软件相结合的方法，使微处理器与外部设备进行最佳的匹配，实现 CPU 与外部设备之间高效、可靠的信息交换。接口技术是工业实时控制、数据采集中非常重要的微机应用技术。例如在工业控制系统中，I/O 接口电路通过 A/D 转换器或 D/A 转换器与各种工业检测和控制仪表相连，进而控制工业现场。

　　CPU 与外设之间设置接口电路的原因是：两者的信号线不兼容，在信号线功能定义、逻辑定义和时序关系上不一致；两者的工作速度不兼容，CPU 速度高，外设速度低；若不通过接口，而由 CPU 直接对外设的操作实施控制，就会大大降低 CPU 的效率；若外部设备直接由 CPU 控制，也会使外设的硬件结构依赖于 CPU，对外设本身的发展不利。设置接口电路，可以使 CPU 与外设之间协调一致地工作，提高 CPU 的工作效率，并有利于外设自身的发展。

6.1.1　I/O 接口中的信息

　　CPU 与外设之间可以通过 I/O 接口传递三种信息：数据信息、状态信息和控制信息。

1. 数据信息

　　数据信息是 I/O 接口传递的主要内容，如键盘、鼠标、扫描仪等输入设备传送到计算机内部的信息，及由计算机内部传送到打印机、显示器等输出设备的信息。

　　数据信息大致可分为三种类型：数字量、模拟量和开关量。数字量是用二进制形式表述的数据、图形、文字等信息；模拟量是连续变化的物理量，需要经过模/数转换器变换成数字量，交给计算机处理；用一位二进制位表示的两种状态称为开关量，如开关的通/断、电机的启/停等。

2. 状态信息

　　状态信息反映了外设当前所处的工作状态，是外设发送给 CPU 的，用来协调 CPU 与外设之间的操作。对于输入设备来说，通常用准备好（READY）信号来表示输入数据是否准备就绪；对于输出设备来说，通常用忙（BUSY）信号表示输出设备是否处于空闲状态，若为空闲，则可接收 CPU 送来的信息，否则 CPU 等待。

3．控制信息

控制信息是 CPU 发送给外设的，以控制外设的工作。如对外设的初始化，外设的启动和停止等控制信息。

6.1.2　I/O 接口的结构

每个 I/O 接口内部一般由 3 类寄存器组成，CPU 与外设进行数据传输时，各类信息在接口中进入不同的寄存器，一般称这些寄存器为 I/O 端口。每一个端口均有各自的编号，即端口地址。有时为了节省 I/O 端口地址的使用或简化译码电路的设计，可以使一个输入端口与一个输出端口共用一个端口地址。

一个外设或接口电路往往有多个端口地址，CPU 寻址的是端口，而不是笼统的外设。一个 I/O 接口一般都由数据端口、状态端口及控制端口组成。I/O 接口的结构如图 6-1 所示。

图 6-1　I/O 接口的结构

（1）数据端口。数据端口是数据信息输入/输出的端口。该端口的数据传送方向是双向的，CPU 通过端口将外部数据信息取进来，将 CPU 处理过的数据再通过数据端口送出去。

（2）状态端口。CPU 通过状态端口将外设的状态信息读入 CPU。状态端口的数据传送方向是单向的。

（3）控制端口。CPU 通过控制端口发出控制命令以控制外设的动作。控制端口信息的传送方向是单向的。

6.1.3　I/O 接口的功能

由于外部设备的多样性、复杂性，I/O 接口电路的基本功能可包括以下几个方面。

（1）数据缓冲与锁存功能。为了解决 CPU 高速与外设低速之间的矛盾，接口中一般都设置数据寄存器或锁存器，用于避免 CPU 和外设速度不一致而丢失数据信息或状态信息。

（2）端口选择功能。微机系统中常有多个外设，而 CPU 在任一时刻只能与一个端口交换信息，因此需要通过接口的地址译码电路对端口进行寻址。一般来说，通过高位地址产生外设的片选信号，低位地址作为芯片内部寄存器或锁存器寻址，以选定所需的端口，只有被选中的端口才能与 CPU 交换信息。

（3）接收和执行 CPU 命令的功能。接口电路具有接收和执行 CPU 命令的功能，以便CPU 向 I/O 设备发出控制命令。

（4）信号转换功能。外设所提供的数据、状态和控制信号可能与微机的总线信号不兼容，所以接口电路应进行相应的信号转换。信号转换包括 CPU 信号与外设信号间的逻辑关系、时序匹配和电平转换等。

（5）数据宽度变换功能。CPU 能直接处理并行数据（8、16 位甚至更宽），而有的外设只能处理串行数据，在这种情况下，接口就需要具有"并→串"和"串→并"的功能。

（6）中断管理功能。当外设需要及时得到 CPU 的服务，特别是出现故障需要 CPU 立即处理时，就要求接口中设置中断控制器，以便于 CPU 处理有关中断事务。这样不仅使微机系统具有处理突发事件的能力，而且可以使 CPU 与外设并行工作，提高 CPU 的利用率。

6.1.4　I/O 端口的编址方式

CPU 与内部存储器或 I/O 端口交换信息时，是通过地址总线访问内存单元或 I/O 端口来实现的，如何实现对内存单元或 I/O 端口的访问取决于这些内存单元或 I/O 端口的编址方式。微型计算机常用两种 I/O 端口的寻址方式：I/O 端口与内存统一编址和 I/O 端口独立编址方式。

1.　统一编址方式

I/O 端口与内存统一编址，即 I/O 端口的地址和内存地址在同一个地址空间内。每个 I/O 端口被看作一个内存单元，纳入统一的存储器地址空间，可用访问存储器的方法来访问 I/O 端口。

这种方式的主要优点是无须专用的 I/O 指令及接口信号，CPU 对存储器数据的处理指令非常丰富，可全部用于 I/O 操作。缺点是端口占用了存储器的地址空间，使存储器容量减少。

2.　独立编址方式

I/O 端口有独立的地址空间，即 I/O 端口的地址和内存地址不在同一个地址空间内。CPU 使用专门的 I/O 指令及 I/O 控制信号来访问 I/O 端口。其特点是 I/O 端口和存储器分别编址，各自都有完整的地址空间，而且由于有专用的 I/O 指令，在程序清单中对 I/O 端口的访问和对存储器的访问一目了然。

以上两种 I/O 端口的寻址方式，其优缺点正好互补，微型计算机中都有所使用。如 Intel 公司 80x86 系列微处理器使用的是 I/O 端口独立编址方式，而 80C51 系列单片机使用的则是 I/O 端口统一编址方式。

6.2　CPU 与外设之间的数据传输方式

在微机控制外设工作期间，最基本的操作是数据传输。但各种外设的工作速度相差很大，如何解决 CPU 与各种外设之间的速度匹配，以确保数据传输过程的正确和高效是很重要的问题。CPU 与外设之间的数据传输方式一般有三种：程序控制方式、中断方式和 DMA 方式。

6.2.1　程序控制方式

程序控制方式是指 CPU 与外设之间的数据传输过程是在程序的控制下完成的，它又可以分成无条件传输方式和查询传输方式。

1.　无条件传输方式

无条件传输方式是指传输数据过程中，发送/接收数据一方不查询判断对方的状态，进行无条件的数据传输。这种传输方式程序设计简单，一般用于能够确信外设已经准备就绪的场合。如读取开关的状态，LED 的显示等。

【例 6.1】 不断扫描开关 K_i，当开关闭合时，点亮相应的 LED_i，当地址为 100H 时，$\overline{Y}$ 为低电平。无条件传输接口电路如图 6-2 所示。

分析：开关 K_i 闭合时，输入为低电平"0"，而点亮相应 LED_i，则输出为高电平"1"，输入与输出的关系相反。编写程序时，若采取先读入

图 6-2　无条件传输接口电路

开关状态，再分析每一位的状态，然后决定 LED 的亮灭，则该程序显得非常烦琐。具体程序如下：

```
CODE SEGMENT
  ASSUME  CS:CODE
  MAIN  PROC  FAR
  START: PUSH  DS
         MOV   AX,0
         PUSH  AX
  AGAIN: MOV   AH, 1          ;读键盘缓冲区字符
         INT   16H
         CMP   AL, 1BH        ;若为"Esc"键,则退出
         JZ    EXIT
         MOV   DX, 100H
         IN    AL, DX         ;读取开关状态
         NOT   AL             ;取反
         OUT   DX, AL         ;输出控制 LED
         JMP   AGAIN
  EXIT:  RET                  ;返回 DOS
  MAIN  ENDP
CODE ENDS
    END  START
```

2. 查询传输方式

查询传输方式，也称条件传输方式，使用这种方式，CPU 不断读取并测试外设的状态，如果外设处于"准备好"状态（输入设备）或"空闲"状态（输出设备），则 CPU 执行输入指令或输出指令与外设交换信息。为此，接口电路中除数据端口外，还必须有状态端口。对于条件传输来说，一个条件传输数据的过程一般由三个环节组成：

（1）CPU 从接口中读取状态字。

（2）CPU 检测状态字的相应位是否满足"就绪"条件，如果不满足，则转（1）。

（3）如状态位表明外设已处于"就绪"状态，则传输数据。

【例 6.2】 从终端往缓冲区输入 1 行字符，当遇到回车符（0DH）时，输入结束，并自动加上一个换行符（0AH）；当连续输入 127 个字符且不包含回车符时，输入结束，并在终端上输出信息 "Buffer overlow!"。设终端接口的数据输入端口地址为 62H，数据输出端口地址为 64H，状态端口地址为 66H。状态寄存器的 D1=1，表示输入缓冲器已准备好数据，CPU 可读取数据；状态寄存器的 D0=1，表示输出缓冲器已空，CPU 可往终端输出数据。终端接口电路具有根据相应操作对状态寄存器自动置 1 和清 0 功能。具体程序如下：

```
DATA    SEGMENT
    MESS DB 'Buffer overlow!',0DH,0AH
  BUFFER DB  128  DUP(?)
DATA    ENDS
CODE    SEGMENT
  ASSUME CS:CODE,DS:DATA
    START: MOV AX, DATA
           MOV DS, AX
           LEA SI, BUFFER
           MOV CX, 127
```

```
    INPUT:  IN   AL, 66H           ;读状态端口
            TEST AL, 02H           ;测输入状态 D1 位
            JZ   INPUT             ;未"准备好"转 INPUT
            IN   AL, 62H           ;读取输入字符
            MOV  [SI], AL          ;输入字符存缓冲区
            INC  SI
            CMP  AL, 0DH           ;输入字符为回车否?
            LOOPNE INPUT           ;不是回车且接收字符个数未超过 127,转 INPUT
            JNE  OVERFLOW          ;不是回车且接收字符个数超过 127,转 OVERFLOW
            MOV  AL, 0AH           ;是回车且接收字符个数≤127,存换行符
            MOV  [SI], AL
            JMP  EXIT              ;转程序结束处理
 OVERFLOW:  MOV  CX, 17            ;初始化输出字符个数
            LEA  SI, MESS          ;初始化显示字符串首址
   OUTPUT:  IN   AL, 66H           ;读状态端口
            TEST AL, 01H           ;测输出状态 D0 位
            JZ   OUPUT             ;输出缓冲器未空,转 OUTPUT
            MOV  AL,[SI]           ;取出输出字符
            INC  SI
            OUT  34H, AL           ;输出字符
            LOOP OUTPUT
     EXIT:  MOV  AH, 4CH           ;返回 DOS
            INT  21H
 CODE    ENDS
         END START
```

6.2.2　中断方式

查询方式传输比无条件传输可靠性高，因此使用场合也较多。但在查询方式下，CPU 和外设只能串行工作，各个外设之间也只能串行工作。CPU 需要主动读取状态字和检测状态位，如果状态位表明外设未准备好，则 CPU 必须等待。这个过程占用了 CPU 大量的工作时间，而 CPU 真正用于传输数据的时间却很少，计算机效率很低。

另外，如果一个系统有多台外设，使用查询方式工作时，由于 CPU 只能轮流对每个外设进行查询，而这些外设的速度往往不相同，这时 CPU 显然不能很好地满足各个外设随机性地对 CPU 提出输入/输出服务要求，因而不具备实时处理能力，可见在实时系统及多个外设系统中，采用查询方式进行数据传送往往是不适宜的。

为了提高 CPU 的效率使系统具有实时输入/输出性能可采用中断方式。在中断传输方式下，外设具有向 CPU 申请服务的能力。当输入设备已将数据准备好，或输出设备可以接收数据时，便可以向 CPU 发出中断请求，CPU 可以中断正在执行的程序而和外设进行一次数据传送。待输入操作或输出操作完成后，CPU 再恢复执行原来的程序。与查询工作方式不同的是，这时的 CPU 不用去不断地查询等待，而可以去处理其他工作。因此，采用中断方式时，CPU 和外设处于并行工作的状况下，从而大大提高了 CPU 的效率。

有关中断的概念，将在第 7 章中详细介绍，这里不再赘述。

6.2.3　DMA 方式

中断数据传输方式虽然具有很多优点，但对于传输数据量很大的高速外设，如磁盘控制器或高速的数据采集器，它又满足不了速度方面的要求。中断方式和查询方式一样，仍然

是通过 CPU 执行程序来实现数据传送的。每进行一次传输，CPU 都必须执行一遍中断服务程序。

在中断方式下传输数据量大时会出现如下问题：

①每执行一次中断服务程序，CPU 都要保护断点和标志，这要花费 CPU 大量的处理时间。

②在中断服务程序中，通常还需要执行保护寄存器和恢复寄存器的指令，这些指令又需要花费 CPU 的时间。

③对于 8086/8088 系列的 CPU 来说，内部结构中包含了总线接口单元（BIU）和执行单元（EU），它们是并行工作的，即 EU 在执行当前指令时，BIU 要把后面将要执行的指令取到指令队列中缓存起来。一旦转去执行中断服务程序，指令队列中的指令就要被废除，EU 必须等待 BIU 将中断服务程序中的指令取到指令队列中才能开始执行程序。同样返回断点时，指令队列中的指令也要被废除，EU 又要等待 BIU 重新装入从断点开始的指令后才开始执行，这个过程也要浪费时间。

可以看出，这些附加时间将影响传输速度的提高。另外，在查询方式和中断方式下，每进行一次传输只能完成一个字节或一个字的传输，这对于传送数据量大的高速外设是不适用的，必须要将字节或字的传输方式改为数据的传输方式，这就需要 DMA 方式。

所谓 DMA 方式就是直接存储器存取（Direct Memory Access）方式。在 DMA 方式下，外设通过 DMA 的一种专门接口电路——DMA 控制器（DMAC），向 CPU 提出接管总线控制权的总线请求，CPU 在当前的总线周期结束后响应 DMA 请求。把总线的控制权交给 DMAC。于是在 DMAC 的管理下，外设和存储器之间直接进行数据变换，而不需要 CPU 的干预，这样可以大大提高数据的传输速度。

DMA 之所以适用于大批量数据块的传输是因为：一方面传输数据内存地址的修改、计数等均由 DMA 控制器的硬件完成（而不是 CPU 指令）；另一方面，CPU 交出总线的控制权，其现场不受影响，无须进行保存和恢复。

采用 DMA 方式进行数据传输时，使用系统的数据总线、地址总线和控制总线。在用 DMA 方式进行数据传输前，DMAC 向 CPU 发出申请使用系统总线的请求。当 CPU 同意并让出系统总线控制权后，DMAC 接管系统总线，实现外设与内存之间的数据传输。传输完毕，将总线控制权交还给 CPU。DMAC 是一个专用接口电路，在系统中的连接如图 6-3 所示。

图 6-3　DMAC 与系统的连接

CPU 与外设之间的几种数据传输方式各有特点，应用场合也各有不同。无条件传输方式无论硬件结构和软件均很简单，但传输时可靠性差，常用于同步传输系统和开放传输系统中；

查询方式传输数据时可靠性高，但计算机使用效率很低，常用于任务比较单一的系统中；中断方式传输数据的可靠性高，效率也高，常用于外设的工作速度比 CPU 慢很多且传送数据量不大的系统中；DMA 方式传输数据的可靠性高，效率也很高，但硬件电路复杂，开销较大，常用于传送速度高，数据量很大的系统中。

6.3　微型计算机中的总线

总线是微型计算机各部件联系的纽带，在接口技术中扮演着重要的角色。总线的性能直接关系到计算机系统的整体性能，而且任何系统的研制和外用模块的开发都必须依从所采用的总线规范。随着微型计算机技术的发展，总线也不断地发展和更替。

6.3.1　总线定义

总线是微型计算机中用来连接各部件的一组通信线，是一种在各模块间传送信息的公共通路。在微型计算机系统中，利用总线实现芯片内部、印制电路板各部件之间、机箱内各插件板之间、主机与外部设备之间或系统与系统之间的连接与通信。总线是构成微型计算机应用系统的重要技术，总线设计的好坏会直接影响整个微机系统的性能、可靠性、可扩展性和可升级性。

采用标准总线可以简化系统的设计、系统的结构，提高系统可靠性，易于系统的扩充和更新等。

6.3.2　总线分类

根据总线中信息传送的类型可分为地址总线、数据总线和控制总线，此外还有电源线和地线。若按总线的规模、用途和应用场合，则可以分成以下几类。

1. 片内总线

它位于芯片内部，用来连接各功能单元的信息通路，如 CPU 内部、ALU 单元和寄存器之间的信息通路。

2. 片总线

片总线用在印制电路板上连接各芯片之间的公共通路，如 CPU 及其支持芯片与其局部资源之间的通路。

3. 内总线

内总线又称系统总线，用来连接微机系统各插件板卡，是微机系统最重要的一种总线，如 PC 系列机中的 ISA 总线、EISA 总线、PCI 总线。

4. 外总线

外总线又称通信总线，是微机系统与系统之间、微机系统与外部设备之间的连接通道。这种总线数据传输方式可以是并行的，也可以是串行的。数据传输速率比内总线低。不同的应用场合有不同的总线标准。例如，串行通信的 EIA—RS-232C 总线、USB（Universal Serial Bus，通用串行总线）等。

6.3.3　总线周期

1. 时钟周期

CPU 的任何操作都是在时钟脉冲信号 CLK 的统一控制下，一个节拍一个节拍地工作的。两个时钟脉冲信号间的间隔时间称为时钟周期。通常表示为 T 周期。时钟周期可通过微处理器的时钟主频计算得到，即 T=1/主频。例如，8086 的时钟信号如图 6-4 所示，主频为 5MHz，其时钟周期 T=200ns。

图 6-4　8086 的时钟信号

2. 总线周期

CPU 与外设系统的信息交换都是通过总线来进行的，完成一次总线操作所需的时间称为总线周期。CPU 要从存储器或 I/O 端口存取一个单元（字或字节）均需要一个总线周期。根据总线操作的不同有多种不同的总线周期，如存储器读总线周期、存储器写总线周期、I/O 读总线周期和 I/O 写总线周期等。

8086 总线周期一般由 4 个时钟周期组成，也称为 4 个 T 状态，习惯上分别称为 T_1 状态、T_2 状态、T_3 状态和 T_4 状态。

（1）T_1 状态。CPU 向数据/地址复用总线上发出地址信息，以指出将要访问的内存单元地址或者外设端口地址。

（2）T_2 状态。CPU 从复用总线上撤销地址信息，使总线的低 16 位悬空，置成高阻状态，为传输数据做准备。

（3）T_3 状态。16 位的地址/数据总线上出现 CPU 要送出的数据信息或者 CPU 从外设中读入的数据信息。

（4）T_4 状态。CPU 和存储器或 I/O 端口进行数据传送，直至完成为止，并为下一个总线周期做准备。

（5）T_W 状态。在某些情况下，外设或存储器速度较慢，不能及时配合 CPU 传送数据。为了防止数据丢失，在总线周期的 T_3 和 T_4 状态之间插入一些必要的等待状态 T_W。具体来说是外设或存储器会通过"READY"信号线在 T_3 状态启动之前向 CPU 发出一个"数据未准备好"的信号，于是 CPU 会在 T_3 状态之后插入 1 个或者多个附加的时钟周期 T_W。T_W 也叫等待状态，在 T_W 状态，总线上的信息情况和 T_3 状态的信息情况一样。指定的存储器或外设完成了向总线上传送数据后，便在"READY"信号线上发出准备好信号，CPU 接收到这一信号后会自动脱离 T_W 状态而进入 T_4 状态。

3. 指令周期

任何指令的执行过程都由取指令、指令译码和指令执行等操作组成。完成指令所有操作需要的时间称为指令周期。指令周期的长度以时钟 T 为单位计量，不同的指令执行时间不等。例如，8086/8088 的最短指令周期为 $2T$，最长的指令周期达 $200T$ 左右。

6.3.4　总线的操作过程

系统总线上的数据传输是在主控模块控制下进行的，主控模块是指有控制总线能力的模块，如 CPU 及 DMA 模块。一般来说，总线上完成一次数据传输要经历以下 4 个阶段。

1. 申请阶段

当系统总线上有多个主控模块时，需要使用总线的主控模块向总线仲裁机构提出占有总线控制权的申请。由总线仲裁机构判别确定，把下一个总线传输周期的总线控制权授给申请者。

2. 寻址阶段

获得总线控制权的主控模块通过地址总线发出本次打算访问的从属模块的地址（如存储

器或 I/O 接口的地址）及有关命令，开始启动被访问的从属模块。

3. 传输阶段

在本阶段，主模块和从属模块进行数据交换。数据由源模块出发经数据总线流入目的模块。对于读传送，源模块是存储器或 I/O 接口，而目的模块是总线主控者，如 CPU；对于写传送，则源模块是总线主控者，如 CPU，而目的模块是存储器或 I/O 接口。

4. 结束阶段

本阶段，主、从模块的有关信息均从总线上撤除，让出总线，以便其他模块能继续使用。

6.3.5 常用系统总线和外设总线标准

1. 系统总线

（1）系统总线标准。在国际化生产非常流行的今天，一台计算机往往不再是由单一的企业按大而全的方式生产出来，而是将计算机中的各部件交给不同的专业化生产厂家分别生产，然后由组装厂组装成整机。这样做主要是为了降低成本、提高生产率和产品的质量。为了将不同厂家生产的各种部件组装在一起，形成一台完整的计算机，需要各厂家按照一定的标准进行生产，特别是系统总线，由于外设接口卡都要通过它接入系统，所以总线标准的制订更显重要。系统总线制订的标准有很多，例如 ISA、EISA、MCA、PCI-E、PCI、AGP 等。

1）ISA（Industry Standard Architecture）工业标准总线是 IBM 公司为 286/AT 微型计算机制定的一种总线标准，也称为 AT 总线标准。随着技术的发展，作为 8/16 位的总线标准，ISA 总线已基本被淘汰。

2）MCA（Micro Channel Architecture）微通道总线结构是 IBM 公司专为其 PS/2 系统开发的总线标准。由于执行的是使用许可证制度，因此未能得到有效的推广。

3）EISA（Extended Industry Standard Architecture）是在 ISA 总线基础上为 32 位 CPU 设计的扩展工业标准总线。

4）PCI（Peripheral Component Interconnect）外部设备互连总线是 SIG（Special Interest Group）集团推出的高性能的总线结构。1992 年起，先后有 Intel、HP、IBM、Apple、DEC、Compaq、NEC 等著名的厂商加盟重新组建。

5）AGP（Accelerated Graphicxs Port）加速图形接口总线是一种专为提高视频带宽而设计的总线规范。

6）PCI-E（PCI Express）总线是目前常用的系统总线标准。虽然是在 PCI 总线的基础上发展起来的，但它与并行体系的 PCI 没有任何相似之处。它采用串行方式传输数据，依靠高频率来获得高性能，因此 PCI Express 也一度被人们称为"串行 PCI"。

系统总线与 I/O 接口卡的连接是用总线插座来实现的，即各 I/O 接口插件板连入系统时需要插入与系统总线连接的插槽。为使不同厂家生产的 I/O 接口板都可以连入系统后正常工作，就需要制定相应的总线标准。

系统总线通常为 50～100 根信号线，这些信号线可分为以下 5 个主要类型。

1）数据线：决定数据宽度。

2）地址线：决定直接选址范围。

3）控制线：包括控制、时序和中断线，决定总线功能和适应性的好坏。

4）电源线和地线：决定电源的种类及地线的分布和用法。

5）备用线：留给厂家或用户自己定义。

有关这些信号线的标准主要涉及如下几个方面：信号的名称，信号的定时关系，信号的电平，连接插件的几何尺寸，连接插件的电气参数，引脚的定义、名称、序号、个数，引脚的位置、电源及地线等。

微型机自问世以来，从8位机到16位机、32位机一直发展到了64位机，为了适应数据宽度的增加和系统性能的提高，依次推出并采用的系统总线标准有XT总线、ISA总线、EISA总线、PCI总线以及专为提高视频带宽而设计的AGP总线。下面简单介绍自8086 CPU以来使用最广泛的4种系统总线：ISA总线、PCI总线、AGP总线和PCI Express总线。

（2）ISA总线。ISA（Industry Standard Architecture）是工业标准体系结构总线的简称，是由美国IBM公司推出的16位标准总线，数据传输率为16MB/s，主要用于IBM-PC/XT、AT及其兼容机上。

1）ISA总线的起源。最早的PC总线是IBM公司于1981年推出的基于8位机PC/XT的总线，称为PC总线。1984年IBM公司推出了16位微型计算机PC/AT，其总线称为AT总线。然而IBM公司从未将AT总线规格公布于众，这就给兼容设备生产商开发外设接口卡造成了很大的困难。为解决这个问题，Intel公司、IEEE和EISA集团联合开发了以IBM/AT原装机总线意义相近的ISA总线，即8/16位的工业标准体系结构（ISA，Industry Standard Architecture）总线。

2）ISA总线的主要特点和性能指标。8位ISA扩展总线插槽由62个引脚组成，用于8位的插卡。8/16位的扩展插槽除了具有一个8位62线的连接器外，还有一个附加的36线连接器，这种扩展总线插槽既可支持8位的插卡，也可支持16位插卡。ISA总线的主要性能指标如下：

①I/O地址空间为0100H～03FFH。

②24位地址线可直接寻址的内存容量为16MB。

③总线宽度8/16位，最高时钟频率为8MHz，最大传输率为16MB/s。

④支持15级中断。

⑤7个DMA通道。

⑥开放式总线结构，允许多个CPU共享系统资源。

（3）PCI总线。PCI（外设互连，Peripheral Component Interconnect）总线是1991年由Intel公司提出，并联合其他多家公司共同推出的32/64位标准总线，是一种与CPU隔离的总线结构，能与CPU同时工作。这种总线适应性强、速度快，数据传输率为133MB/s，适用于Pentium以上的微型计算机。

1）PCI总线的主要性能和特点。PCI总线是一种不依附于某个处理器的局部总线。从结构上看，PCI是在CPU和原来的系统总线之间插入的另一级总线，具体由一个桥接电路（习惯上称为北桥芯片）实现对这一层的管理，并实现上下之间的接口以协调数据的传送。管理器提供了信号缓冲，使之能支持10种外设，并能在高时钟频率下保持高性能。PCI总线也支持总线主控技术，允许智能设备在需要时取得总线控制权，以加速数据传送。PCI总线的主要性能如下：

①总线宽度为32/64位，总线时钟频率为33MHz/66MHz，最大数据传输速率为528MB/s。

②时钟同步方式。

③与CPU及时钟频率无关。

④能自动识别外设（即插即用功能）。

⑤具有与处理器和存储器子系统完全并行操作的能力。

⑥具有隐含的中央仲裁系统。

⑦采用多路复用（地址线和数据线），减少了引脚数。

⑧完全的多总线主控能力。

⑨提供地址和数据的奇偶校验。

2）PCI 总线体系结构。CPU 总线和 PCI 总线由桥接电路（PCMC）相连。芯片中除了含有桥接电路外，还有 Cache 控制器和 DRAM 控制器等其他控制电路。PCI 总线上可挂接高速设备，如图形控制器、IDE 设备或者 SCSI 设备、网络控制器等。PCI 总线和 ISA/EISA 总线之间也通过桥接电路（习惯上称为南桥芯片）相连，ISA/EISA 上挂接系统的慢速设备，继承原有的资源。PCI 总线把 ISA/EISA 总线作为一种外部设备与之进行数据交换。

此外，PCI 总线还支持其他一些连接方式，如双 PCI 总线方式、PCI to PCI 方式、多处理器服务方式等。

（4）AGP 总线。

1）设计 AGP 总线的目的。AGP（加速图形接口，Accelerated Graphicxs Port）总线是一种专为提高视频带宽而设计的总线规范。AGP 插槽可以插入符合该规范的 AGP 显卡。其视频信号的传输速率可以从 PCI 的 133MB/s 提高到 266、533、1066MB/s 或 2133MB/s（选择不同模式）。严格来说，AGP 不能称为总线，因为它仅在 AGP 控制芯片和 AGP 显卡之间提供了点到点的连接。

在 AGP 出现以前，几乎所有图形显卡都采用 PCI 总线接口。随着图形显卡 3D 图形处理性能的大幅度提升，显卡处理的数据越来越多，PCI 接口就逐渐暴露出它的局限性。这种局限性主要表现在 3D 图形描绘中，存储在 PCI 显卡显示内存中的不仅有影像数据，还有纹理数据（Texture Data）、Z 轴的距离数据及 Alpha 变换数据等，特别是纹理数据的信息量相当大。例如，显示 1024×768×16 位真彩色的 3D 图形时，纹理数据的传输速度需要 200MB/s 以上，但 PCI 总线最高数据传输速度仅为 133MB/s，因而成为系统的主要瓶颈。

为了解决 3D 图形数据的传输问题，主要微机生产厂商联合推出了 AGP 图形接口。AGP 在主内存与显卡之间提供了一条直接的通道，使得 3D 图形数据可以不经过 PCI 总线而直接送入显示子系统。这样就突破了由于 PCI 总线形成的系统瓶颈，从而实现了以相对低的价格来达到高性能 3D 图形的描绘功能。因此，推出 AGP 接口的主要目的就是大幅提高微型机的 3D 图形处理能力，或者说 AGP 是用于加速图形显示的一个专用总线接口。

2）AGP 的性能特点。AGP 以 66MHz PCI Rev2.1 规范为基础，在此基础上扩充了以下主要功能。

①数据读写采用流水线操作，从而减少了内存等待时间，提高了数据传输速度。

②具有 2 倍、4 倍、8 倍的数据传输频率。AGP 使用了 32 位数据总线和多时钟技术的 66MHz 时钟。因为时钟频率提高到了 66MHz，所以带宽是 PCI 总线的两倍，达到了 266MB/s。随后很快 AGP 2×问世，通过每周期传送两次 32 位数据将宽带提高到了 533MB/s。以后又出现了每时钟周期处理 4 个 32 位数据的 AGP 4×模式，使 AGP 总线传输带宽突破了 1GB/s，达到了 1066MB/s，而 8×模式使 AGP 带宽甚至可达 2133MB/s。

③直接内存执行 DIME。AGP 允许 3D 纹理数据直接存入系统内存，从而让出帧缓存区

和带宽供其他功能使用。这种允许显卡直接操作主存的技术为 DIME（Direct Memory Execute）。但要说明的是，虽然 AGP 把纹理数据存入主存，但并没有完全取代显卡的显示缓存，AGP 主存只是对缓存的扩大和补充。

④地址信号与数据信号分离。

⑤并行操作。在 CPU 访问系统 RAM 的同时允许 AGP 显卡访问 AGP 内存，显卡可以独享 AGP 总线带宽，从而进一步提高了系统性能。

（5）PCI Express 总线。PCI Express 是新一代的总线接口，2002 年由 Intel 公司联合 AMD、DELL、IBM 等多家业界主导公司提出并完成。它采用点对点串行连接，比起 PCI 总线的共享并行架构，每个设备都有自己的专用链接，不需要向整个总线请求带宽，而且可以把数据传输率提高到一个很高的频率，达到 PCI 所不能提供的高带宽。

PCI Express 总线接口从性能上主要具有以下特点。

1）PCI Express 在技术上允许实现×1、×2、×4、×8、×12、×16 和×32 通道规格，但目前来讲，PCI Express ×1 和 PCI Express ×16 是 PCI Express 的主流规格。

2）PCI Express ×1 支持双向数据传输，每向数据传输带宽为 250MB/s，可以满足主流声效芯片、网卡芯片和存储设备对数据传送带宽的需求，但是无法满足图形芯片对数据传输带宽的需求。

3）PCI Express ×16 专为显卡设计，用于取代 AGP 接口以提高图形和视频信号的传输率，它也支持双向数据传输，能够提供 5GB/s 的带宽，除去编码上的损耗，仍能够提供约 4GB/s 的实际带宽，远远超过了 AGP 8×的 2.1GB/s 带宽。

4）除去提供极高数据传输带宽之外，和 ISA、PCI、AGP 总线不同的另一点是 PCI Express 采用串行方式传输数据，因此其每个针脚可以获得比传统 I/O 标准更多的带宽，这样就降低了 PCI Express 设备的生产成本和体积。

5）PCI Express 支持高阶电源管理、支持热插拔、支持数据同步传输，为优先传输数据进行带宽优化。

6）在软件层面上，PCI Express 兼容目前的 PCI 技术和设备，支持 PCI 设备和内存模组的初始化。也就是说目前的驱动程序、操作系统无须推倒重来，就可以支持 PCI Express 设备。

总之，PCI Express 是新一代的系统总线标准，其较高的数据传输性能能大幅度提高中央处理器（CPU）和图形处理器（GPU）之间的带宽。

2. 外设总线

外部设备总线用于实现计算机主机和外部设备之间的连接，它与传统外设接口有很大的区别。传统外设接口是专用的，通常只能连接某一特定类型的设备，而且大多数情况下只能连接一个设备；外部设备总线是通用的，可连接不同的外部设备，并且允许在一个总线上连接很多设备。

常见的外部设备总线有 USB（Universal Serial Bus）和 IEEE1394（又称 Fire Wire）。限于篇幅，下面仅介绍 USB 总线的特点及主要技术指标。

（1）USB 总线的特点。USB 是由 Compaq、DEC、IBM、Intel、Microsoft 和 NEC 等多家美国和日本公司共同开发的一种新的外设连接技术，其目的是为用户提供一种独立的主机系统，并在整个计算机系统结构中保持一致，具有可共享、可扩充、使用方便等特性的串行总线。USB 具有以下一些特点。

1）易使用，主要表现在以下方面：

①适合多种设备。USB 是一种通用接口，可适用于多种外设，无须为每个外设准备不同的接口协议。

②自动配置，即插即用（PnP）。当用户连接 USB 外设到一个正在运行的系统时，系统能自动检测外设，加载合适的驱动程序。

③无须用户设定。USB 不需要用户进行初始设置，例如端口地址和中断请求（IRQ）线等，这给使用带来了很大的方便。

④节省硬件资源。PC 上可提供的 IRQ 线是一种宝贵的稀缺资源，无法给新的外设分配 IRQ 常常是使用 USB 的原因之一。如果外设都能尽可能地使用 USB，就可使 IRQ 线空闲出来供那些必须使用 IRQ 的外设使用。对 USB 来说，它只需要若干个端口地址和一根 IRQ 线，而挂接到 USB 上的外设不需要其他任何资源。对比之下，每个非 USB 外设都要求有自己的端口地址，通常还要一根 IRQ 线，有时还要有一个扩展槽（如 MODEM 卡）。

⑤易于连接。有了 USB，就不需要再打开计算机的机箱去为每个外设增加扩展卡。USB 的连接器和电缆都有确定的规格，即使没有经验的用户也不会接错。一个普通的 PC 有 2～6 个 USB 端口，如果需要的话，还可以通过连接一个 USB 集线器来扩展端口的数量。集线器可以提供最多 7 个端口来连接更多的外设或集线器。一个 USB 可支持多达 127 个物理外设。

⑥可热插拔。不管系统和外设是否开机，都可以在任何时候连接和断开外设，且不会造成损坏。当外设连接到 PC 上时，操作系统会自动检测到并准备使用。

⑦不需另备电源。USB 接口自带了电源线和地线可以提供+5V 的电源供应。一个外设如果需要中等功率的电源供应（最多 500mA），则它完全可以从总线得到电源供应而不需要使用外置电源。

2）速度较快。一个全速 USB1.1 接口可以 12Mb/s（即 1.5MB/s）的速度进行通信。实际数据传输速率比这个数值要低一些，这是因为所有外设都公用总线，导致总线除传输数据外，还必须携带状态、控制和错误检测信号。如果这还不够快，USB2.0 规范将允许以 480Mb/s 传输数据。这使得 USB 对打印机和其他需要快速传递大容量数据的外设更具吸引力。USB 也支持 1.5Mb/s 的低速传输。低速外设通常很便宜，而且它们的电缆可以更灵活（如鼠标），因为电缆不需要屏蔽。

3）可靠性高。USB 的可靠性来自于硬件设计和数据传输协议两方面。USB 驱动器、接收器和电缆的硬件规范消除了大多数可能引起数据错误的噪声。此外，USB 协议采用了差错控制/缺陷发现机制，当检测到错误时能通知发送方重新发送前面的数据。检测、通知和重发都由硬件完成，不需要任何软件的介入。

4）低成本。虽然 USB 比以前的接口更复杂，但它的组件和电缆并不昂贵。带有 USB 接口的设备与带有相同功能的老式接口的设备所需的费用几乎是相同的，甚至更低。对成本非常低的外设来说，可以选择低速传输以降低对硬件的要求，使成本控制在合理的范围内。

5）低功耗。当 USB 外设不被使用时，省电电路和代码会自动关闭它的电源，但仍然能够在需要的时候做出反应。降低电源消耗除了可带来保护环境的好处之外，这个特征对于电源供应非常敏感的笔记本电脑尤其有用。

（2）主要技术指标。USB 已有 3 种版本：USB1.1、USB2.0 和 USB3.0，前两个版本的 USB 均采用一条 4 芯的电缆连接主机和 USB 设备，USB3.0 采用 9 芯电缆连接主机和 USB 设备。目前最新的版本为 USB 3.1，其规范于 2013 年发布。连接电缆除提供信号线外，还向 USB 设备提供了电源。USB 的主要技术指标（参考值）见表 6-1。

表 6-1   USB 的 主 要 技 术 指 标

指标项	USB1.1	USB2.0	USB3.0
连接的设备数	127	127	127
传输模式	半双工	半双工	全双工
最高传输速度	12 Mb/s	480 Mb/s	5 Gb/s
最长电缆长度（m）	5	5	3
接头触点数（个）	4	4	9
电源	电压：5V 最大电流：500 mA	电压：5V 最大电流：500 mA	电压：5V 最大电流：900 mA

注　表中指标为参考数据。随着技术的发展，这些数据也将随之改变。

思 考 与 练 习

6-1　什么叫 I/O 端口？典型的 I/O 接口电路包括哪几类 I/O 端口？

6-2　I/O 接口的主要功能是什么？

6-3　计算机 I/O 端口编址有几种不同方式？简述各自的主要优、缺点。

6-4　CPU 与外设之间的数据传输方式有几种，各有何特点？

6-5　什么是总线？总线分哪几类？在微型计算机中采用总线结构有什么好处？

6-6　理解时钟周期、总线周期、指令周期的含义。

6-7　简述总线操作的过程。

6-8　常用的系统总线和外设总线标准有哪些？

6-9　简述 USB 接口的用途和特点。

第7章 中 断 系 统

第6章介绍了微处理器通过接口传输数据的4种方式，其中中断方式是一种非常重要的数据传输方式。中断系统是微型计算机系统的重要组成部分。在微型计算机中，为了提高CPU的工作效率，使系统具有实时功能，设置了中断系统。本章将介绍中断的基本概念、中断处理过程、80x86中断系统和中断控制芯片8259A的工作原理及应用。

7.1 中断的基本概念

中断是微机系统中非常重要的一种技术，它有效地扩展了微处理器的功能。利用外部中断，微机系统可以实时响应外部设备的数据传送请求，及时处理外部意外和紧急事件。利用内部中断，微处理器为用户提供了发现、调试并解决程序执行时异常情况的有效途径。

7.1.1 中断、中断源及中断系统

1. 中断

CPU暂时停止正在运行的程序，转去执行请求CPU为之服务的内/外部事件的服务程序，待该服务程序执行完后，又返回到被暂停的程序继续运行的过程，称为中断。简言之，就是CPU正常运行程序时被"中间打断"后继续运行的过程。正在运行的程序通常称为主程序，服务程序称为中断服务程序。

2. 中断源

引起中断的事件称为"中断源"。中断源主要有以下几类。

（1）外部设备请求中断。一般外部设备有键盘、磁盘驱动器、打印机等，工作告一段落发出中断请求，要求CPU为它服务。

（2）实时时钟请求中断。例如，定时/计数器，先由CPU发出指令，让时钟电路开始计数工作，待规定的时间到，时钟电路发出中断申请，CPU转向中断服务程序。

（3）故障请求中断。当出现电源掉电、存储出错或溢出等故障时，发出中断请求，CPU转向执行故障处理程序，如启动备用电源报警等。

（4）由软件引起的中断。如程序错、运算错、为调试程序而特意设置的断点等。

3. 中断系统

中断系统是指实现中断功能的软硬件的统称。为了满足各种情况下的中断请求，中断系统应具有以下功能。

（1）能实现中断响应、中断服务及中断返回。当某一中断源发出中断请求时，CPU能决定是否响应这一中断请求，若允许这一中断请求，则CPU在保护断点后将转移到响应的中断服务程序中，中断处理完后CPU返回原断点处继续执行原程序。

（2）能实现中断优先权排队。当有两个或多个中断源同时提出中断请求时，中断系统能根据各中断源的性质给出处理的先后顺序，确保优先级高的中断请求先处理。

（3）能实现中断嵌套。若在中断过程中又有新的优先级较高的中断源提出请求，则中断

系统要能让 CPU 暂停执行当前中断服务程序，而转去处理优先级高的中断请求，处理完后再返回原级别较低的中断服务程序中。

7.1.2　中断处理过程

尽管不同微型计算机的中断系统有所不同，但实现中断过程基本相同。一个完整的中断处理过程包括中断请求、中断排队、中断响应、中断处理和中断返回等环节。图 7-1 给出了中断处理过程流程图。

图 7-1　中断处理过程流程图

1.　中断请求

中断请求是中断源向 CPU 发出中断请求的信号，其作用是请求 CPU 为其服务。每个中断源向 CPU 发出的中断请求信号都是随机的，以一个电平信号加到 CPU 的中断请求输入端。中断源产生的中断请求条件因中断源而异，如外部设备发出中断请求信号具备两个条件：外部设备工作告一段落；系统允许外设发出中断请求。

2.　中断排队

中断申请是随机的，有时会出现多个中断源同时提出中断申请的情况。但 CPU 每次只能响应一个中断源的请求。那么究竟先响应哪一个中断源的请求呢？这就必须根据中断源工作性质的轻重缓急预先安排一个优先级顺序，当多个中断源同时申请中断时即按此优先级顺序排队，等候 CPU 的处理。

3．中断响应

经中断排队后，CPU 收到当前申请中断源中优先级别最高的中断请求信号。CPU 响应中断后执行完当前指令就中止现行程序，转而响应中断申请。此时，首先由硬件电路保护断点，将 CPU 的标志寄存器 FLAGS 中的内容压入堆栈，并清除 IF 和 TF 位。然后再将代码段寄存器 CS 和指令指针压入堆栈。至此，栈顶 6 单元中保存了返回断点时需要的信息。

4．中断处理

中断响应后进入中断处理，即执行中断服务程序。在中断服务程序中，首先要保护现场，把中断服务程序中所要使用的寄存器内容保存起来，如将它们压入堆栈，再进行与此中断有关的服务程序处理。然后执行中断服务程序，完成中断源要求完成的任务，最后将中断服务程序执行前保护的信息从堆栈中弹出恢复到原寄存器，并保证堆栈指针恢复到进入中断处理时的指向。

5．中断返回

中断服务完成后，程序的最后一条指令一般都是 IRET，当 CPU 执行这条指令时，将栈顶六单元的内容依次弹到 IP、CS 和 FLAGS 中，于是恢复主程序运行。

需要指出的是，如果要实现中断嵌套，则应在中断处理过程中保护现场后首先执行开中断指令，方可在当前的中断处理中实现中断嵌套功能，并且在中断服务结束后恢复现场之前执行关中断指令，以保证恢复现场的正确执行。

7.1.3 中断嵌套

CPU 在执行某个中断服务程序时，接收到新的较高级别的中断请求，从而中断正在处理的中断程序，响应优先级别高的中断请求，在进入新的中断服务程序时又出现了更高级别的中断请求，这种一个中断请求尚未处理完又转去处理新的中断请求的方式，称为中断嵌套。两级中断嵌套的示意图如图 7-2 所示，CPU 中断正在执行着的低级别的中断服务程序，转而执行优先级别高的中断服务，待优先级别高的中断服务结束后再返回被中断的低级别的中断服务程序继续处理，直至中断全部处理完后再返回主程序。

实现多级中断嵌套需要注意以下两个问题：

（1）实现多重中断的重要条件是在中断服务执行过程中必须开放中断。

（2）必须加入屏蔽本级和较低级中断请求的环节，保证只有高级中断源才能中断低级的中断处理。

图 7-2　两级中断嵌套的示意图

7.2　80x86 中断系统

80x86 微机具有一个简单而灵活的中断系统，可处理 256 种不同的中断请求。这些中断可分为外部中断（硬件中断）和内部中断（软件中断）。每一种又包括许多类型。各种类型的中断被分配一个中断类型号。80x86 中断源如图 7-3 所示，中断优先级见表 7-1。

表 7-1	中 断 优 先 级

中　　　断	优　先　级
除法出错，INT*n*，INTO	最高
NMI	较高
INTR	低
单步	最低

7.2.1　外部中断

由 CPU 外部硬件电路发出的电信号引起的中断称为外部中断（亦称硬件中断），外部中断又分为非屏蔽中断和可屏蔽中断。

1.　非屏蔽中断 NMI

非屏蔽中断 NMI 信号连到 CPU 的 NMI 引脚，不受 CPU 中断允许标志位 IF 的控制，一旦发生，立即转至中断类型号为 2 的中断处理服务程序。NMI 的优先级高于 INTR。当 CPU 采样到有 NMI 请求时，在内部将其锁存，并自动提供中断类型号 2，然后按照

图 7-3　80x86 中断源

下列顺序处理：

（1）将中断类型号乘以 4，得到中断向量地址 0008H。

（2）将标志寄存器中的内容压入堆栈保护。

（3）清除 IF 和 TF 标志，屏蔽 INTR 中断和单步中断。

（4）保存断点，即把断点处的 IP 和 CS 内容压栈。

（5）从中断向量表中取中断服务程序的入口地址，分别送至 CS 和 IP。

（6）转入相应中断服务程序并执行。

（7）恢复断点及标志寄存器中的内容，中断返回。

IBM PC/XT 系统中，NMI 主要用于解决系统主板上 RAM 出现的奇偶错，或 I/O 通道中扩展选件板上出现的奇偶校验错等。

NMI 是边沿触发的输入信号，若 8088CPU 的第 17 引脚 NMI 接收到一个正向跳变信号，则可能发生一次非屏蔽中断。这种中断响应不受中断允许标志位 IF 的控制。8086/8088 要求 NMI 信号跳变成高电平后至少保持两个时钟周期以上的宽度，以便锁存下来，待 CPU 完成当前指令后响应。

IBM PC/XT 中的非屏蔽中断源有三种：浮点协处理器 8087 的中断请求、系统主板上的 RAM 奇偶检验错误及扩展槽中的 I/O 通道错误。以上三者任何一个都可以单独提出中断请求，但是否真正形成 NMI 信号，还要受 NMI 屏蔽寄存器的控制。当这个寄存器 D7=1 时，允许向 CPU 发出 NMI 请求信号。NMI 被响应时，8088 自动生成中断类型号 2，再转入相应的服务程序。

因此产生 NMI 信号有两个条件。NMI 屏蔽寄存器的 D7=1；上述三种中断源向 CPU 发出中断请求。

2. 可屏蔽中断 INTR

可屏蔽中断 INTR 信号连接到 CPU 的 INTR 引脚，它受 CPU 中断允许标志位 IF 的控制，即当 IF=1 时，CPU 才能响应 INTR 引脚上的中断请求。当可屏蔽中断被响应时，CPU 需要执行 7 个总线周期：

（1）执行第一个 $\overline{\text{INTA}}$ 总线周期，通知外部中断系统做准备。

（2）执行第二个 $\overline{\text{INTA}}$ 总线周期，从外部中断系统获取中断类型号，并乘以 4，形成中断向量地址。

（3）执行一个总线写周期，将标志寄存器内容压栈，且使 IF 和 TF 都为 0。

（4）执行一个总线写周期，将 CS 内容压栈。

（5）执行一个总线写周期，把当前的 IP 内容压栈。

（6）执行一个总线读周期，从中断向量表中读取中断服务程序的偏移地址并送入 IP。

（7）执行一个总线读周期，从中断向量表中读取中断服务程序的段地址并送入 CS。

若是一个高电平信号加到 CPU 的第 18 引脚（INTR 引脚）且中断允许标志位 IF=1，则可以产生一次可屏蔽中断；当 IF=0 时，INTR 的中断请求被屏蔽。在 PC/XT 中，所有可屏蔽的中断源都先经过中断控制器 8259A 管理后再向 CPU 发出 INTR 请求。综上所述，得出结论：8086/8088 CPU 提供的能接收外部中断申请的引脚是第 17 引脚（NMI）和第 18 引脚（INTR）。这两种中断的区别是：NMI 不可用软件屏蔽，而 INTR 中断可用软件屏蔽；NMI 中断请求信号必须是一个由低到高的上升沿，而 INTR 中断请求信号高电平有效。

不同中断类型的优先级顺序为

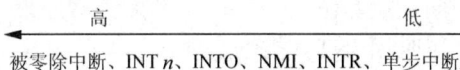

高   低

◄───────────────────────

被零除中断、INT n、INTO、NMI、INTR、单步中断

7.2.2 内部中断

由 CPU 执行某些指令所引起的中断称为内部中断（亦称软件中断）。内部中断响应后不需要 $\overline{\text{INTA}}$ 总线周期，处理过程与 NMI 过程基本相同。内部中断包括如下几类。

（1）专用中断。在中断向量表中，类型号 0～4 中除了类型号 2 的 NMI 非屏蔽中断外，其余均为专用的软件中断，它们通常是由某个标志位引起的中断。

①0 型中断——除法出错中断。在执行除法指令时，若发现除数为 0 或商超出了寄存器所能表示的范围（双字/字的范围为 –32768～+65535，字/字节的范围为 –128～+255）时，CPU 会立即产生一个类型号为 00H 的 0 型中断，并转入相应的除法出错处理程序。由于 0 型中断没有相应的中断指令，也不是由外部硬件引起的，因此通常称为"自陷"中断。

②1 型中断——单步中断。单步标志 TF=1 时，CPU 把程序的执行变为单步工作方式。单步方式能够通过逐条指令观察操作的"窗口"，为系统提供一种方便的调试手段，如 Debug 中的跟踪命令就是将 TF 标志位置 1，每执行一条指令后就进入单步中断服务程序显示寄存器等内容，从而跟踪程序的具体执行过程，调试程序。

由于中断响应时，CPU 自动把标志寄存器中的内容压入堆栈，然后清除 TF，因此当 CPU 进入单步中断程序时，不再处于单步方式，而以正常方式工作。只有在单步处理结束，从堆栈中弹出原来的标志时（TF=1），才使 CPU 又返回到单步方式中。

③3 型中断——断点中断（INT 指令）。3 型中断和单步中断一样，也是 8086 提供的一种

调试手段。它用于设置程序中的断点，故称为断点中断，用 INT 或 INT3 指令表示。

INT 指令是一条单字节指令，因而它能很方便地被插入到程序的任何地方。插入 INT 指令的地方便是断点。在断点处，停止正常的程序执行过程，进入断点中断服务程序显示寄存器、存储单元等内容。相比之下，单步方式适用于规模较小的程序调试，而断点方式适用于较长程序的调试。

④4 型中断——溢出中断（INTO 指令）。溢出中断用 INTO 指令表示。若溢出标志 OF 为 1，则当执行 INTO 指令时，立即产生一个 4 型中断。若溢出标志 OF 为 0，则此指令不起作用。INTO 指令为程序员提供了一种算术运算出现溢出时的处理手段。它通常和带符号数的加、减法指令配合使用。

（2）指令中断——INT n 指令，其类型号就是指定的 n。它和 INT 与 INTO 一样，都是引起 CPU 中断响应的指令中断，所不同的是，INT 和 INTO 是单字节指令，而 INT n 是两字节指令，第二个字节是类型号 n。INT n 主要是用于系统定义或用户自定义的软件中断。

系统的基本 I/O−BIOS 中断调用，如 INT 13H 的磁盘 I/O 调用、INT 10H 的屏幕显示调用、INT 16H 的键盘输入调用等，为用户提供了直接与 I/O 设备打交道的功能，而不必了解设备硬件接口的具体细节。DOS 功能调用（INT 21H）则使得用户可以方便地实现对磁盘文件的存取管理、内存空间的申请或修改等操作。用户自定义的软件中断则是利用保留的中断类型号来扩充自己所需的中断功能。

对于 BIOS 功能调用和 DOS 功能调用这些系统定义的指令中断，在系统引导时就完成了装配，使用者只要遵从调用的格式预置所需的入口参数，直接用 INT n 指令就可以完成调用；而用户自定义的软件中断调用，除了设计好中断服务程序外，还得把中断入口地址预置到中断向量表中，在需要调用时用 INT n 指令实现。

8086 中上述中断的优先级由最高到最低的顺序为：内部中断（单步中断除外）、非屏蔽中断、可屏蔽中断、单步中断。

表 7-2　中断向量表

地址	表项	向量定义
000	IP_0	除法出错
	CS_0	
004	IP_1	单步中断
	CS_1	
008	IP_2	NMI中断
	CS_2	
00C	IP_3	断点中断
	CS_3	
010	IP_4	溢出中断
	CS_4	
014	IP_5	系统保留
	CS_5	
07C	IP_{31}	
	CS_{31}	
080	IP_{32}	用户定义
	CS_{32}	
3FC	IP_{255}	
	CS_{255}	

7.2.3　中断向量和中断向量表

中断向量是指中断服务程序的入口地址，它包括中断服务程序的段基址 CS 和偏移地址 IP（共占 4 个字节地址）。因此，通过使用中断向量，可以找到中断服务程序的入口地址，实现程序转移。中断向量表是存放中断服务程序入口地址的表格，它存放于系统内存的最低端，共 1KB，每 4 个字节存放一个中断服务程序的入口地址，较高地址的两个字节存放中断服务程序入口的段地址，较低地址的两个字节存放中断服务程序入口的偏移地址，这 4 个单元的最低地址称为中断向量地址，其值为中断类型号乘 4。80x86 系统各服务程序的段基址 CS 和偏移地址 IP 在中断向量表中按中断号顺序存放，见表 7-2。

CPU 响应中断后将中断类型号乘 4，在中断向量表中查询得到中断服务程序的入口地址，分别送入 CS 和 IP，从而转入中断服务程序。

应该指出，中断类型号是固定不变的，一经系统分配指定后就不再变化。而中断类型号所对应的中断向量不是固定不变的，是可以改变的，即一个中断类型号所对应的中断服务程序不是唯一的，可以不同。也就是说，中断向量是可以修改的，这为用户使用系统中断资源带来很大方便。当然对于有些系统的专用中断，不允许用户随意修改。

中断向量并非常驻内存，而是开机通电时由程序装入内存指令的中断向量表中。系统配置和使用的中断所对应的中断向量由系统软件负责装入。若系统中（如单板机）未配置系统软件，就要由用户自行装入中断向量。一般设置中断向量的方法有两种，一是自编程序将中断服务程序的入口地址直接写入中断向量表的相应单元；二是利用 DOS 功能调用完成中断向量的设置。

（1）直接写入。

```
MOV      DS,0000H
MOV      SI,中断类型号乘 4
MOV      AX,中断服务程序偏移地址
MOV      [SI],AX
MOV      AX,中断服务程序段地址
MOV      [SI+2],AX
```

（2）利用 DOS 功能调用。

设置中断向量（DOS 功能调用 INT 21H）。

功能号：AH=25H。

入口参数：AL=中断类型号；DS：DX=中断向量（段地址：偏移地址）。

获取中断向量（DOS 功能调用 INT 21H）。

功能号：AH=35H。

入口参数：AL=中断类型号。

出口参数：ES：BX=中断向量（段地址：偏移地址）。

7.2.4　80x86 中断响应过程

80x86CPU 对各种中断的响应过程是不同的，主要区别在于如何获得相应的中断类型号。

1. 内部中断响应过程

CPU 在执行内部中断时没有中断响应周期。对于除法溢出、单步、断点和溢出中断，中断类型号是自动形成的，而对于 INT n 指令，其中断类型号由 INT n 指令中给定的 n 决定，获得中断类型号以后的处理过程顺序如下：

（1）将类型号乘 4，计算出中断向量的地址。

（2）CPU 的标志寄存器入栈，以保护各个标志位，此操作类似于 PUSHF 指令。

（3）清除 IF 和 TF 标志，屏蔽新的 INTR 中断和单步中断。

（4）保存断点，即把断点处的 IP 和 CS 值压入堆栈，先压入 CS 值，再压入 IP 值。

（5）根据第一步计算出来的地址从中断向量表中取出中断服务程序的入口地址（段地址和偏移地址），分别送至 CS 和 IP 中。

（6）转入中断服务程序执行。

进入中断服务程序后首先要保护在中断服务程序中要使用的寄存器内容，然后进行相应的中断处理，在中断返回前恢复保护的寄存器内容，然后执行中断返回指令 IRET。IRET 的执行将使 CPU 按次序恢复断点处的 IP、CS 和标志寄存器，从而使得程序返回到断点处继续

执行。

内部中断具有如下一些特点：

（1）中断由 CPU 内部引起，中断类型号的获得与外部无关，CPU 不需要执行中断响应周期去获得中断类型号。

（2）除单步中断外，内部中断无法用软件禁止，不受中断允许标志位 IF 的影响。

（3）内部中断何时发生是可以预测的，这有点类似于子程序调用。

2. 外部中断响应过程

（1）非屏蔽中断响应。NMI 中断不受 IF 标志位的影响，也不用外部接口给出中断类型号，CPU 响应 NMI 中断时也没有中断响应周期。CPU 会自动按中断类型号 2 来计算中断向量的地址，其后的中断处理过程和内部中断一样。

（2）可屏蔽中断响应。当 INTR 信号有效时，如果中断允许标志位 IF=1，则 CPU 在当前指令执行完毕后产生两个连续的中断响应总线周期。在第一个中断响应总线周期，CPU 将地址/数据总线置高阻，发出第一个中断响应信号 $\overline{INTA}$ 给 8259A 中断控制器，表示 CPU 响应此中断请求，禁止来自其他总线控制器的总线请求。在最大模式时，CPU 还要启动 $\overline{LOCK}$ 信号，通知总线仲裁器 8289，使系统中其他处理器不能访问总线。在第二个中断响应总线周期，CPU 送出第二个 $\overline{INTA}$ 信号，该信号通知 8259A 中断控制器将相应中断请求的中断类型号放到数据总线上供 CPU 读取。CPU 读取中断类型号 n 后的中断处理过程也和内部中断一样。

以上所述的软件中断、单步中断、断点中断、非屏蔽中断和可屏蔽中断，它们的优先级是由 8086 CPU 识别中断的前、后顺序来决定的。在当前指令执行完后，CPU 首先自动查询在指令执行过程中是否有除法出错中断、溢出中断和 INT n 中断发生，然后查询 NMI 和 INTR，最后查询单步中断。80x86 对一个中断请求响应和处理的过程如图 7-4 所示。当响应中断后，按照图中左半部分的顺序查询，并从内部或外部得到反映该中断的中断类型号。虽然中断类型号不同，但 80x86 对它们的响应过程一样，如图右半部分所示。

图 7-4　80x86 中断处理流程

在获取中断类型号后执行中断服务程序前，进一步判断是否存在单步中断，其目的是在系统单步工作时又产生其他中断的情况下，尽管系统首先识别其他中断，但在执行该服务程序前还可识别出单步中断，并首先开始执行单步中断服务程序。当单步中断处理结束后才返回原先被挂起的其他中断处理程序。另外，还判断是否存在非屏蔽中断的原因，也是为了系统能够及时处理外部紧急事件提出的中断请求。

7.3 可编程中断控制器 Intel 8259A

Intel 8259A 可编程控制器用于管理外部可屏蔽的中断请求。因为 CPU 芯片的外部请求引脚 INTR 只有一根，但外部的中断源可以有多个，如时钟、键盘串口/并口和软盘等多个中断源，所以 PC 系列机中，用 Intel 8259A 来协助 CPU 管理外部中断源。一片 8259A 管理 8 级中断源。在 PC-AT 机中用两片 8259A 级联管理 15 级中断源。若用 9 片 8259A 级联不用附加外部电路就能管理 64 级中断源。

7.3.1 8259A 的功能

Intel 8259A 是一种可编程的、具有强大中断管理功能的大规模集成电路芯片，其主要功能如下：

（1）具有 8 级优先权控制，通过级联可以扩展到 64 级。

（2）每一级均可通过编程实现屏蔽或开放。

（3）能向 CPU 提供相应的中断类型号。

（4）可通过编程选择不同的工作方式。

7.3.2 8259A 的内部结构和引脚功能

8259A 主要由以下几部分组成：中断请求寄存器 IRR、中断屏蔽寄存器 IMR、中断服务寄存器 ISR、优先权裁决器、控制逻辑、数据总线缓冲器、读/写逻辑、级联缓冲器/比较器。其结构如图 7-5 所示，各部分功能如下。

图 7-5　8259A 内部结构图及引脚图

（a）内部结构图；（b）引脚图

（1）中断请求寄存器（IRR）。IRR 是一个 8 位的锁存器，用来寄存外部设备送来的 $IR_0 \sim IR_7$ 中断请求信号。$IR_0 \sim IR_7$ 可以连接 8 个外设的中断请求信号，当 $IR_0 \sim IR_7$ 中的任何一个变为高电平时，IRR 的相应位置为 "1"。

（2）中断服务寄存器（ISR）。ISR 是一个 8 位的寄存器，用来存放当前正在服务的中断级。响应中断后，8259A 收到第一个中断响应信号 $\overline{INTA}$ 时，使当前被响应的中断请求所对应的 ISR 置"1"，而相应的 IRR 复位。在中断嵌套时，ISR 中有多个位为"1"。

8259A 收到第一个中断响应信号后由优先权判决电路根据 IRR_i 请求位的优先级和 IMR 中屏蔽位的状态将允许中断的最高优先级请求选通到 ISR，使 ISR 相应位置"1"，表明该位对应的中断源正在服务。因此用 ISR 来存放正在被服务的所有中断级，包括尚未服务完而中途被高优先级打断的中断级。在处理某一级中断的整个过程中，ISR 与之对应位一直保持为"1"。只有当它服务完毕，在返回之前，才由中断结束命令 EOI 将其清零，在不进行中断服务时，ISR 各位均为 0。

（3）中断屏蔽寄存器（IMR）。IMR 是一个 8 位的寄存器，用于寄存要屏蔽的中断。某位为"1"，表示屏蔽相应中断请求；为"0"，则表示开放相应中断请求。

这些屏蔽位能禁止 IRR 寄存器对应的置 1 位发出的中断请求信号，屏蔽优先级较高的中断请求输入不会影响优先级较低的中断请求输入，因此可用软件方法设置 IMR 来改变优先级别。

（4）优先权裁决器（PR）。PR 用来识别和管理各中断请求信号的优先级别。当 N 个中断请求同时出现时，由优先权判决电路根据控制逻辑规定的优先级别和 IMR 的内容判断哪一个信号的优先级别最高，CPU 首先响应优先级别最高的请求。把优先权最高的 IRR 置 1 送 ISR 中。当中断允许嵌套时，选出的中断级若优先权高于正在服务的中断，则发出中断请求信号 INT，并中止当前的中断处理，执行高一级的中断处理；若优先权低于正在服务的中断，则不发中断请求信号 INT。

（5）数据总线缓冲器。它是用于连接系统的数据总线，是一个 8 位的双向三态缓冲器，传输写入 8259A 的控制字，读取 8259A 的状态信息及 CPU 读取的中断类型号。

（6）读/写逻辑。用来接收端口地址信息和 CPU 的读写控制信号 $\overline{IOR}$ 和 $\overline{IOW}$，产生相应的控制信号，控制命令字的写入和状态字的读取。

在 CPU 写入 8259A 时，通过 OUT 命令使 $\overline{WR}$ 有效，把写入 8259A 的命令字送到相应的 ICW_i 和 OCW_i 内，将相应 IRR、ISR 和 IMR 寄存器的内容输出到数据总线上，读入 CPU。

（7）控制逻辑。根据编程设定的工作方式管理的 8259A 负责向 CPU 发中断请求信号 INT 和接收来自 CPU 的中断响应信号 $\overline{INTA}$，并将信号 $\overline{INTA}$ 转换成内部所需的各种控制信号。

8259A 的控制电路中有一组初始化命令字 $ICW_1 \sim ICW_4$ 和一组工作命令 $OCW_1 \sim OCW_3$。控制逻辑电路按照编程设定的工作方式来管理 8259A 的全部工作。在 IRR 中有未被屏蔽的中断请求置 1 时，控制逻辑使 INTR 引脚输出高电平，向 CPU 发出中断请求。中断响应期间，它使中断优先级别最高的 ISR 相应位置 1，同时使相应的 IRR 位清零，并发出相应的中断向量码到数据总线上。中断服务结束时按照编程规定的方式结束处理。

（8）级联缓冲/比较器。用于控制多片 8259A 的级联，使得系统的中断级可以扩展。最多可用 9 片级联，一片为主片，其他为从片。

这个功能部件用来存放和比较系统中各个 8259A 的从设备标志 ID_0。此部件相关的有 3 根级联线 $CAS_0 \sim CAS_2$ 和主从设备/缓冲器读写线 $\overline{SP}/\overline{EN}$。3 根级联线 $CAS_0 \sim CAS_2$ 用来构成 8259A 的主-从式控制结构。当某个 8259A 作主设备时，它的 $CAS_0 \sim CAS_2$ 是输出引脚。当 8259A 作从设备时，它的 $CAS_0 \sim CAS_2$ 是输入引脚。在系统中应将 8259A 的 $CAS_0 \sim CAS_2$ 对应端互连。编程时，8259A 的从设备标志保存在它的级联缓冲器内，在中断响应期间，首先主 8259A 把申请中断级别最高的从设备标志码输出到级联线 $CAS_0 \sim CAS_2$ 上；接着从 8259A 把收到的从设备标志码与同级缓冲器保存的自身的标志码进行比较；最后，在随后的第二个 $\overline{INTA}$ 脉冲期间，与主设备标志码一致的从 8259A 被选中，而把中断向量码送到数据总线上。

$\overline{SP}/\overline{EN}$ 是双向功能引脚，低电平有效。它有两种功能：第一种为当处于缓冲方式时（所谓缓冲方式是 8259A 数据引脚与系统总线之间加双向数据缓冲器 8286），此时它起 $\overline{EN}$ 作用的输出引脚用于控制缓冲器接收和发送数据方向的控制信号。第二种为当不处于缓冲方式时，它是输入引脚，用作主/从设备标志。当 $\overline{SP}$ =1 时，指明 8259A 是主设备；而当 $\overline{SP}$ =0 时，指明 8259A 是从设备。

7.3.3 Intel 8259A 的引脚及功能

8259A 是一种具有 28 引脚双列直插式封装的大规模集成电路专用芯片，其引脚信号如图 7-5 所示。

（1）$D_0 \sim D_7$。双向三态数据线，在系统中与数据总线相连。

（2）$IR_0 \sim IR_7$。中断请求输入信号。

（3）$\overline{RD}$。读控制信号输入，与控制总线相连。低电平有效，它有效表示由 8259A 读至 CPU。

（4）$\overline{WR}$。写控制信号输入，与控制总线相连。低电平有效，它有效表示写信号至 8259A。

（5）$\overline{CS}$。片选信号输入，与地址译码电路相连。低电平有效，它有效表示正在访问该 8259A。

（6）A_0。地址线输入，在使用中 8259A 占用相邻两个端口地址，A_0 与 $\overline{CS}$ 配合，A_0=1 选中奇地址端口。A_0=0 选中偶地址端口。在 80x86 的 PC 系列机中，主片 8259A 的端口地址为 20H 和 21H。

（7）$CAS_0 \sim CAS_2$。3 根级联信号线，对主片 8259A，它为输出；对从片 8259A，它为输入。主、从片 8259A 的 $CAS_0 \sim CAS_2$ 对应相连，主片 8259A 在第一个 $\overline{INTA}$ 响应周期内通过 $CAS_0 \sim CAS_2$ 送出识别码，而和此识别码相符的从片 8259A 在接收到第二个 $\overline{INTA}$ 信号后将中断类型码发送到数据总线上。

（8）$\overline{SP}/\overline{EN}$。从编程/缓冲器允许信号，双向。$\overline{SP}/\overline{EN}$ 是作为输入还是输出取决于 8259A 是否采用缓冲方式，若不用缓冲方式，则 $\overline{SP}/\overline{EN}$ 是输入，反之，则作为输出。作为输入的 $\overline{SP}$ 使用时，用于区分主、从片 8259A。主片 8259A 的 $\overline{SP}$ =1，从片的 $\overline{SP}$ =0。作为输出的 $\overline{EN}$ 使用时作为数据总线缓冲器的使能信号。

（9）INT。中断请求信号输出。8259A 用此线向 CPU 发送中断请求信号，接至 CPU 的 INTR 引脚。

（10）$\overline{INTA}$。中断响应信号输入，与 CPU 的 $\overline{INTA}$ 引脚相连。

7.3.4 8259A 的工作方式

8259A 的工作方式有多种，可以通过编程来设定。用户可根据系统工作的要求来选择相应的工作方式，然后通过对 8259A 写入初始化命令字来确定其工作方式。

1. 中断屏蔽方式

（1）普通屏蔽方式。利用操作命令字 OCW_1 使屏蔽寄存器 IMR 中的一位或数位置 1 来屏蔽一个或数个中断源的中断请求。若要开放某一个中断源的中断请求，则将 IMR 中相应的位置 0。

（2）特殊屏蔽方式。在某些场合，执行某一个中断服务程序时，要求允许另一个优先级比它低的中断请求被响应，此时可采用特殊屏蔽方式。它可通过 OCW_3 的 $D_6D_5=11$ 来设定。

2. 中断嵌套方式

（1）全嵌套方式。这是最常用的一种工作方式，中断优先级别固定，IR_0 最高，IR_7 最低。当 IR_i 中断请求响应时，相应的 ISR_i 位置 1，在中断服务过程中，禁止同级和优先级低于本级的中断请求。

（2）特殊全嵌套方式。与全嵌套方式基本相同，所不同的是在特殊全嵌套方式下，当执行某一级中断服务程序时可响应同级的中断请求，从而实现对同级中断请求的特殊嵌套（8259A 级联使用时，某从片的 8 个中断源对主片来说可以认为是同级的）。特殊全嵌套方式用于多片级联。

3. 优先级控制方式

（1）优先级自动循环方式。在这种方式下，优先级的顺序不是固定不变的，一个设备得到中断服务后，其优先级自动降为最低。其初始的优先级顺序规定为 IR_0，IR_1，IR_2，…，IR_7。该方式用于系统中多个中断源优先级相等的场合。

（2）优先级特殊循环方式。这种方式与优先级自动循环方式唯一的区别是，其初始的优先级不是固定的 IR_0 为最高，然后开始循环，而是由程序指定 $IR_0 \sim IR_7$ 中任意一个为最高优先级，然后再按顺序自动循环，决定优先级。

4. 中断结束方式

（1）自动中断结束方式。在中断服务程序中，中断返回前不需要发出中断结束命令就会自动清除该中断源所对应的 ISR 位（实际上在 CPU 发出第二个 $\overline{INTA}$ 信号时，8259A 即自动清除 ISR 中的对应位）。这种方式用在多个中断不会嵌套的系统中。

（2）非自动中断结束方式。在中断服务程序返回之前必须发中断结束命令才能使 ISR 中的当前服务位清除。

7.3.5　8259A 的级联

众所周知，一片 8259A 可管理 8 级中断源，那么如果要管理多于 8 个中断源的中断，又该如何进行呢？实际上 8259A 在芯片的设计过程中已经考虑到了这个问题，这就是利用级联的方法，将多片 8259A 连接在一起来管理多于 8 个中断源的中断系统。图 7-6 给出了多片 8259A 组成的级联中断系统图。

在一个中断系统中，可以使用多片 8259A 采用级联方法，使中断系统优先级从 8 级可扩展到 64 级。在级联时，只能有一片 8259A 作为主片，其余的 8259A 均作为从片。

主 8259A 的三条级联线 $CAS_0 \sim CAS_2$ 作为输出线，通过驱动器连接到从片的 $CAS_0 \sim CAS_2$ 输入端，如只有一个从片，可以不加驱动器。

7.3.6　8259A 的编程

在使用 8259A 时，除了按规定的信号接好电路外，还必须用程序选定其工作状态，例如，中断请求的优先权分配、中断屏蔽、中断向量等，每一种状态都由一个命令字或一个命令字中的某些位来规定。8259A 的命令字可分为初始化命令字 ICW（Initialization Command Word）和工作命令字 OCW（Operation Command Word）两种，因此 8259A 的编程也分为初始化编程和工作编程两步。在 8259A 内部，有相应的一组寄存器分别将这些命令字锁存以控制其工作。

图 7-6　多片 8259A 组成的级联中断系统图

（1）8259A 寄存器的读写。对于 8259A 的内部寄存器，除了在编程时 CPU 可用输出指令对它们逐一写入外，在查询状态时还可用输入指令将其内容读出。为了寻址各寄存器，除了用地址信号 A_0 译码外，还需要用这些命令字的某些位作为访问某个寄存器的特征，或者按写入的先后顺序来区分。

例如：要对 ICW_1 操作，此时除了将地址线 A_0 置 0 外还需要将 ICW_1 命令字 D_4 置 1，此时表示选中了 ICW_1 命令字，或者说启动了 ICW_1 的初始化编程。

（2）8259A 的初始化编程。8259A 必须先进行初始化编程，后进行工作编程。初始化编程由写入 ICW_1（称为主初始化命令字）开始，然后写入 ICW_2。至于是否写 ICW_3 和 ICW_4，取决于 ICW_1 的内容。

8259A 初始化流程如图 7-7 所示。

从图 7-7 中可以看出，初始化命令字的写入顺序是：$ICW_1 \rightarrow ICW_2 \rightarrow ICW_3 \rightarrow ICW_4$，这 4 个命令字必须按照顺序写入，一般不重复写。

无论何时，当 CPU 向 8259A 送入一条地址线 $A_0=0$、数据线 $D_4=1$ 的命令时，该命令被译码为初始化命令字 ICW_1，它启动 8259A 的初始化过程，即相当于 RESET 信号。

8259A 在进行初始化时将完成如下操作：

①清除中断屏蔽寄存器 IMR，即中断屏蔽寄存器的各位均复位为 0。

②设置 IR_7 为最低优先级的完全嵌套方式，固定优先权排序。完全嵌套方式是指当一个

图 7-7　8259A 初始化流程

中断请求被响应后，就会自动屏蔽同级和低级的中断请求，但能开放高级的中断请求，即某中断未服务完，同级或低级有中断请求，不会使 8259A 的 INT 变为高电平。

③清除特殊屏蔽方式。在某些应用场合，可能要求能在软件的控制下动态地改变系统的优先权结构，也就是若 CPU 正处在中断服务的过程中，希望能屏蔽一些较低优先权的中断源的中断申请，而允许一些优先权更低的中断源的中断申请。当然在通常情况下，当较高优先权的中断源正处在中断服务过程中时，所有中断优先权较低的中断源都被屏蔽。

④设置读 IRR 方式。

下面介绍初始化命令字的功能。

1）ICW_1。ICW_1 用于设置 8259A 的基本工作方式。刚才提到了当地址线 $A_0=0$ 时，若对 8259A 写入 $D_4=1$，则启动了初始化编程。写入的字节被当成 ICW_1，$D_4=1$ 是它的特征位，其余各位作用如下：

A_0		D_7	D_6	D_5	D_4	D_3	D_2	D_1	D_0
0		A_7	A_6	A_5	1	LJIM	ADI	SNGL	ICW_4

$A_0=0$ 表示是偶地址，$D_4=1$ 是初始化命令字 ICW_1 的标志。

D_0（ICW_4）表示初始化过程是否需要写 ICW_4。$D_0=1$ 表示是 8086/8088 系统，必须写 ICW_4，$D_0=0$ 表示不需要写 ICW_4。

D_1（SNGL）用于表示系统是单片 8259A 还是多片 8259A。$D_1=1$ 表示单片，$D_1=0$ 表示级联。

D_3（LJIM）表示中断请求信号起作用的触发方式。$D_3=1$ 表示电平触发，$D_3=0$ 表示边沿触发。

D_2（ADI）和 D_7、D_6、D_5（A_7、A_6、A_5）用于 8080/8085 系统中设置中断服务程序入口地址的 A_7、A_6、A_5，在 8086/8088 系统中，此 3 位无意义。

D_0（ICW_4）为 1，表示要送初始化命令字 ICW_4；为 0，表示不送 ICW_4。例如：以 8086/8088 为 CPU 的系统中，用单片 8059A 来管理 8 级中断源。IR_i 的触发方式为电平触发式，要写 ICW_4，则对该 8259A 进行初始化的程序为：

```
MOV    AL,00011011B
OUT    20H,AL
```

2）ICW_2（主片地址为 21H，从片地址为 A1H）。用来设置中断信号的类型码，格式如下：

A_0		D_7	D_6	D_5	D_4	D_3	D_2	D_1	D_0
1		A_{15}/T_7	A_{14}/T_6	A_{13}/T_5	A_{12}/T_4	A_{11}/T_3	A_{10}	A_9	A_8

工作于 8080/8085 系统中时，8 位全部有用，表示 CALL 指令的高 8 位；工作于 8086/8088 系统中时，$D_7 \sim D_3$ 表示中断向量的高 5 位，$D_2 \sim D_0$ 不需编程而是由中断源序号填入。

例如，在 8086/8088 系统中，键盘的中断请求线接到 IR_1 上，它被分配的中断类型号为 09H。ICW_2 的初始化程序为：

向 ICW_2 写入中断向量时，只写 ICW_2 的高 5 位，即 $D_7 \sim D_3$ 位。低 3 位对应 $IR_7 \sim IR_0$ 的

3 位编码定义如下。

中断源	编码 D_2	D_1	D_0
IR_0	0	0	0
IR_1	0	0	1
IR_2	0	1	0
IR_3	0	1	1
IR_4	1	0	0
IR_5	1	0	1
IR_6	1	1	0
IR_7	1	1	1

低三位对应 $IR_7 \sim IR_0$ 的 $IR_i \rightarrow$ 编码由 8259A 硬件电路自动产生。

```
MOV    AL,08H
OUT    21H,AL
```

当 CPU 响应键盘中断请求时,8259A 把 IR_i 的编码 001 作为中断向量的低 3 位,它和 ICW_2 的高 5 位构成一个完整的 8 位中断向量类型号 09H,在第二个中断响应周期经数据线送给 CPU。

3)ICW_3(主片口地址为 21H,从片口地址为 A1H,多片级联时使用)。其格式如下。

A_0		D_7	D_6	D_5	D_4	D_3	D_2	D_1	D_0
1		S_7	S_6	S_5	S_4	S_3	S_2 / ID_2	S_1 / ID_1	S_0 / ID_0

ICW_3 是 8259A 的级联命令字。单片 8259A 工作时,不需要写入;多片 8259A 级联工作时,需要分别写入 ICW_3。主片 ICW_3 的 $D_7 \sim D_0$ 对其 8 条中断请求线 $IR_7 \sim IR_0$,若某条 IR 线上接有从 8259A 片,则主 ICW_3 的相应位写 1,否则写 0。各从片的 ICW_3 仅 $D_2 \sim D_0$ 有意义,作为从片标识码,高 5 位固定为 0。这个从片标识码须和本片所接主片 IR_i 线的序号(i)一致。在中断响应时,主片通过 $CAS_2 \sim CAS_0$ 送出被允许中断的从片标识码。各从片用自己的 ICW_3 和 $CAS_0 \sim CAS_2$ 的信号比较。二者一致的从片确定为当前中断源,才可发送自己的中断向量。

4)ICW_4。其格式如下。

A_0		D_7	D_6	D_5	D_4	D_3	D_2	D_1	D_0
1		0	0	0	SFNM	BUF	M/S	AEOI	UPM

其中高 3 位无意义。

D_4(SFNM)指定了中断的嵌套方式。$D_4=0$ 为一般完全嵌套方式。一般完全嵌套是指当一个中断源请求被响应后就会自动屏蔽同级和低级的中断请求,但能开放高级的中断请求,即某中断未服务完,同级或低级有中断请求,不会使 8259A 的 INT 变为有效高电平。对于单片 8259A 的中断系统,这种安排是没有问题的。但对于多片 8259A 级联组成的系统,当某个从片中的一个中断正在服务时,主片将这个从片的所有中断屏蔽。这是因为尽管该从片多个中断源各有优先级别，但由于它们都通过同一个中断申请 INT 引脚接到主片的同一个 IR_i 上，也就是说在主片上，它们的优先级别均相同，所以说即使本片中有比正在服务的中断级别更高的中断源发出请求，也不能得到响应即不能中断嵌套。

当 $D_4=1$ 时是特殊嵌套方式。在这种方式下当一个中断申请被主 8259A 接收后，只屏蔽低级别中断申请，不屏蔽同级别和高级别中断申请，这使得从片也能按正常级别申请中断并进行嵌套。

D_3（BUF）为数据缓冲选择。$D_3=1$ 时，8259A 的数据总线和系统总线之间要加三态缓冲器。此时 8259A 的 $\overline{SP}/\overline{EN}$ 引脚变成输出线以控制缓冲器的接通。当 $D_3=0$ 时，设定为非缓冲方式，由所接的电平高低确定 5259A 片是主片还是从片。当 $D_3=1$ 且又是级联方式时，规定当 ICW_4 的 $D_2=1$ 时表示主片，当 $D_2=0$ 时表示从片。当然 $D_3=0$ 时，D_2 就无意义了。

D_2（M/S）表示本片 8259A 是主片还是从片，$D_2=0$ 时表示从片，$D_2=1$ 时表示主片。

D_1（AEOI）说明了中断的结束方式。中断结束的方式有两种：一种是正常方式，另一种是自动方式。$D_1=0$ 是中断的正常结束方式，在这种方式下，中断结束时向 8259A 送一个 EOI 命令字（OCW_2），于是中断服务寄存器 ISR 中与中断源相应的位被清除；$D_1=1$ 是中断的特殊结束方式，在中断响应时，8259A 送出中断向量后自动将 ISR 复位，不需要送结束命令字 OCW_2。

D_0（UPM）指定了系统中所采用的 CPU 系列。当 $D_0=0$ 时系统用 8080/8085 CPU；当 $D_0=1$ 时系统用 8086/8088CPU 系列。

CPU 在向 8259A 写完初始化命令字后，为了进一步提高它的中断处理能力，例如，屏蔽某些中断，读出 ISR、IRR 中的内容，发出中断结束命令 EOI，还需要继续设置工作命令字。

（3）8259A 的工作编程。8259A 在初始化编程后，应再进行工作编程，即写入工作命令字共有三个 OCW_1、OCW_2 和 OCW_3。它们各有自己的特征位，因此写入时没有顺序的要求。在中断服务程序中，某些命令字可能会多次重复写入。

1）OCW_1（主片口地址为 21H，从片口地址为 A1H）。OCW_1 又被称为中断屏蔽字，用来设置中断屏蔽寄存器 IMR 中各位的值。8259A 输入信号 IR_i 的屏蔽操作与中断屏蔽寄存器 IMR 中各位的值一一对应。将 OCW_1 中的某个 M_i 位置 1 时，IMR 的相应位也置 1，从而屏蔽相应的输入 IR_i 信号。三个工作命令字中仅 OCW_1 占有奇地址（$A_0=1$）。格式如下。

A_0		D_7	D_6	D_5	D_4	D_3	D_2	D_1	D_0
1		M_7	M_6	M_5	M_4	M_3	M_2	M_1	M_0

其中，$M_i=1$ 屏蔽，$M_i=0$ 不屏蔽。

2）OCW_2（主片口地址为 20H，从片口地址为 A0H）。写 OCW_2 的作用：对 8259A 发中断结束命令，实际上也就是清 ISR 中的置位；改变优先权的排序结构。

它和工作命令字 OCW_3 都占有偶地址（$A_0=0$），但其特征位为 $D_4D_3=00$。因此不会混淆。同样对它们的写入也没有要求是早写还是晚写。格式如下。

A_0		D_7	D_6	D_5	D_4	D_3	D_2	D_1	D_0
0		R	SL	EOI	0	0	L_2	L_1	L_0

其中 $A_0=0$，$D_4D_3=00$ 为 OCW_2 的标志。这些操作命令通常以组合方式出现，而不是按位

设置的，为了说明组合命令的意义，首先介绍有关位的定义。

D_7（R）：优先权控制位。

优先权：它是指响应中断过程中中断请求信号级别的高低。一般情况下，IR_0 级别最高，IR_7 级别最低。但在实际应用中，中断源的优先权情况是比较复杂的，不一定有明显的等级，而且优先权还有可能改变，所以不能总规定 IR_0 的优先权最高，而 IR_7 的优先权最低，要根据情况来改变。在 8259A 中有两种控制优先权的方法。

① 自动循环。在某些应用的情况下，若干中断源有相等的优先权。因此当某个中断源服务完成后，它的优先权变为最低。

例如，在循环前，若 IR_4 和 IR_6 同时有中断请求，而当时的 IR_0 最高，IR_7 最低。因此就先服务 IR_4 的请求，当 IR_4 服务完毕后它的优先权最低，而 IR_6 的优先权就最高了。

② 固定优先权。固定优先权是指中断请求信号 $IR_0 \sim IR_7$ 的级别是固定的。

D_7（R）：中断排队是否循环的标志。当 R=1 时，优先权可以旋转，循环优先权。当 R=0 时，为固定优先权。

D_6（SL）：特殊旋转标志。当 D_6=1 时，允许由 $D_2 \sim D_0$（$L_2 \sim L_0$）编码指定对应的 IR_i 为最低优先权。那么此时最高优先级为 IR_{i-1}。当 D_6=0 时，$L_2 \sim L_0$ 编码无效。

D_5（EOI）：中断结束命令位。D_5=1 表示中断结束（EOI 命令）。当用 8259A 来实现中断管理时，返回指令 IRET 前必须给 8259A 送一条 EOI 命令（即 D_5=1 的 OCW_2）。8259A 收到这条命令后，将中断服务寄存器 ISR 中的相应位清除，然后才好为其他中断源服务。当 D_6D_5=1 时，则为特殊的中断结束（SEOI 命令），它将复位 ISR 中由 OCW_2 中的 $L_2 \sim L_0$ 指定的位。

3）OCW_3（主片口地址 20H，从片口地址 A0H）。写入 OCW_3 的地址和 OCW_2 的相同，都是 A_0=0，但其特征位是 D_4D_3=01。

功能：OCW_3 常用来配合读 8259A 内部寄存器的内容。

格式如下。

A_0		D_7	D_6	D_5	D_4	D_3	D_2	D_1	D_0
0		✕	ESMM	SMM	0	1	P	RR	RIS

D_6、D_5 两位用来设定和清除特殊屏蔽。一般情况下的屏蔽是：当交给优先权的中断源正处在中断服务的过程中时，所有优先权较低的中断申请全都被屏蔽了。特殊屏蔽是指：若 CPU 正处在中断服务过程中，希望能屏蔽一些较低优先权中断源的中断，而允许一些优先权更低的中断源发出中断申请。设置特殊屏蔽为：D_6D_5=11；清除特殊屏蔽为：D_6D_5=10。

D_1、D_0 两位组合表示中断请求寄存器（IRR）或是读中断服务寄存器（ISR）。当 OCW_3 的 D_1D_0=10 时，表示要读 IRR；D_1D_0=11 时，表示要读 ISR。

D_2 用来决定 8259A 是否为中断查询方式：D_2=1 为中断查询方式；D_2=0 为非中断查询方式。

除了以上两个寄存器外，任何时候对 8259A 用奇地址 A_0=1 作输入，都可以读出 IMR 的内容。

7.3.7　8259A 在微机系统中的应用

【例 7.1】　8259A 在 IBM PC/XT 中的应用。

其连接图如图 7-8 所示。

图 7-8　8259A 在 IBM PC/XT 中连接图

系统分配给 8259A 的端口 I/O 地址为 20H 和 21H，中断类型号为 08H～0FH，采用边沿触发方式、缓冲方式、非自动中断结束方式，以及完全嵌套方式。对 IBM PC/XT 中 8259A 的初始化程序如下。

```
MOV      AL,00010011B      ;设置 ICW₁,边沿触发,单片 8259A 需要 ICW₄
OUT      20H,AL
MOV      AL, 00001000B     ;设置 ICW₂,中断类型号的高 5 位为 00001
OUT      21H,AL
MOV      AL,00001101B      ;设置 ICW₄,非自动中断结束方式、安全嵌套方式、缓冲方式
OUT      21H,AL
```

注意：在 286 以上的 PC/AT 机中共使用了两片 8259A（新型的 PC 中已将中断控制器集成到芯片组中，但功能上与 8259A 完全兼容），两片级联使用，共可管理 15 级中断。各级中断的用途见表 7-3。

表 7-3　　　　　　　　　　　　IBM PC/AT 的中断源和类型号

中断向量地址指针	8259A 引脚	中断类型号	优先级	中断源
00020H	主片 IR₀	08H	0（最高）	定时器
00024H	主片 IR₁	09H	1	键盘
00028H	主片 IR₂	0AH	2	从片 8259A
001C0H	从片 IR₀	70H	3	时钟/日历钟
001C4H	从片 IR₁	71H	4	IRQ₉（保留）
001C8H	从片 IR₂	72H	5	IRQ₁₀（保留）
001CCH	从片 IR₃	73H	6	IRQ₁₁（保留）
001D0H	从片 IR₄	74H	7	IRQ₁₂（保留）
001D4H	从片 IR₅	75H	8	协处理器
001D6H	从片 IR₆	76H	9	硬盘控制器
001D8H	从片 IR₇	77H	10	IRQ₁₅（保留）
0002CH	主片 IR₃	0BH	11	异步通信口（COM₂）
00030H	主片 IR₄	0CH	12	异步通信口（COM₁）
00034H	主片 IR₅	0DH	13	并行打印口 2
00038H	主片 IR₆	0EH	14	软盘驱动器
0003CH	主片 IR₇	0FH	15（最低）	并行打印口 1

【例 7.2】 试编程实现主机每次响应 8259A 的 IR2 中断请求，显示字符串"THIS IS A 8259A INTERRUPT!"，中断 10 次结束。流程图如图 7-9 所示。

图 7-9 例 7.2 程序流程图

```
DATA  SEGMENT
      MESS  DB        'THIS IS A 8259A INTERRUPT!',0AH,0DH,'$'
      DATA  ENDS
      CODE  SEGMENT
      ASSUME  CS:CODE, DS:DATA
START: MOV    AX, DATA
       MOV    DS, AX
       CLI                             ;关中断
       PUSH   DS
       MOV    AX, SEG DISPLAY          ;取中断服务程序入口段地址
       MOV    DS, AX
       MOV    DX, OFFSET DISPLAY       ;取中断服务程序入口偏移地址
       MOV    AX,250AH                 ;设置中断向量
       INT    21H
       POP    DS
       MOV    AL,13H                   ;设置 ICW₁,边沿触发,单片 8259A,需 ICW₄
       OUT    20H,AL
       MOV    AL,08H                   ;设置 ICW₂,中断类型号的高 5 位为 00001
       OUT    21H,AL
       MOV    AL,05H                   ;设置 ICW₄,非 AEOI 方式,特殊嵌套方式
       OUT    21H,AL
       IN     AL, 21H                  ;读取 IMR
       AND    AL,0FBH                  ;开放 IR₂
       OUT    21H,AL
       MOV    BL,10                    ;初始化中断次数
       STI                             ;开中断
```

```
WAIT1: CMP      BL,0
        NOP
        JNZ      WAIT1
        CLI
        IN       AL,21H
        OR       AL,04H            ;禁止 IR₂ 中断
        OUT      21H,AL
        STI
        MOV      AH,4CH            ;返回 DOS
        INT      21H
DISPLAY PROC     NEAR
        LEA      DX, MESS          ;显示字符串
        MOV      AH, 09H
        INT      21H
        DEC      BL                ;中断次数减 1
        MOV      AL, 20H           ;发送中断结束命令
        OUT      20H, AL
        IRET
DISPLAY ENDP
    CODE ENDS
        END      START
```

思考与练习

7-1　什么是中断？什么是中断系统？中断系统的主要功能有哪些？

7-2　中断处理过程主要包括哪几个基本阶段？中断服务程序中为什么要保护现场和恢复现场？如何实现？

7-3　什么是内部中断和外部中断？如何分类？

7-4　INTR 中断和 NMI 中断有什么区别？

7-5　中断向量表的作用是什么？如何设置中断向量表？中断类型号为 15H 的中断向量存放在哪些存储器单元中？

7-6　设某系统中 8259A 的两个端口地址分别为 24H 和 25H，分别写出下列情况应向 8259A 写入的命令字：

（1）读中断请求寄存器 IRR 的值。

（2）读中断服务寄存器 ISR 的值。

（3）读查询方式下的查询状态字。

（4）发一般的中断结束命令 EOI。

7-7　单片 8259A 能管理多少级可屏蔽中断？若用三片级联能管理多少级可屏蔽中断？

7-8　8259A 有哪几种优先级控制方式？8259A 的中断请求有哪两种触发方式？对请求信号有什么要求？

7-9　某系统内有 8 个 INTR 外中断源，用一片 8259A 管理 8 级中断源。设 8259A 占用地址 24H、25H，各中断源的类型码为 40H～47H，各级中断对应的服务程序入口地址 CS：IP 分别为 1000H：0000H，2000H：0000H，…，8000H：0000H。写出初始化程序，并编程向中断向量表中置入各中断向量。

7-10　中断服务程序的入口处为什么通常要使用开中断指令？

7-11　编程实现以下操作：从键盘输入 4 个数字，分别作为两个 10～99 的十进制数，求它们的和，并把结果以三位十进制数的形式显示在屏幕上。要求输入回显的两个加数与送显的和之间有适当的分隔，以示区别。格式自行拟定。

7-12　请用子程序结构编写如下程序：从键盘输入一个二位十进制的月份数（01～12），然后显示出相应的英文缩写名。

7-13　从键盘输入一串字符，并在显示屏上显示出来。要求用 DOS 中断的 09 功能。

7-14　在磁盘中建立一个文件，并显示完成的结果。假设 BUF1 中存放正常信息，BUF2 中存放错误信息。

第8章 计数器/定时器与 DMA 控制器

计数器/定时器在计算机实时控制和处理系统中有着广泛的应用，它可以在多任务的分时系统中提供精确的定时信号以实现各任务的切换，如测控系统中常需要对多个被控对象进行定时采样和处理，或者对某一工作过程进行计数等。另外，微机中系统日历时钟的计时、动态存储器的刷新以及扬声器的工作也需要由计数器/定时器提供时钟信号。

直接存储器存取（DMA）是指计算机的外部设备与存储器之间直接进行数据交换的一种输入输出方式。在这种方式下，DMA 控制器拥有总线控制权，控制数据不经过 CPU 干预，直接在存储器与存储器之间、存储器与外设之间进行传输。

本章在讨论计数器/定时器与 DMA 控制器传送工作原理的基础上，分别介绍可编程计数器/定时器 8253 和 DMA 控制器 8237A 的功能、结构、工作方式、编程及应用等。

8.1 可编程计数器/定时器 8253

8.1.1 计数器/定时器的工作原理

微机系统常常需要为处理器和外设提供时间标记，或对外部事件进行计数。例如，分时系统的程序切换，向外设定时周期性地发出控制信号，外部事件发生次数达到规定值后产生中断，以及统计外部事件发生的次数等。定时的本质也是计数，这里计"数"的单位是时间。如果把一小片一小片计时单位累加起来，就可以获得一段时间。例如，以秒为单位来计数，计满 60s 为 1min，计满 60min 为 1h。为获得所需要的定时，要求有准确而稳定的时间基准，产生这种时间基准通常采用两种方法：软件定时和硬件定时。

1. 软件定时

它是利用 CPU 内部定时机构，运用软件编程，循环执行一段程序而产生的等待延时。这是常用的一种定时方法，主要用于短暂延时。这种方法的优点是不需要增加硬件设备，只需要编写相应的延时程序以备调用即可。缺点是 CPU 执行延时等待增加了 CPU 的时间开销，延时时间越长，这种等待开销越大，它降低了 CPU 的执行效率，浪费 CPU 的资源。并且，软件延时的时间随主机频率不同而发生改变，定时程序的通用性较差。

2. 硬件定时

它是采用可编程定时器/计数器或单稳延时电路产生定时或延时。这种方法不用占用 CPU 的时间，定时时间长，使用灵活，且定时精准，定时时间不受主机频率的影响，定时程序的通用性好，故应用广泛。目前通用的定时器/计数器集成芯片种类很多，如 Intel 8253/8254、Zilog 的 CTC 等。

可编程定时器/计数器的功能主要有：一是作为计数器，在设置好计数初值后，便开始对外部触发脉冲作减 1 计数，减为 0 时，输出一个信号；二是作为定时器，在设置好定时常数后，便对外部时钟信号作减 1 计数，并按定时常数不断地产生时钟周期整数倍的定时间隔。两者的差别是，作为计数器，在减到"0"以后，输出一个信号计数便结束；而作为定时器时，在减到"0"时，常把定时常数自动重装，从而能连续重复减 1 计数，获得一个恒定的周期输出。

另外，有的定时器/计数器是对外部脉冲信号作加 1 计数，计满溢出时，输出一个信号。此定时器/计数器的计数初值则需要根据计数个数进行换算得到。

8.1.2　8253 的功能与结构

Intel 8253 是 8086/8088 微机系统常用的定时器/计数器芯片，它具有定时与计数两大功能，同类型的定时/计数器芯片还有 Intel 8254 等。Intel 8253 具有三个独立的 16 位计数器，使用单一 +5V 电源，采用 NMOS 工艺，是具有 24 引脚的双排直插式封装大规模集成电路芯片。

1. 8253 的主要功能

（1）每片有三个独立的 16 位计数器通道，称为通道 0～通道 2。

（2）每个计数器都可以按照二进制或十进制计数。

（3）每个计数器的最高计数速率可达 2.6MHz。

（4）每个计数器具有 6 种可编程工作方式。

（5）所有输入/输出都与 TTL 电平兼容，便于与外界接口电路相连。

2. 8253 的内部结构

8253 的内部结构如图 8-1 所示，它主要包括以下几个主要部分。

（1）数据总线缓冲器。数据总线缓冲器是 8 位双向三态缓冲器，主要用于 8253 与 CPU 之间进行数据传输。该数据包括 8253 控制字、计数器计算初值及计数器当前计数值三个部分。

（2）读/写控制逻辑。读/写控制逻辑电路接收输入到 8253 的 $\overline{RD}$、$\overline{WR}$、A_0、A_1、$\overline{CS}$ 信号，经过逻辑控制电路的组合产生相应操作，具体操作见表 8-1。

图 8-1　8253 的内部结构

表 8-1　　　　　　　　8253A 的 操 作 功 能 表

$\overline{CS}$	$\overline{RD}$	$\overline{WR}$	A_1	A_0	执行的操作
0	1	0	0	0	对计数器 0 设置初值
0	1	0	0	1	对计数器 1 设置初值
0	1	0	1	0	对计数器 2 设置初值
0	1	0	1	1	写控制字
0	0	1	0	0	读计数器 0 当前计数值
0	0	1	0	1	读计数器 1 当前计数值
0	0	1	1	0	读计数器 2 当前计数值
0	0	1	1	1	无操作（3 态）
1	×	×	×	×	禁止（3 态）
0	1	1	×	×	无操作（3 态）

（3）控制字寄存器。接收 CPU 对 8253 的初始化控制字。对控制字寄存器只能写入不能读出。

（4）三个计数器。每个计数器内部都包含一个 16 位的计数初值寄存器、一个 16 位的减法计数寄存器和一个 16 位的当前计数输出寄存器。当前计数输出寄存器跟随减法计数寄存器内容变化，当有一个锁存器命令出现后，当前计数输出寄存器锁定当前计数，直到被 CPU 读走之后，又随减法计数寄存器的变化而变化。

图 8-2　8253 的引脚分布

3.　8253 的引脚

8253 芯片是具有 24 个引脚的双排直插式集成电路芯片，其引脚分布如图 8-2 所示。每个引脚的功能定义如下。

（1）$D_7 \sim D_0$：双向、三态数据线引脚。

（2）$\overline{RD}$：输入引脚，读信号，低电平有效，有效时表示正在读取某个计数器的当前计数值。

（3）$\overline{WR}$：输入引脚，读信号，低电平有效，有效时表示正对某个计数器写入计数初值或写入控制字。

（4）$\overline{CS}$：输入引脚，片选信号，低电平有效，CPU 通过该信号有效选中 8253，对其进行读/写操作。

（5）A_1、A_0：输入引脚，8253 端口选择线，可对三个计数器和控制寄存器寻址。

（6）GATE：门控信号，用于控制计数的进行。多数情况下，GATE=1 时允许计数，GATE=0 时中止计数。用一句话来说，GATE 信号的作用是用来禁止、允许或开始计数过程的。

（7）CLK：时钟信号。作用是在 8253 进行定时或计数工作时，每输入一个时钟信号，便使定时计数值减 1。

（8）OUT：　8253 向外输出信号。它的作用是计数器工作时，当定时/计数值减为 0 时，即在 OUT 线上输出一个 OUT 信号，用以指示定时或计数已到。

8.1.3　8253 的控制字

1.　8253 控制字格式

8253 是一个可编程的芯片，有一个 8 位的控制字寄存器，在初始化编程时，由 CPU 向 8253 的控制字寄存器写入一个控制字，用来选择计数器，设置工作方式、计算方法，以及 CPU 访问计算器的读/写方法等。8253 控制字的格式如图 8-3 所示。

其中，D_7、D_6 用于选择计数器；D_5、D_4 用于确定时间常数的读/写格式；D_3、D_2、D_1 用来设定计数器的工作方式；D_0 用于确定计数数制，0 表示二进制；1 表示 BCD。

2.　8253 初始化编程原则

8253 是一可编程的芯片，在使用之前必须对它进行编程。初始化编程的步骤如下。

（1）写入每一通道控制字，规定各通道的工作方式。

（2）写入每一通道的计数值，分以下三种情况：

①只写低 8 位，则高 8 位自动置 0。——对应 8 位计数

②只写高 8 位，则低 8 位自动置 0。——对应 8 位计数

③先写低 8 位，后写高 8 位。——对应 16 位计数

图 8-3 8253 的控制字

【例 8.1】 设 8253 的端口地址为：04H～07H，要使计数器 1 工作在方式 0，仅用 8 位二进制计数，计数值为 128，进行初始化编程。

控制字：0101 0000——二进制 50H

初始化编程：

```
MOV        AL,50H;0101  0000B
OUT        07H,AL
MOV        AL,80H
OUT        05H,AL
```

【例 8.2】 设 8253 的端口地址为：F8H～FBH，若用通道 0 工作在方式 1，按二进制计数，计数值为 5080H，进行初始化编程。

控制字：0011 0010——二进制 32H

初始化编程：

```
MOV        AL,32H;0011  0010B
OUT        0FBH,AL
MOV        AL,80H
OUT        0F8H,AL                          ;先送低 8 位
MOV        AL,50H
OUT        0F8H,AL                          ;再送高 8 位
```

【例 8.3】 设 8253 的端口地址为：04H～07H，若用通道 2 工作在方式 2，按二进制计数，计数值为 02F0H，进行初始化编程。

控制字：1011 0100——二进制 0B4H

初始化编程：

```
MOV        AL,0B4H;1011  0100B
OUT        07H,AL
MOV        AL,0F0H
OUT        06H,AL                           ;先送低 8 位
MOV        AL,02H
OUT        06H,AL                           ;再送高 8 位
```

8.1.4 8253 的工作方式与工作时序

8253 共有 6 种工作方式，对它们的操作遵守以下 3 条基本原则。

（1）当控制字写入 8253 时，所有的控制逻辑电路立即复位，输出端 OUT 进入初始状态。

（2）当初始值写入计数器后，要经过一个时钟周期减法计数器才开始工作，时钟脉冲的下降沿使计数器进行减法操作。计数器的最大初始值是 0，用二进制计数时 0 相当于 2^{16}，用十进制计数时 0 相当于 10^4。

（3）通常，在时钟脉冲 CLK 的上升沿采样门控信号 GATE。门控信号的触发方式有上升沿触发和电平触发两种。

门控信号为电平触发的有方式 0、方式 4。

门控信号为上升沿触发的有方式 1、方式 5。

门控信号可为电平触发也可为上升沿触发的有方式 2、方式 3。

1. 方式 0（计数结束产生中断）

采用这种工作方式 8253 可完成计数功能，且计数器只计一遍。当控制字写入控制字寄存器后，输出端 OUT 为低电平，当计数初值写入后，在下一个 CLK 脉冲的下降沿将计数初值寄存器内容装入减法计数寄存器，然后减法计数器开始减 1 计算。在计数过程中，OUT 保持为低电平，当计数到 0 后，OUT 变高电平，可作为中断请求信号，并保持到重新写入新的控制字或新的计数值为止。

在计数过程中，可由 GATE 信号控制暂停。当 GATE=0 时，暂停计数，减法计数寄存器值保持不变；当 GATE=1 时，继续计数。

在计数过程中可以改变计数值，且这种改变是立即有效的，分成两种情况：若是 8 位计数，则写入新值后的下一个脉冲按新值计数；若是 16 位计数，则在写入第一个字节后停止计数，写入第二个字节后的下一个脉冲按新值计数。

方式 0 下的波形如图 8-4 所示。

图 8-4　方式 0 下的工作波形

【例 8.4】 端口地址为：04H～07H，1＃计数器，方式 0，8 位计数，二进制初值为 80H，进行初始化编程。

```
MOV        AL,50H;0101  0000B
OUT        07H,AL
MOV        AL,80H
OUT        05H,AL
```

2. 方式 1（可编程的硬件触发单拍脉冲）

方式 1 的波形如图 8-5 所示。

在这种方式下，CPU 向 8253 写入控制字后 OUT 变高，并保持，写入计数值后并不立即计数，只有当外界 GATE 信号启动后（一个正脉冲）的下一个脉冲才开始计数，OUT 变低，计数到 0 后 OUT 才变高，此时再来一个 GATE 正脉冲，计数器又开始重新计数，输出 OUT 再次变低……因此输出为一单拍负脉冲。

图 8-5　方式 1 的工作波形

从波形图中不难看出，工作方式 1 有如下特点。

（1）输出 OUT 宽度为计数初值的单脉冲。

（2）输出受门控信号 GATE 的控制，分三种情况。

①计数到 0 后再来 GATE 脉冲，则重新开始计数，OUT 变低。

②在计数过程中来 GATE 脉冲，则从下一个 CLK 脉冲开始重新计数，OUT 保持为低。

③改变计数值后，只有当 GATE 脉冲启动后才按新值计数，否则原计数过程不受影响，仍继续进行，即新值的改变是从下一个 GATE 脉冲开始的。

（3）计数值是多次有效的，每来一个 GATE 脉冲就自动装入计数值开始从头计数，因此在初始化时，计数值写入一次即可。

【例 8.5】　若要使计数器 0 工作在方式 1，按 BCD 计数，计数值为 3000，则初始化程序段如下：

```
MOV        AL,23H;设方式控制字
OUT        07H,AL;输出至控制字寄存器
MOV        AL,30H;设计数值
OUT        04H,AL;输出至计数器 0 的高 8 位
```

3. 方式 2（速率发生器、分频器）

方式 2 的波形如图 8-6 所示。

图 8-6　方式 2 的工作波形

在这种方式下，CPU 输出控制字后输出 OUT 变高，写入计数值后的下一个 CLK 脉冲开始计数，计数到 1 后，输出 OUT 变低，经过一个 CLK 后，OUT 恢复为高，计数器重新开始计数……因此在这种方式下只需写入一次计数值就能连续工作，输出连续相同间隔的负脉冲（前提：GATE 保持为高），即周期性地输出，设 LSB=N，则每隔 N 个 CLK 输出一个负脉冲（周期为 N）。

从波形图中不难看出，工作方式 2 有如下特点：

①通道可以连续工作。

②GATE 可以控制计数过程，当 GATE 为低电平时暂停计数，恢复为高电平后重新从初值计数（注意：该方式与方式 0 不同，方式 0 是继续计数）。

③重新设置新的计数值即在计数过程中改变计数值，则新的计数值是下次有效的，同方式 1。

4. 方式 3（方波速率发生器）

方式 3 的波形如图 8-7 所示。

这种方式下的输出与方式 2 都是周期性的，不同的是周期不同，CPU 写入控制字后，输出 OUT 变高，写入计数值后开始计数，不同的是减 2 计数，当计数到一半计数值时，输出变低，重新装入计数值进行减 2 计数，当计数到 0 时，输出变高，装入计数值进行减 2 计数，循环不止。

从波形图中不难看出，工作方式 3 有如下特点：

①通道可以连续工作。

计数值为偶数

计数值为奇数

图 8-7　方式 3 的工作波形

②关于计数值的奇偶，若为偶数，则输出标准方波，高、低电平各为 $N/2$ 个；若为奇数，则在装入计数值后的下一个 CLK 使其装入，然后减 1 计数，$(N+1)/2$，OUT 改变状态，再减至 0，OUT 又改变状态，重新装入计数值循环此过程。因此在这种情况下，输出有 $(N+1)/2$ 个 CLK 高电平，$(N-1)/2$ 个 CLK 低电平。

③GATE 信号能使计数过程重新开始，当 GATE=0 时，停止计数，当 GATE 变高后，计数器重新装入初值开始计数，尤其是当 GATE=0 时，若 OUT 此时为低，则立即变高，其他动作同上。

④在计数期间改变计数值不影响现行的计数过程，一般情况下，新的计数值是在现行半周结束后才装入计数器的。但若中间遇到有 GATE 脉冲，则在此脉冲后即装入新值开始计数。

5. 方式 4（软件触发的选通信号发生器）

方式 4 的波形如图 8-8 所示。

在这种方式下，也是当 CPU 写入控制字后，OUT 立即变高，写入计数值开始计数，当计数到 0 后，OUT 变低，经过一个 CLK 脉冲后，OUT 变高，这种计数是一次性的（与方式 0 有相似之处），只有当写入新的计数值后才开始下一次计数。

从波形图中不难看出，工作方式 4 有如下特点：

①当计数值为 N 时，则间隔 $N+1$ 个 CLK 脉冲，输出一个负脉冲（计数一次有效）。

②GATE=0 时，禁止计数，GATE=1 时，恢复继续计数。

图 8-8　方式 4 的工作波形

③在计数过程中重新装入新的计数值，则该值是立即有效的（若为 16 位计数值，则装入第一个字节时停止计数，装入第二个字节后开始按新值计数）。

6. 方式 5（硬件触发的选通信号发生器）

方式 5 的波形如图 8-9 所示。与方式 1 有相似之处。

在这种方式下，当控制字写入后，OUT 立刻变高，写入计数值后并不立即开始计数，而是由 GATE 的上升沿触发启动计数，当计数到 0 时，输出变低，经过一个 CLK 之后，输出恢复为高，计数停止。若再有 GATE

图 8-9　方式 5 的工作波形

脉冲来，则重新装入计数值开始计数，上述过程重复。

从波形图中不难看出，工作方式 5 有如下特点：

①在这种方式下，若设置的计数值是 N，则在 GATE 脉冲后，经过（$N+1$）个 CLK 才输出一个负脉冲。

②若在计数过程中又来一个 GATE 脉冲，则重新装入初值开始计数，输出不变，即计数值多次有效。

③若在计数过程中修改计数值，则该计数值在下一个 GATE 脉冲后装入并开始按此值计数。

8.1.5　8253 的初始化编程及应用

1. 写入控制字

控制字选择计数器通道并规定计数器的工作方式，任一计数器通道的控制字都要从 8253 的控制端口写入。

2. 写入计数初值

某个计数器写入控制字后，任何时候都可以按控制字中的 RW1、RW2 规定写入计数初值。写入计数初值时，还必须注意：如果在方式控制字中的 BCD 位为 1，则写入的计数初值应为十六进制数。

3. 读计数值

在计数过程中，若要读取当前的计数值，则需要采用以下方法。先写入一个方式控制字，该方式控制字 SC1、SC2 指明要读取的计数通道，RW1、RW2 设为 00；然后再按照初始化该计数器时的读/写方法读取计数值。

【例 8.6】　输入数字键 1～8 发出不同频率的声音模拟电子琴的功能。调整程序中分频系数和延时时间参数可以获得不同的声音效果。

PC 系统分配给主板上 8253 的 I/O 端口地址是 40H～43H，图 8-10 描绘了这一部分接口电路的原理框图。系统输入时钟频率为 1193.18 kHz，它的 3 个计数器分别用于：

①地址为 40H 的计数通道 0。用于产生系统时钟的基本定时中断，输出方波序列的频率为 18.2Hz。

②地址为 41H 的计数通道 1。用于产生 DRAM 存储器系统刷新信号，输出负脉冲序列的频率为 68.2878kHz。

图 8-10　PC 扬声器电路框图

③地址为 42H 的计数通道 2。用于为机内扬声器提供发声音调，输出方波序列的频率约为 100Hz。

任何一台 PC 都内含一只小型扬声器，用于发出各种信号音或报警声。逻辑与门电路用于控制扬声器声音的通断，编程这一逻辑门就可以调整扬声器通断时间产生不同的声音效果。逻辑与门由 8255A 端口 B 的 PB$_0$ 和 PB$_1$ 两位来控制，"1"接通、"0"关闭，该端口的地址为

61H。由于端口 B 余下的 6 位还用作系统的其他控制，因此在编程中应注意保护这 6 位的状态不受任何影响。

```
DATA  SEGMENT
MESSAGE  DB    'Use 1 ... 8 to play the music!','$'
   FREQU  DW    262, 294, 330, 347, 392, 440, 494, 524   ;不同频率的分频系数
DATA  ENDS
CODE  SEGMENT
    ASSUME   CS:CODE, DS:DATA
START: MOV     AX, DATA
       MOV     DS, AX
       LEA     DX, MESSAGE
       MOV     AH, 09H
       INT     21H                 ;显示 MESSAGE 缓冲器中的字符串
       MOV     AL, 10110110B       ;选择工作方式 3，使用计数器 2
       OUT     43H, AL             ;通过 AL 将控制字写入 43H 端口
 NEXT: MOV     AH, 7
       INT     21H                 ;键盘输入无回显
       CMP     AL, '1'
       JB      EXIT
       CMP     AL, '8'
       JA      EXIT                ;输入字符为非 1~8 的数字键则退出程序
       SUB     AL, 30H             ;数字 1~8 的 ASCII 码减去 30H
       MOV     AH, 0
       MOV     BX, AX
       SUB     BX, 1
       SHL     BX, 1               ;计算分频系数的偏移地址
       MOV     CX, FREQU[BX]       ;取出频率值
       MOV     AX, 34DCH
       MOV     DX, 12H             ;DX:AX=1234DCH=1193180 Hz 时钟
       DIV     CX                  ;(DXAX)/CX 的商→AX
       MOV     BX, AX
       OUT     42H, AL             ;商的低 8 位送入计数通道 2
       MOV     AL, AH
       OUT     42H, AL             ;商的高 8 位送入计数通道 2
       IN      AL, 61H             ;读取 8255 的状态，以控制 PB0 和 PB1
       OR      AL, 03H             ;把 PB0 和 PB1 置 1
       OUT     61H, AL             ;使扬声器发声
       MOV     CX, 0FFFFH
DELAY: MOV     DX, 1000H           ;延时时间参数
DEC_DX: DEC    DX
       JNZ     DEC_DX
       LOOP    DELAY               ;延时
       IN      AL, 61H             ;重新读取 61H 端口的状态
       AND     AL, 11111100B       ;把 PB0 和 PB1 置 0
       OUT     61H, AL             ;关闭扬声器
       JMP     NEXT
 EXIT: MOV     AH, 4CH             ;返回 DOS
       INT     21H
CODE   ENDS
       END     START
```

8.2　DMA 控制器 8237A

8.2.1　DMA 的基本原理

前面介绍的微机系统中各种常用的数据输入/输出方法,包括无条件传送方式、查询方式、中断方式和 DMA 方式,前三种方式适用于 CPU 与慢速及中速外设之间的数据交换。当高速外设要与系统内存或者要在系统内存的不同区域之间进行大量数据的快速传送时,前三种方式就不能满足数据传输的要求。

为了提高数据传送的速率,人们提出了直接存储器存取(DMA)的数据传送控制方式,即在一定时间段内,由 DMA 控制器(DMAC)取代 CPU,获得总线控制权,来实现内存与外设或者内存的不同区域之间大量数据快速传送的一种数据传送方式。典型的 DMA 控制器(DMAC)的工作原理如图 8-11 所示。

在 DMA 方式下,数据传送的工作过程大致如下。

(1)首先,外设向 DMAC 发出 DMA 传送请求。

(2)DMAC 通过连接到 CPU 的 HOLD 信号向 CPU 提出 DMA 请求。

(3)CPU 在完成当前总线操作后立即响应 DMAC 占用总线的请求。CPU 的响应包括两个方面:一方面,CPU 将立即放弃总线控制权(CPU 将控制总线、数据总线和地址总线浮空);另一方面,CPU 将有效的 HLDA 信号加到 DMAC 上,通知 DMAC 已让出总线控制权。

图 8-11　DMAC 的工作原理框图

(4)CPU 放弃总线控制权后(即 CPU 将总线浮空后),DMAC 接管系统总线的控制权,并向外设送出 DMA 的应答信号。

(5)DMAC 送出地址信号和控制信号,实现外设与内存或内存不同区域之间大量数据的快速传送。

(6)DMAC 将规定的数据字节传送完之后,通过向 CPU 发出 HOLD 信号,撤销对 CPU 的 DMA 请求。CPU 收到此信号后,一方面使 HLDA 无效,另一方面又重新开始控制总线,实现正常取指令、分析指令、执行指令的操作。

DMA 传送方式主要用于需要高速、大批量数据传送的系统中,以提高数据的吞吐量,如磁盘存取、图像处理、高速数据采集系统、同步通信中的收/发信号等方面的应用。采用 DMA 传送方式是让存储器与外设或外设与外设之间直接交换数据,不需要经过累加器,减少了中间环节,并且内存地址的修改、传送完毕的结束信号都由硬件完成,大大提高了传输速度。DMA 传送方式的优点是以增加系统硬件的复杂性和成本为代价的。因为 DMA 方式和程序控制方式相比,用硬件控制代替了软件控制。另外,DMA 传送期间 CPU 被挂起,CPU 部分或完全失去对系统总线的控制,这可能会影响 CPU 对中断请求的及时响应与处理。因此,在一些小系统或速度要求不高、数据传输量不大的系统中，一般不用 DMA 方式。

DMA 传送虽然脱离 CPU 的控制，但它仍然需要进行控制和管理。通常采用 DMA 控制器来取代 CPU，负责 DMA 传送的全过程控制。目前 DMA 控制器都是可编程的大规模集成芯片，且类型较多。本节以广泛使用的 Intel 8237A 为例介绍 DMA 的内部组成及应用。

8237A 是 Intel 系列高性能可编程 DMA 控制器，使用单一的+5V 电源、单相时钟，是具有 40 引脚双列直插式的大规模集成电路芯片。工作在 5MHz 时钟下的 8237A-5 传速率可达 1.6MB/s。每片 8237A 内部含有 4 个相互独立的通道，每个通道的 DMA 请求可以分别被允许/禁止。4 个通道的 DMA 请求有不同的优先权，可以通过程序设置为固定的或者是旋转的方式。每个通道中地址寄存器的长度为 16 位，可寻址的空间为 64KB，每个通道都有 4 种工作方式。多片 8237 还可以通过级联来增加通道数。

8.2.2 8237A 的内部结构和引脚

1. 8237A 的内部结构

8237A 的内部结构如图 8-12 所示，主要由 4 个独立的 DMA 通道组成。每个通道有方式寄存器、请求寄存器、屏蔽寄存器、基地址寄存器、现行地址寄存器、基字节数寄存器和现行字节数寄存器组成。8237A 内部还包括 4 个通道公用的命令寄存器和状态寄存器等。此外，还有读/写逻辑、时序和控制逻辑、优先权编码逻辑等。

图 8-12   8237A 的内部结构框图

8237A 的数据线、地址线都有三态缓冲器，可以接管或释放总线。内部的优先权编码器单元可以对同时有 DMA 请求的通道进行优先权编码，确定优先权级别。各通道公用一个控制寄存器和状态寄存器。其中暂存器在 8237A 完成存储器到存储器的传送时用于保存数据。完成传送后，暂存器总是保存前一次存储器传送的最后一个字节的内容。

2. 8237A 的引脚功能

8237A 是具有 40 个引脚的双列直插式集成电路芯片，其引脚如图 8-13 所示。

（1）CLK：时钟信号输入引脚。对于标准的 8237A，其输入时钟频率为 3MHz，对于 8237A-5，其输入时钟频率可达 5MHz。

（2）$\overline{CS}$：芯片选择信号输入引脚。

（3）RESET：复位信号输入引脚。用来清除 8237A 中的命令、状态请求和临时寄存器，且使字节指针触发器复位并置位屏蔽触发器中的所有位（即使所有通道工作在屏蔽状态），在复位之后，8237A 工作于空闲周期。

（4）READY：外设向 8237A 提供的高电平有效的"准备好"信号输入引脚。若 8237A 在 S_3 状态以后的时钟下降沿检测到 READY 为低电平，则说明外设还未准备好下一次 DMA 操作，需要插入 S_W 状态，直到 READY 引脚出现高电平为止。

（5）$DREQ_0 \sim DREQ_3$：DMA 请求信号输入引脚，对应于 4 个独立的通道，DREQ 的有效电平可以通过编程来加以确定，优先级可以固定，也可以旋转。

（6）$DACK_0 \sim DACK_3$：对相应通道 DREQ 请求输入信号的应答信号输出引脚。

（7）HRQ：8237A 向 CPU 提出 DMA 请求的输出信号引脚，高电平有效。

（8）HLDA：CPU 对 HRQ 请求信号的应答信号输入引脚，高电平有效。

（9）$DB_0 \sim DB_7$：8 条双向三态数据总线引脚。在 CPU 控制系统总线时，可以通过 $DB_0 \sim DB_7$ 对 8237 编程或读出 8237 内部状态寄存器的内容；在 DMA 操作期间，由 $DB_0 \sim DB_7$ 输出高 8 位地址信号 $A_8 \sim A_{15}$，并利用 ADSTB 信号锁存该地址信号。

在进行内存不同区域之间的 DMA 传送时，$DB_0 \sim DB_7$ 除了送出 $A_8 \sim A_{15}$ 地址信号外，还会分时输入从存储器源区域中读出的数据，送入 8237 的暂存寄存器中，等到存储器写周期时，再将这些数据通过这 8 个引脚由 8237 的暂存寄存器送到系统数据总线上，然后写入到规定的存储单元中。

图 8-13 8237A 的引脚

（10）$A_3 \sim A_0$：4 条双向三态的低位地址信号引脚。在空闲周期，接收来自于 CPU 的 4 位地址信号，用以寻址 8237 内部不同的寄存器（组）；在 DMA 传送时，输出要访问的存储单元或者 I/O 端口地址的低 4 位。

（11）$A_7 \sim A_4$：4 条三态地址信号输出引脚。在 DMA 传送时，输出要访问的存储单元或者 I/O 端口地址的中 4 位。

（12）$\overline{IOR}$：低电平有效的双向三态信号引脚。在空闲周期，它是一条输入控制信号，CPU 利用这个信号读取 8237A 内部状态寄存器的内容；而在 DMA 传送时，它是读端口控制信号输出引脚，与 $\overline{MEMW}$ 相配合，使数据由外设传送到内存。

（13）$\overline{IOW}$：低电平有效的双向三态信号引脚，其功能与 $\overline{IOR}$ 相对应。

（14）$\overline{MEMR}$：低电平有效的双向三态信号引脚，用于 DMA 传送，控制存储器的读操作。

（15）$\overline{MEMW}$：低电平有效的双向三态信号引脚，用于 DMA 传送，控制存储器的写操作。

（16）AEN：高电平有效的输出信号引脚，由它把锁存在外部锁存器中的高 8 位地址送入系统的地址总线，同时禁止其他系统驱动器使用系统总线。

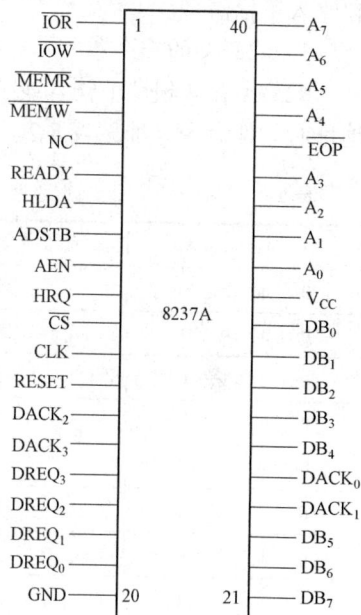

（17）ADSTB：高电平有效的输出信号引脚，此信号把 $DB_7 \sim DB_0$ 上输出的高 8 位地址信号锁存到外部锁存器中。

（18）$\overline{EOP}$：双向，当字节数计数器减为 0 时，在 $\overline{EOP}$ 上输出一个有效的低电平脉冲，表明 DMA 传送已经结束；也可接收外部的 $\overline{EOP}$ 信号，强行结束 8237A 的 DMA 操作或者重新进行 8237A 的初始化。当不使用 $\overline{EOP}$ 端时，应通过数千欧姆的电阻接到高电平上，以免由它输入干扰信号。

3. 8237A 的寄存器

8237A 有 4 根地址输入线 $A_0 \sim A_3$，其片内有 16 个端口可供 CPU 访问。各寄存器的端口地址和软件命令寻址见表 8-2。

表 8-2   8237A 寄存器和软件命令的寻址

A_3 A_2 A_1 A_0	写操作（$\overline{IOW}$ 为 0 时）	读操作（$\overline{IOR}$ 为 0 时）
0 0 0 0	通道 0 地址寄存器	通道 0 现行地址寄存器
0 0 0 1	通道 0 字节数寄存器	通道 0 现行字节数寄存器
0 0 1 0	通道 1 地址寄存器	通道 1 现行地址寄存器
0 0 1 1	通道 1 字节数寄存器	通道 1 现行字节数寄存器
0 1 0 0	通道 2 地址寄存器	通道 2 现行地址寄存器
0 1 0 1	通道 2 字节数寄存器	通道 2 现行字节数寄存器
0 1 1 0	通道 3 地址寄存器	通道 3 现行地址寄存器
0 1 1 1	通道 3 字节数寄存器	通道 3 现行字节数寄存器
1 0 0 0	命令寄存器	状态寄存器
1 0 0 1	请求寄存器	—
1 0 1 0	单通道屏蔽字	—
1 0 1 1	方式寄存器	—
1 1 0 0	清先/后触发器命令	—
1 1 0 1	复位命令	暂存器
1 1 1 0	清屏蔽寄存器命令	—
1 1 1 1	综合屏蔽字	—

各寄存器功能如下：

（1）基地址寄存器。用来保存 DMA 传送时本通道所用到的数据段地址初值，该初值由 CPU 对 8237A 进行初始化编程时写入，但 CPU 不能通过输入指令读出基地址寄存器的值。

（2）现行地址寄存器。用来保存 DMA 传送过程中当前地址值。初始时该寄存器的值与基地址寄存器相同，每次 DMA 传送后其内容自动加 1 或减 1。现行地址寄存器的值可由 CPU 通过两条输入指令连续读出，每次 8 位。若 8237A 编程设定为自动预置，则在每次 DMA 操作结束发出 EOP 信号后，现行地址寄存器将根据基地址寄存器的内容自动恢复初值。

（3）基字节数寄存器。用来保存整个 DMA 操作过程中要传送数据的字节数，这个寄存器的初值由 CPU 在编程时写入，并且该寄存器的内容也不能被 CPU 读出。

（4）现行字节数寄存器。用来保存当前要传送的字节数，初始时该寄存器的值与基字节数寄存器相同，每次 DMA 传送后，此寄存器内容减 1，当它的值减为零时将发出 $\overline{EOP}$ 信号，表明 DMA 操作结束。这个寄存器的值可由 CPU 读出。在自动预置状态下，$\overline{EOP}$ 有效时现行字节数寄存器的值可根据基字节数寄存器的内容自动恢复为起始状态。

（5）暂存器。在存储器到存储器的传送方式下，暂存器用于保存从源存储单元读出的数据。

（6）方式寄存器。用于在 CPU 对 8237A 初始化编程时设定 8237A 的工作方式、地址增减、是否自动预置、传输类型及通道选择。每个通道有一个 8 位的方式寄存器，但是它们占用同一个端口地址，用来存放方式字，依靠方式控制字本身的特征位来区分写入不同的通道，用来规定通道的工作方式，其格式如图 8-14 所示。

图 8-14 方式寄存器格式

自动预置就是当某一个通道按要求将数据传送完后，能自动预置初始地址和传送的字节数，而后重复进行前面已进行过的过程。校验传送就是实际并不进行传送，只产生地址并响应 $\overline{EOP}$ 信号，不产生读/写控制信号，用以校验 8237 的功能是否正常。

（7）命令寄存器。命令寄存器决定数据传输目标、通道的优先级方式、DACK 及 DREQ 的有效电平等。该寄存器只能写不能读，其格式如图 8-15 所示。

图 8-15 命令寄存器格式

（8）请求寄存器。请求寄存器用于在软件控制下产生一个 DMA 请求，就如同外部 DREQ 请求一样，如图 8-16 所示为请求字的格式，D_0D_1 的不同编码用来表示向不同通道发出 DMA 请求。在软件编程时，这些请求是不可屏蔽的，利用命令字即可实现使 8237 按照命令字 D_0D_1 所指的通道完成 D_2 所规定的操作，这种软件请求只用于通道工作在数据块传送方式下。

图 8-16　请求寄存器格式

（9）屏蔽寄存器。8237 的屏蔽字有两种形式：单通道屏蔽字和四通道屏蔽字。单通道屏蔽字的格式如图 8-17 所示，利用这个屏蔽字，每次只能选择一个通道。其中 D_0D_1 的编码指示所选的通道，$D_2=1$ 表示禁止该通道接收 DREQ 请求，$D_2=0$ 表示允许 DREQ 请求。四通道屏蔽字的格式如图 8-18 所示，可以利用这个屏蔽字同时对 8237 的 4 个通道的屏蔽字进行操作，故又称为主屏蔽字。它与单通道屏蔽字占用不同的 I/O 接口地址，以此加以区分。

图 8-17　单通道屏蔽字格式

图 8-18　四通道屏蔽字格式

（10）状态寄存器。状态寄存器存放各通道的状态，CPU 读出其内容后，可得知 8237 的工作状况。状态寄存器的格式如图 8-19 所示。

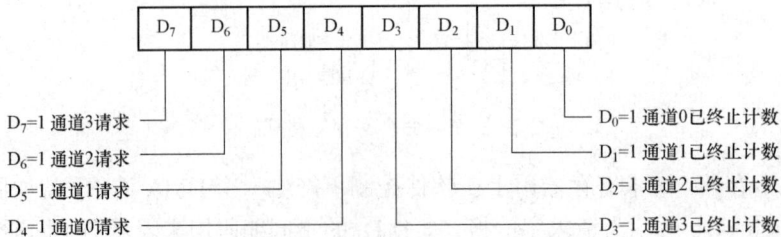

图 8-19　状态寄存器的格式

8.2.3　8237A 的工作方式和传输类型

1. 8237A 的工作方式

8237A 的各个通道在进行 DMA 传送时，共有 4 种工作方式。

（1）单字节传送方式。每次 DMA 操作仅传送一个字节的数据，完成一个字节的数据传送后，8237A 将当前地址寄存器的内容加 1 或减 1，并将当前字节数寄存器的内容减 1，每传送完这一个字节，DMAC 就将总线控制权交回 CPU。

（2）数据块传送方式。在这种传送方式下，DMAC 一旦获得总线控制权便开始连续传送数据。每传送一个字节，自动修改当前地址及当前字节数寄存器的内容，直到将所有规定的字节全部传送完，或收到外部 $\overline{EOP}$ 信号，DMAC 才结束传送，将总线控制权交给 CPU，一次所传送数据块的最大长度可达 64KB，数据块传送结束后可自动初始化。

显然，在这种方式下，CPU 可能会很长时间不能获得总线的控制权。这在有些场合下是不利的，例如，PC 就不能用这种方式，因为在块传送时，8088 不能占用总线，无法实现对 DRAM 的刷新操作。

（3）请求传送方式。只要 DREQ 有效，DMA 传送就一直进行，直到连续传送到字节计数器为 0，或外部输入使 $\overline{EOP}$ 变低，或 DREQ 变为无效时为止。

（4）级联传送方式。利用这种方式可以把多个 8237 连接在一起，以便扩充系统的 DMA 通道数。下一级的 HRQ 接到上一级某一通道的 DREQ 上，而上一级的响应信号 DACK 可接到下一级的 HLDA 上。在级联方式下，当第二级 8237 的请求得到响应时，第一级 8237 仅应输出 HRQ 信号而不能输出地址及控制信号，因为第二级的 8237 才是真正的主控制器，而第一级的 8237 仅应起到传递 DREQ 请求信号及 DACK 应答信号的作用。

2. 8237A 的 DMA 传输类型

DMA 所支持的 DMA 传送可以在 I/O 接口到存储器、存储器到 I/O 接口及内存的不同区域之间进行，它们具有不同的特点，所需要的控制信号也不相同。

（1）I/O 接口到存储器的传送。当进行由 I/O 接口到存储器的数据传送时，来自 I/O 接口的数据利用 DMAC 送出的 $\overline{IOR}$ 控制信号，将数据输送到系统数据总线 $D_0 \sim D_7$ 上，同时 DMAC 送出存储器单元地址及 $\overline{MEMW}$ 控制信号，将存于 $D_0 \sim D_7$ 上的数据写入所选中的存储单元中。这样就完成了由 I/O 接口到存储器一个字节的传送。同时 DMAC 修改内部地址及字节数寄存器的内容。

（2）存储器到 I/O 接口。与前一种情况类似，在进行这种传送时，DMAC 送出存储器地址及 $\overline{MEMW}$ 控制信号，将选中的存储单元中的内容读出放在数据总线 $D_0 \sim D_7$ 上，接着 DMAC 送出 $\overline{IOW}$ 控制信号，将数据写到指定的端口中去，而后 DMAC 自动修改内部的地址及字节数寄存器的内容。

（3）存储器到存储器。8237 具有存储器到存储器的传送功能，利用 8237 编程命令寄存器，可以选择通道 0 和通道 1 两个通道来实现由存储器到存储器的传送。在进行传送时，采用数据块传送方式，由通道 0 送出内存源区域的地址和 $\overline{MEMR}$ 控制信号，将所选中内存单元的数据读到 8237 的暂存寄存器中，通道 0 修改地址及字节数寄存器的值；接着由通道 1 输出内存目的区域的地址及 $\overline{MEMW}$ 控制信号，将存放在暂存寄存器中的数据通过系统数据总线写入到内存的目的区域中，之后通道 1 修改地址和字节数寄存器的内容，通道 1 的字节计数器减到零或外部输入 $\overline{EOP}$ 时可结束一次 DMA 传输过程。

8.2.4 8237A 的初始化编程及应用

8237A 工作前应先由 CPU 对其进行初始化编程，设定工作方式及内部各寄存器的值。初始化编程包括输出总清除命令、设置基地址与现行地址寄存器、设置基字节数寄存器与现行字节数寄存器、写入方式寄存器、写入屏蔽寄存器、写入命令寄存器。若不使用软件请求，在完成上述编程后，由各通道的 DMA 请求信号 DREQ 启动 DMA 传送过程；若使用软件请求，需将请求寄存器中的内容写入指定通道后开始 DMA 传送过程。

在对 8237A 初始化之前，通常必须对 8237A 进行复位操作，利用系统总线上的 RESET 信号或软件命令对 $A_3A_2A_1A_0$ 为 1101 的地址进行写操作，均可使 8237 复位。复位后，8237 内部的屏蔽寄存器被置位而其他所有寄存器被清零，复位操作使 8237 进入空闲状态，这时才可以对 8237 进行初始化操作。

【例 8.7】 在 IBM PC/XT 中，利用 8237A 通道 0 输出存储器地址进行 DRAM 的刷新操作，其 DMA 传送程序如下。

```
MOV   AL,00H
OUT   DMA+0DH,AL        ;DMAC 复位命令
MOV   AL,00H            ;固定优先权,DREQ 高有效,DACK 低有效,滞后写,正常时序
OUT   DMA+08H,AL        ;DMAC 命令字写入命令寄存器
MOV   AL,00H
OUT   DMA+00H,AL        ;写入通道 0 的地址寄存器低字节
OUT   DMA+00H,AL        ;写入通道 0 的地址寄存器高字节
MOV   AL,0FFH           ;通道 0 的传送字节数为 64KB,先写低位,后写高位
OUT   DMA+01H,AL        ;写入通道 0 的字节数寄存器低字节
OUT   DMA+01H,AL        ;写入通道 0 的字节数寄存器高字节
MOV   AL,58H            ;通道 0 方式字:单字节传送、DMA 读、地址增量、自动初始化
OUT   DMA+0BH,AL
MOV   AL,00H            ;通道 0 屏蔽字:允许 DREQ 提出申请
OUT   DMA+0AH,AL
```

值得注意的是，在初始化通道 0 时，未初始化地址。因为地址寄存器仅用于送出 DRAM 的行地址，执行总清除命令后它们的初始值为 0，而后根据方式字地址递增，实现每次刷新一行。再就是 PC 中 DMA 方式不是通过 8088 CPU 的 HOLD 实现的，而是利用等待方式来实现的。这时 CPU 处于等待操作状态，把系统总线交给 DMAC 来控制。

【例 8.8】 假设采用 IBM PC/XT 中 DMA 通道 1 传送 1KB 外设数据，内存起始地址为 36000H，其 DMA 传送程序如下：

```
MOV   AL,45H            ;通道 1 方式字:单字节 DMA 写传送,地址增量,非自动初始化
OUT   DMA+0BH,AL
OUT   DMA+0CH,AL        ;清先/后触发器
MOV   AL,00H
OUT   DMA+02H,AL        ;写入低 8 位地址到地址寄存器
MOV   AL,60H
OUT   DMA+02H,AL        ;写入中 8 位地址到地址寄存器
MOV   AL,03H
OUT   81H,AL           ;写入高 4 位地址到页面寄存器,地址 81H 为已知
MOV   AX,1023          ;传送字节数减 1 后送入 AX
OUT   DMA+03H,AL        ;传送字节数低 8 位到字节数寄存器
MOV   AL,AH
```

```
            OUT   DMA+03H,AL           ;传送字节数高 8 位到字节数寄存器
            MOV   AL,01H               ;传送字节数减 1 后送入 AX
            OUT   DMA+0AH,AL           ;单通道屏蔽字:允许通道 1 的 DMA 请求
            …                          ;其他操作
DMALOOP:
            IN    AL,DMA+08H           ;读状态寄存器
            AND   AL,02H               ;判断通道 1 是否传送结束
            JZ    DMALOOP              ;没有结束,则循环等待
            …
```

思考与练习

8-1　8253 计数器/定时器有哪些特点?

8-2　8253 有几个计数通道,每条计数通道有哪些信号线,其作用是什么?

8-3　8253 的内部寄存器及各位的意义是什么?

8-4　对 8253 进行初始化编程分哪几步进行?

8-5　设 8253 的通道 0～2 和控制端口的地址分别为 300H,301H,302H 和 303H,定义通道 0 工作在方式 3,CLK_0 为 2MHz。试编写初始化程序,并画出硬件连线图。要求通道 0 输出 1.5kHz 的方波,通道 1 用通道 0 的输出作计数脉冲,输出频率为 300Hz 的序列负脉冲,通道 2 每秒钟向 CPU 发 50 次中断请求。

8-6　设 8253 的 3 个计数器的端口地址为 200H、201H 和 202H,控制端口地址为 203H。输入时钟为 2MHz,要求通道 1 周期性地发出脉冲,其脉冲周期为 1ms,试编写初始化程序。

8-7　什么是 DMA 传送方式? 为什么 DMA 方式能够实现数据高速传送?

8-8　DMA 方式下,数据传送的工作过程是什么?

8-9　DMA 控制器 8237A 包含哪些寄存器? 试简述各寄存器的作用。

8-10　试简要说明 8237A 的初始化步骤。

8-11　设 8237A 的端口地址为 00H～0FH。利用 8237A 通道 1 在存储器的两个区域 BUF1 和 BUF2 之间直接传送 100 个数据,采用连续传送方式,传送完毕后不进行自动预置,试编写初始化程序。

第9章 并行接口与串行接口

计算机与外部设备之间或计算机与计算机之间的信息交换或数据传输称为通信。计算机的通信有两种基本方式：并行通信和串行通信。通信过程中，如果数据的所有位被同时传送出去，称为并行通信；如果数据被逐位顺序传送，则称为串行通信。计算机与外设的接口按照通信方式的不同，分为并行接口和串行接口两种。并行通信和串行通信指的是接口与外部设备一侧的通信方式，而接口与 CPU 之间的通信是并行的。并行接口和串行接口在与 CPU 连接的一侧是相似的，它们在结构和功能上的主要差别在于：串行接口在发送数据时需要实现并/串转换，在接收数据时需要进行串/并转换。

本章在讨论并行接口和串行接口基本概念的基础上，介绍可编程并行接口芯片8255A 和可编程串行通信接口芯片 8251A 的内部结构、工作方式、编程及应用。

9.1 可编程并行接口芯片 8255A

9.1.1 并行接口概述

1. 并行接口的特点

（1）并行接口是在多根数据线上以数据字节或字为单位与 I/O 设备或被控对象传输数据。如并行打印机接口，键盘显示器接口，A/D、D/A 转换器接口等。

（2）并行接口适用于近距离数据传输。并行通信是指两个功能模块之间有多条数据信号传送线路，这样功能模块之间可以一次同时传送多位数据，传送速度快。由于所需的数据传送线路较多，造价高，因此并行通信适用于近距离、快速数据交换的场合。

（3）在并行接口中，8 位或 16 位是同时传输的。因此，采用并行接口与外设交换数据时，即使是用到其中的一位，也是一次输入/输出 8 位或 16 位。

（4）并行传送的信息不要求固定的格式，这与串行传送的信息有固定格式的要求不同。

2. 并行接口的类型

从并行接口数据传送的方向看，可分为两种，一种是单向传送（只作为输入口或只作为输出口）；另一种是双向传送（既可作为输入口，也可作为输出口）。

从并行接口的电路结构看，并行接口可分为硬接线接口和可编程接口。硬接线接口的工作方式和功能单一，只能完成数据的传送，如果系统中需要控制和状态信息，只能由用户定义，使用不方便。也就是说，采用该方式一旦完成硬件电路设计，则接口的工作方式就被固定了。此类接口常由数据锁存器、数据缓冲器等组成，用于 CPU 与外部设备之间不需要联络信号的并行数据传输，如开关量的读取、发光二极管的控制等。可编程接口可以用软件编程的方法改变接口的工作方式及功能，具有广泛的适应性和很高的灵活性，在微机系统中得到广泛应用。

9.1.2 8255A 的内部结构与引脚功能

Intel 8255A 是一种通用的可编程并行接口芯片，它具有 24 根 I/O 引脚，采用双排直插式封装，使用单一+5V 电源，全部输入/输出与 TTL 电平兼容。

1. 8255A 的内部结构

8255A 的内部结构如图 9-1 所示，它由 4 部分组成。

图 9-1 8255A 的内部结构

（1）数据端口 A、B、C。8255A 有三个 8 位数据端口，即端口 A、端口 B 和端口 C。设计人员可通过编程使它们分别作为输入端口或输出端口。但三个端口各有特点。

①端口 A 包含一个 8 位数据输入锁存器和一个 8 位数据输出锁存器/缓冲器。用端口 A 作为输入或输出时，数据均受到锁存。

②端口 B 和端口 C 均包含一个 8 位数据输入缓冲器和一个 8 位数据输出锁存器/缓冲器。

在使用中，端口 A 和端口 B 常常作为独立的输入和输出端口。端口 C 除了可作为独立的输入或输出端口外，还可以配合端口 A 或端口 B 工作，端口 C 可以分成两个 4 位的端口，分别为端口 A 和端口 B 的控制信号或状态信号。

（2）A 组和 B 组控制电路。这两组控制电路一方面接收 CPU 发来的控制字并决定 8255A 的工作方式；另一方面接收来自读/写控制电路的读/写命令，完成接口的读/写操作。

A 组控制电路用来控制 A 口及 C 口的高 4 位；B 组控制电路用来控制 B 口及 C 口的低 4 位。

（3）数据总线缓冲器。数据总线缓冲器是一个 8 位的双向三态缓冲器。8255A 通过它与系统总线连接。输入/输出数据、CPU 发给 8255A 的控制字都是通过这个缓冲器进行的。

（4）读/写控制逻辑。读/写控制逻辑电路负责管理 8255A 的数据传输过程。它接收译码电路片选信号 $\overline{CS}$ 和来自地址总线的 A_0 和 A_1 信号，以及控制总线的 RESET、$\overline{RD}$、$\overline{WR}$ 信号，将这些信号进行组合后，得到对 A 组控制部件和 B 组控制部件的控制命令，并将命令发给这两个部件，以完成对数据信息、状态信息和控制信息的传输。

2. 8255A 的引脚功能

8255A 芯片除电源和地引脚以外，其他引脚可分为两组，引脚如图 9-2 所示。

（1）8255A 与外设连接引脚。

8255A 与外设连接的有 24 条双向、三态数据引脚，分成三组，分别对应 A、B、C 三个数据端口：$PA_0\sim PA_7$、$PB_0\sim PB_7$、$PC_0\sim PC_7$。

（2）8255A 与 CPU 连接引脚。

①$D_0\sim D_7$：8 位，双向、三态数据线，用来与系统数据总线相连。

②RESET：复位信号，高电平有效。复位时所有内部寄存器清除，并置 A 口、B 口、C 口均为输入方式。

③$\overline{CS}$：片选信号，低电平有效，输入，该信号有效时 8255A 被选中。

④$\overline{RD}$：读信号，低电平有效，输入，该信号有效时 CPU 可向 8255A 读取输入数据或状态信息。

⑤$\overline{WR}$：写信号，低电平有效，输入，该信号有效时 CPU 可向 8255A 写入控制字或输出数据。

图 9-2　8255A 的引脚图

⑥A_1、A_0：片内端口选择信号，输入。这两个引脚上的信号组合决定对 8255A 内部的哪一个口或寄存器进行操作。8255A 内部共有 4 个端口：A 口、B 口、C 口和控制口，两个引脚的信号组合选中端口见下表。

8255A 的 $\overline{CS}$、$\overline{RD}$、$\overline{WR}$、A_1、A_0 控制信号和传输操作之间的关系见表 9-1。

表 9-1　　　　　　　　　　8255A 的操作功能表

$\overline{CS}$	$\overline{RD}$	$\overline{WR}$	A_1	A_0	操　作	数据传送方式
0	0	1	0	0	读 A 口	A 口数据→数据总线
0	0	1	0	1	读 B 口	B 口数据→数据总线
0	0	1	1	0	读 C 口	C 口数据→数据总线
0	1	0	0	0	写 A 口	数据总线数据→A 口
0	1	0	0	1	写 B 口	数据总线数据→B 口
0	1	0	1	0	写 C 口	数据总线数据→C 口
0	1	0	1	1	写控制口	数据总线数据→ 控制口

9.1.3　8255A 的控制字

8255A 有两个控制字：方式选择控制字和端口 C 置位/复位控制字。这两个控制字公用一个地址，即控制端口地址。用控制字的 D_7 位来区分这两个控制字，$D_7=1$ 为方式选择控制字；$D_7=0$ 为端口 C 置位/复位控制字。

1. 方式选择控制字

方式选择控制字格式如图 9-3 所示。$D_0\sim D_2$ 用来对 B 组的端口进行工作方式设定；$D_3\sim$

D_6 用来对 A 组的端口进行工作方式设定；最高位为 1 是方式选择控制字标志。

D_7	D_6	D_5	D_4	D_3	D_2	D_1	D_0
1	A组 工作方式		A口	$C_{7\sim4}$	B组 工作方式	B口	$C_{3\sim0}$

特征位

00方式0　　　0输入　　0输入　　0方式0　　0输出　　0输出
01方式1　　　1输出　　1输出　　1方式1　　1输入　　1输入
10方式2

图 9-3　方式选择控制字格式

2. 端口 C 置位/复位控制字

端口 C 置位/复位控制字格式如图 9-4 所示。$D_3 \sim D_1$ 三位的编码与端口 C 的某一位相对应；D_0 决定置位或复位操作；最高位为 0，是端口 C 置位/复位控制字标志。

9.1.4　8255A 的工作方式

8255A 有以下三种工作方式，用户可以通过编程来设置。

1. 方式 0（基本输入/输出）

在方式 0 下，每一个端口都作为基本的输入或输出口，端口 C 的高 4 位和低 4 位及端口 A、端口 B 都可独立地设置为输入口或输出口。4 个端口的输入/输出有 16 种组合。

0	D_6	D_5	D_4	D_3	D_2	D_1	D_0

0——复位
1——置位

无意义

置位/复位引脚编码
000——PC_0
001——PC_1
111——PC_7

图 9-4　端口 C 置位/复位控制字格式

8255A 工作于方式 0 时，CPU 可采用无条件读写方式与 8255A 交换数据，也可以采用查询方式与 8255A 交换数据。采用查询方式时，可利用端口 C 作为与外设的联络信号。

方式 0 的应用场合有两种：一种是同步传送；另一种是查询传送。

2. 方式 1（选通输入/输出）

方式 1 下三个端口分为 A、B 两组，端口 A、端口 B 仍作为输入或输出口，端口 C 分成两部分，一部分（6 位，分成两个 3 位）作为端口 A 和端口 B 的联络信号；另一部分（两位）仍可作为基本的输入/输出口。

（1）方式 1 输入。图 9-5 给出了 8255A 的 A 口和 B 口方式 1 的输入组态。

图 9-5　方式 1 输入组态

C 口的 $PC_3 \sim PC_5$ 用作 A 口的应答联络线，$PC_0 \sim PC_2$ 用作 B 口的应答联络线，余下的 $PC_6 \sim PC_7$ 则可作为方式 0 使用。

应答联络线的功能如下：

①$\overline{STB}$：选通输入。用来将外设输入的数据打入 8255A 的输入缓冲器。

②IBF：输入缓冲器满。作为 STB 的应答信号。

③INTR：中断请求信号。INTR 置位的条件是 STB 为高，IBF 为高，且 INTE 为高。

④INTE：中断允许。对 A 口来讲，由 PC_4 置位来实现，对 B 口来讲，则由 PC_0 置位来实现。事先将其置位。

（2）方式 1 输出。图 9-6 给出了 8255A 的 A 口和 B 口方式 1 的输出组态。

C 口的 PC_3、PC_6、PC_7 用作 A 口的应答联络线，$PC_0 \sim PC_2$ 用作 B 口的应答联络线，余下的 $PC_4 \sim PC_5$ 则可作为方式 0 使用。

图 9-6 方式 1 的输出组态

应答联络线的功能如下。

①$\overline{OBF}$：输出缓冲器满。当 CPU 已将要输出的数据送入 8255A 时有效，用来通知外设可以从 8255A 取数。

②$\overline{ACK}$：响应信号。作为对 $\overline{OBF}$ 的响应信号，表示外设已将数据从 8255A 的输出缓冲器中取走。

③INTR：中断请求信号。INTR 置位的条件是 ACK 为高，OBF 为高，且 INTE 为高。

④INTE：中断允许。对 A 口来讲，由 PC_6 的置位来实现，对 B 口来讲，则由 PC_2 的置位来实现。

3. 方式 2（双向选通输入/输出）

8255A 的方式 2 可使 8255A 与外设进行双向通信，既能发送数据，又能接收数据。可采用查询方式和中断方式进行传输。

图 9-7 方式 2 的输出组态

只有 A 口才有方式 2。这时，C 口 $PC_7 \sim PC_3$ 用作 A 口的应答联络线，其余 $PC_0 \sim PC_2$ 可用作方式 0，也可用作 B 口方式 1 的应答联络线。方式 2 的联络如图 9-7 所示。

$INTE_1$ 为输出中断允许，由 PC_6 置位/复位；$INTE_2$ 为输入中断允许，由 PC_4 置位/复位。

当端口 A 工作于方式 2、端口 B 工作于方式 0 时，$PC_7 \sim PC_3$ 作为端口 A 的联络线，$PC_0 \sim PC_2$ 可工作于方式 0；当端口 A 工作于方式 2、端口 B 工作于方式 1 时，$PC_7 \sim PC_3$ 作为端口 A 的联络线，$PC_0 \sim PC_2$ 作为端口 B 的联络线。

方式 2 和其他方式的组合如下：

①方式 2 和方式 0 输入的组合。控制字：11XXX01T

②方式 2 和方式 0 输出的组合。控制字：11XXX00T

③方式 2 和方式 1 输入的组合。控制字：11XXX11X

④方式 2 和方式 1 输出的组合。控制字：11XXX10X

其中 X 表示与其取值无关，而 T 表示视情况可取 1 或 0。

9.1.5 8255A 的应用

应用 8255A 并行接口芯片设计的键盘采用行扫描法。

行扫描法原理：键盘的行线为扫描输出线，列线为状态输入线，且使列线都处于高电平状态。若行线输出低电平，只要某列有按键按下，那么该列就被按键触点短接到行线，因此该列都变为低电平。不按键时行线与列线之间没有接触点，列线输入仍为高电平。

使键盘上某一行线为低电平，而其余行接高电平，然后读取列值，如果列值中有某位为低电平，则表明行列交点处的键被按下；否则扫描下行，直到扫完全部行线为止。

【例 9.1】 扫描键盘按键并保存相应键值，硬件如图 9-8 所示。设 8255A 的端口地址为300H～303H，接收 100 个按键后结束。

图 9-8 键盘接口电路

分析：检测键盘输入过程如下：PA0～PA3 送全 "0"，再读取 PB0～PB2，若全为 "1"，则表示无键闭合。若有键闭合，则进行键扫描。键扫描方法如下：使 PA0 为 0，PA1～PA3为高电平，读取 PB0～PB2，如果是全 "1"，则表示该列无键闭合；否则闭合键在该列上，再进一步判断读取的数据中哪一位为 "0"，从而确定闭合键。若该列无键闭合，则依次使 PB1、PB2 进行上述操作。

```
DATA SEGMENT
  BUFFER DB 100 DUP(?)
DATA ENDS
```

```
CODE SEGMENT
    ASSUME CS:CODE,DS:DATA
    START:  MOV AX,DATA
            MOV DS,AX
            LEA SI,BUFFER
            MOV CL,100          ;初始化按键次数
            MOV AL,81H          ;8255A 控制字
            MOV DX,303H
            OUT DX,AL           ;8255A 初始化
    KS1:    CALL KS             ;读取按键
            CMP AL,0FH          ;判断有无键闭合
            JZ KS1              ;无键闭合,循环等待
            CALL DELAY          ;延时 12ms,消除抖动
            CALL KS
            CMP AL,0FH          ;再次判断有无键闭合
            JZ KS1
            MOV BL,0EFH         ;初始化列码
            MOV BH,0            ;初始化列计数器
    AGAIN:  MOV DX,302H
            MOV AL,BL
            OUT DX,AL           ;输出列码
            IN AL,DX            ;读取行码
            AND AL,0FH
            CMP AL,0FH
            JZ NEXT            ;该列无键闭合,准备下一列扫描
            CMP AL 0EH          ;判断该列是否第一个键闭合
            JNZ TWO
            MOV AL,0
            JMP FREE
    TWO:    CMP AL,0DH          ;判断该列是否第二个键闭合
            JNZ THREE
            MOV AL,4
            JMP FREE
    THREE:  CMP AL,0BH          ;判断该列是否第三个键闭合
            JNZ FOUR
            MOV AL,8
            JMP FREE
    FOUR:   CMP AL,07H          ;判断该列是否第四个键闭合
            JNZ NEXT
            MOV AL,0CH
    FREE:   PUSH AX
    WAIT1:  CALL KS
            CMP AL,0FH
            JNZ WAIT1          ;键未释放,则等待
            POP AX
            ADD AL,BH           ;按键键值=扫描键值+列计数值
            MOV [SI],AL         ;保存相应按键键值
            INC SI
            DEC CL
            JZ EXIT            ;判断是否接收到 100 个按键
            JMP KS1
```

```
        NEXT: INC BH                    ;列计数值加1
              ROL BL,1                  ;列码循环左移一位
              CMP BL,0FEH               ;判断该轮键扫描是否结束
              JNZ AGAIN
              JMP KS1
        EXIT: MOV AH,4CH                ;返回DOS
              INT 21H

       KS PROC NEAR
              MOV DX,302H
              MOV AL,0FH
              OUT DX,AL                 ;使所有行线为低电平
              IN AL,DX                  ;读取列值
              AND AL,00000111           ;屏蔽高5位
              RET
          KS ENDP
    DELAY  PROC  NEAR                   ;延时子程序
          PUSH BX
          PUSH CX
          MOV BX,2000
     DEL1: MOV CX,0
     DEL2: LOOP DEL2
          DEC BX
          JNZ DEL1
          POP CX
          POP BX
          RET
      DELAY ENDP
      CODE  ENDP
       END  START
```

9.2　可编程串行通信接口芯片 8251A

9.2.1　串行通信的基本概念

串行通信是指利用一条传输线将数据一位一位地按顺序分时传输。当传输一个字节的数据时，8 位数据通过一条线分 8 个时间段发出，发出顺序一般由低位到高位。

串行通信的优势是用于通信的线路少，因而在远距离通信时可以降低通信成本。另外，它还可以利用现有的通信信道（如电话线路等），使数据通信系统遍布千万个家庭和办公室。串行通信适合于远距离数据传输，如微型机与计算中心之间、微机系统之间或其他系统之间。串行通信也由于连线方便而常用于速度要求不高的近距离数据传输，如房间内的微型机之间、微型机与绘图机之间、微型机与字符显示器之间。PC 系统上都有两个串行异步通信接口，键盘、鼠标与主机之间也采用串行数据传输。

相对于并行通信方式，串行通信速度较慢。目前，高速的串行通信标准如 USB 接口标准已制定，并获得了广泛应用。

1. 数据传送方式

按串行通信的数据在通信线路进行传送的方向可分为单工、半双工和全双工通信三种方

式。如图 9-9 所示。

（1）单工通信方式。单工通信就是指数据的传送始终保持同一个方向，而不能进行反向传送，如图 9-9（a）所示。其中 A 端只能作为发送端发送数据，B 端只能作为接收端接收数据。

（2）半双工通信方式。半双工通信就是指信息流可以在两个方向上传送，但同一时刻只限于一个方向上的传送，如图 9-9（b）所示。其中 A 端和 B 端都具有发送和接收功能，但传送线路只有一条，或者 A 端发送 B 端接收，或者 B 端发送 A 端接收。

（3）全双工通信方式。全双工通信能在两个方向上同时发送和接收，如图 9-9（c）所示。A 端和 B 端双方都可以一方面发送数据，一方面接收数据。

图 9-9　数据传送方式

（a）单工方式；（b）半双工方式；（c）全双工方式

2. 同步通信和异步通信

串行通信按信息传输格式分为异步通信（ASYNC）和同步通信（SYNC）两种。在串行通信中发送端与接收端之间的同步问题是数据通信中的一个重要问题。同步不好，轻者导致误码增加，重者则使整个系统不能正常工作。为解决这一传送过程中的问题，在串行通信中采用了两种同步技术，即异步通信和同步通信。

（1）异步通信。异步通信也称起止式传送，它是利用起止法来达到收发同步目的的。异步通信以一个字符为传输单位，接收设备在收到起始信号之后只要在一个字符的传输时间内能和发送设备保持同步就能正确接收。下一个字符起始位的到来又使同步重新校准。

异步通信时，数据是一帧一帧（包括一个字符代码或一个字节数据）传送的。在帧格式中，一个字符由四部分组成：起始位、数据位、奇偶校验位和停止位，首先字节传送的起始位由"0"开始；然后是编码的字符，通常规定低位在前，高位在后；接下来是校验位（可省略）；最后停止位"1"（可以是 1 位、1.5 位或 2 位）表示字节的结束。格式如下。

空闲位	启动	字符数据					奇偶校验	停止	空闲位	启动	字符数据		
111	0	I/O	I/O	…	I/O	I/O		1	1111		I/O	I/O	…

（第n个字符 / 第n+1个字符）

采用异步通信方式时，硬件结构简单，但是传送每一个字节都要加起始位、停止位，因而传送效率低，主要用于中、低速通信。

（2）同步通信。同步通信以一个帧为传输单位，每个帧中包含有多个字符。在通信过程中，每个字符间的时间间隔是相等的，而且每个字符中各相邻位代码间的时间间隔也是固定的。同步通信的数据格式如下。

同步字符		数据块							同步字符	
		数据1	数据2	…	数据n	校验字符1	校验字符2			

同步通信在数据开始处用同步字符（通常为 1～2 个）来指示。由定时信号（时钟）来实现收发端的同步，一旦检测到与规定的同步字符相符合，接下来就连续按顺序传送数据。在这种传送方式中，数据以一组数据（数据块）为单位进行传送，数据块中每个字节不需要起始位和停止位，因而克服了异步通信效率低的缺点，但同步传送所需的软硬件价格是异步传送的 8～12 倍。因此通常在数据传递速率超过 2000b/s 的系统中才采用同步通信方式。

3. 波特率与收/发时钟

波特率是衡量数据传送速率的指标，表示每秒钟传送的二进制位数。以位/秒（b/s）为单位，也称为波特。例如，数据传送速率为 960 字符/s，而每一个字符为 10 位，则其传送的波特率为 10×960=9600b/s=9600b/s。

在异步串行通信中，发送端需要用一定频率的时钟来决定发送每 1 位数据所占的时间长度（称为位宽度），接收端也要用一定频率的时钟来测定每一位输入数据的位宽度。发送端使用的用于决定数据位宽度的时钟称为发送时钟，接收端使用的用于测定每一位输入数据位宽度的时钟称为接收时钟。由于发送/接收时钟决定了每一位数据的位宽度，所以发送/接收时钟频率的高低决定了串行通信双方发送/接收字符数据的速度。

在异步通信中，总是根据数据传输的波特率来决定接收/发送时钟的频率的。通常，接收/发送时钟的频率总是取波特率的 16、32 倍或 64 倍，这有利于在位信号的中间对每位数据进行多次采样，以减少读数错误。

4. 信息传输方式

（1）基带传输方式。在传输线路上直接传输不加调制的二进制信号，这种传输方式称为基带传输方式。它要求传送线的频带较宽，传输的数字信号是矩形波。基带传输方式仅适用于近距离和速度较低的通信。基带传输方式如图 9-10 所示。

（2）频带传输方式。传输经过调制的模拟信号在长距离通信时，发送方要用调制器把数字信号转换成模拟信号，接收方则用解调器将接收到的模拟信号再转换成数字信号，这就是信号的调制解调。

图 9-10　基带传输方式

实现调制和解调任务的装置称为调制解调器（MODEM）。采用频带传输时，通信双方各接一个调制解调器，将数字信号寄载在模拟信号（载波）上加以传输。因此这种传输方式也称为载波传输方式。这时的通信线路可以是电话交换网，也可以是专用线。

常用的调制方式有三种：调幅、调频和调相，分别如图9-11所示。

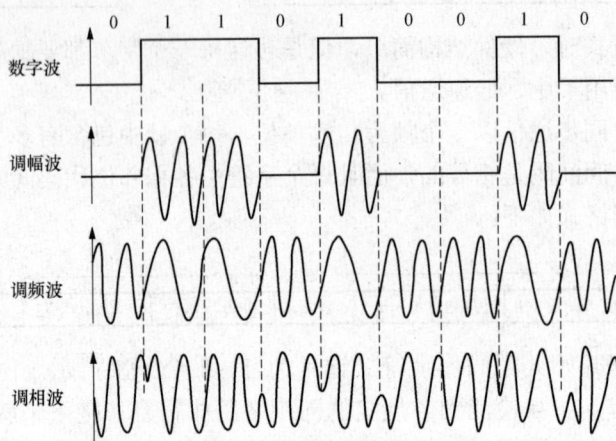

图9-11　频带传输方式

5. 传送介质

目前普遍使用的传送介质有同轴电缆、双绞线、光缆，其他介质，如无线电、红外微波等在 PLC 网络中应用很少。其中双绞线（带屏蔽）成本低、安装简单；光缆尺寸小、质量轻、传输距离远，但成本高、安装维修需专用仪器。

6. 串行接口标准

（1）RS-232C 接口。RS-232C 是得到广泛使用的串行异步通信接口标准。它是 EIA（美国电子工业协会）于 1962 年公布，并于 1969 年修订的串行接口标准。事实上已经成为国际上通用的标准串行接口。1987 年 1 月，RS-232C 经修改后正式改名为 EIA-232D。1991 年修改为 EIA-232E，1997 年又修改为 EIA-232F。由于标准修改不多，现在很多厂商仍习惯于使用"RS-232C"这个名字。

最初，RS-232C 串行接口的设计目的是用于连接调制解调器。目前，RS-232C 已成为数据终端设备 DTE（如计算机）与数据通信设备 DCE（如调制解调器）的标准接口。利用 RS-232C 接口不仅可以实现远距离通信，也可以近距离连接两台微机或电子设备。RS-232C 接口规定使用 25 针连接器，一般应用中并不会用到全部信号线，所以在实际应用中常使用 9 针连接器代替 25 针连接器，计算机侧使用的是 9 针阳头连接器。注意，阳头和阴头信号线的定义。RS-232C 标准采用 EIA 电平，规定："1"的逻辑电平在–15～–3V 之间，"0"的逻辑电平在+3～+15V 之间。由于 EIA 电平与 TTL 电平完全不同，必须进行相应的电平转换，MC1488 完成 TTL 电平到 EIA 电平的转换，MC1489 完成 EIA 电平到 ITL 电平的转换。单电源电平转换芯片 MAX232 片内有两个发送器、两个接收器，符合 RS-232C 接口标准，可以实现全双工数据发送和接收。

（2）RS-422A 与 RS-485 接口。采用 RS-232C 接口存在着传输距离短、传输速率低、有电平偏移和抗干扰能力差等问题，因此 EIA 协会制定了新的串行通信标准 RS-422A，它是平衡型电压数字接口电路的电气标准。RS-422A 与 RS-232C 的主要区别是收发双方的信号地不再共用，且每个方向用于传输数据的是两条平衡导线。所谓"平衡"是指输出驱动器为双端平衡驱动器。如果其中一条线为逻辑"1"状态，另一条线就为逻辑"0"，比采用单端不平衡驱动对电压的放大倍数大一倍。驱动器输出允许范围是 ±2～±6V。差分电路能从地线干扰中拾取有效信号，差分接收器可以分辨 200mV 以上的电位差。若传输过程中混入了干扰和噪声，由于差分放大器的作用，可使干扰和噪声相互抵消，大大减弱了地线干扰和电磁干扰的影响。

RS-485 是 RS-422A 的变型，RS-422A 用于全双工，RS-485 用于半双工。RS-485 是一种多发送器标准，在通信线路上最多可以使用 32 对差分驱动器/接收器。如果在一个网络中连接的设备超过 32 个，还可以使用中继器。RS-485 的信号传输采用两线间的电压来表示逻辑"0"和逻辑"1"。由于发送方需要两根传输线，接收方也需要两根传输线，传输线采用差动信道，所以它的干扰抑制性极好。又因为它的阻抗低，无接地问题，所以传输距离可达 1200m，传输速率可达 1Mb/s。RS-485 是一点对多点的通信接口，一般采用双绞线结构。通用计算机一般不带 RS-485 接口，需要使用 RS-232C/RS-485 转换器来完成电平转换。

RS-422 定义了一种平衡通信接口，将传输速率提高到 10Mb/s，传输距离延长到 1200m（速率低于 100Kb/s 时），并允许在一条平衡总线上连接最多 10 个接收器。RS-422 是一种单机发送、多机接收的单向平衡传输规范，被命名为 TIA/EIA-422-A 标准。为扩展应用范围，EIA 于 1983 年在 RS-422 基础上制定了 RS-485 标准，增加了多点、双向通信能力，它允许多个发送器连接到同一条总线上，同时增加了发送器的驱动能力和冲突保护特性，扩展了总线共模范围，后命名为 TIA/EIA-485-A 标准。由于 EIA 提出的建议标准都是以 RS 作为前缀，所以在通信工业领域，仍然习惯将上述标准以 RS 作前缀称谓。RS-232、RS-422 与 RS-485标准只对接口的电气特性做出规定，而不涉及接插件、电缆或协议，在此基础上用户可以建立自己的高层通信协议。

9.2.2　8251A 的功能及结构

1. 8251A 的基本功能

8251A 是可编程串行通信接口芯片，可通过编程实现串行接口的基本任务。8251A 能以同步方式或异步方式工作。与之相类似的可编程串行通信接口芯片还有 8250 及 16550。8250是异步收发器，只能工作在异步通信方式。早期的 PC 系统机型中，8250 是使用最为广泛的异步串行通信接口芯片，另一款芯片 16550 完全兼容 8250。同其他单一功能的可编程接口芯片一样，目前，8250 已被集成在大规模集成电路的主板芯片组中，但至今仍然保持了原有的端口特性。一个 COM 端口相当于一片 8250 芯片。8251A 的基本功能如下：

①通过编程，可工作在同步方式或异步方式下。同步方式下，波特率为 0～64Kb/s；异步方式下，波特率为 0～19.2Kb/s。

②同步方式下，每个字符可以用 5、6、7 或 8 位来表示，并且内部能自动检测同步字符，从而实现同步。此外，8251A 也允许同步方式下增加奇/偶校验位进行校验。

③异步方式下，每个字符可以用 5、6、7 或 8 位来表示，时钟频率为传输波特率的 1、16 或 64 倍，用 1 位作为奇/偶校验位，1 个启动位，并能根据编程为每个数据增加 1 个、1.5个或两个停止位。可以检查假启动位，自动检测和处理终止字符。

④全双工的工作方式，其内部提供具有双缓冲器的发送器和接收器。

⑤提供出错检测，具有奇偶、溢出和帧错误三种校验电路。

2. 8251A 的内部结构

8251A 的内部结构如图 9-12 所示。

图 9-12　8251A 的内部结构图

（1）发送器。发送器由发送缓冲器和发送控制电路两部分组成。采用异步方式，则由发送控制电路在其首尾加上起始位和停止位，然后从起始位开始，经移位寄存器从数据输出线 TxD 逐位串行输出。采用同步方式，则在发送数据之前，发送器将自动送出 1 个或两个同步字符，然后才逐位串行输出数据。

如果 CPU 与 8251A 之间采用中断方式交换信息，那么 TxRDY 可作为向 CPU 发出的中断请求信号。当发送器中的 8 位数据串行发送完毕时，由发送控制电路向 CPU 发出 TxE 有效信号，表示发送器中移位寄存器已空。

（2）接收器。接收器由接收缓冲器和接收控制电路两部分组成。接收移位寄存器从 RxD 引脚上接收串行数据转换成并行数据后存入接收缓冲器中。

异步方式下，在 RxD 线上检测低电平，将检测到的低电平作为起始位，8251A 开始进行采样，完成字符装配，并进行奇偶校验和去掉停止位，变成并行数据后送到数据输入寄存器，同时发出 RxRDY 信号给 CPU，表示已经收到一个可用的数据。

同步方式下，首先搜索同步字符。8251A 监测 RxD 线，每当 RxD 线上出现一个数据位时，接收下来并送入移位寄存器移位，与同步字符寄存器的内容进行比较，如果两者不相等，则接收下一位数据，并且重复上述比较过程。当两个寄存器的内容比较相等时，8251A 的 SYNDET 升为高电平，表示同步字符已经找到，同步已经实现。

采用双同步方式就要在测得输入移位寄存器中的内容与第一个同步字符寄存器中的内容相同后，再继续检测此后输入移位寄存器的内容是否与第二个同步字符寄存器的内容相同。如果相同，则认为同步已经实现。

在外同步情况下，同步输入端 SYNDET 加一个高电位来实现同步。实现同步之后，接收器和发送器间就开始进行数据的同步传输。这时，接收器利用时钟信号对 RXD 线进行采样，并把接收到的数据位送到移位寄存器中。在 RXRDY 引脚上发出一个信号，表示收到一个字符。

（3）数据总线缓冲器。数据总线缓冲器是 CPU 与 8251A 之间的数据接口，包含 3 个 8 位的缓冲寄存器：两个寄存器分别用来存放 CPU 向 8251A 读取的数据或状态信息；另一个寄存器用来存放 CPU 向 8251A 写入的数据或控制信息。

（4）读/写控制电路。读/写控制电路用来配合数据总线缓冲器的工作。功能如下：

①接收写信号 $\overline{\text{WR}}$，并将来自数据总线的数据和控制字写入 8251A。

②接收读信号 $\overline{\text{RD}}$，并将数据或状态字从 8251A 送往数据总线。

③接收控制/数据信号 C/$\overline{\text{D}}$，高电平时为控制字或状态字，低电平时为数据。

④接收时钟信号 CLK，完成 8251A 的内部定时。

⑤接收复位信号 RESET，使 8251A 处于空闲状态。

（5）调制解调控制电路。调制解调控制电路用来简化 8251A 和调制解调器的连接。

3. 8251A 的引脚功能

8251A 与 CPU 及外设之间的连接如图 9-13 所示。

（1）8251A 和 CPU 之间的连接信号可以分为 4 类。

①$\overline{\text{CS}}$：片选信号，它由 CPU 的地址信号通过译码后得到。

②$D_0 \sim D_7$：数据信号，8251A 有 8 位双向数据线与系统的数据总线相连。传输 CPU 对 8251A 的编程命令字和 8251A 送往 CPU 的状态信息及数据。

③读/写控制信号。

- $\overline{\text{RD}}$：读信号，低电平时，CPU 当前正在从 8251A 读取数据或者状态信息。

- $\overline{\text{WR}}$：写信号，低电平时，CPU 当前正在往 8251A 写入数据或者控制信息。

图 9-13　8251A 与 CPU 及外设的连接

- C/$\overline{\text{D}}$：控制/数据信号，用来区分当前读/写的是数据还是控制信息或状态信息。该信号也可看作 8251A 数据口/控制口的选择信号。

由此可知，$\overline{\text{RD}}$、$\overline{\text{WR}}$、C/$\overline{\text{D}}$ 这 3 个信号的组合决定了 8251A 的具体操作。注意：数据输入端口和数据输出端口合用同一个偶地址，而状态端口和控制端口合用同一个奇地址。在 16 位系统中，将地址线 A_1 和 8251A 的 C/$\overline{\text{D}}$ 端相连用以区分两个端口地址。A_1 为 0，选中偶地址端口，再配合 $\overline{\text{RD}}$/$\overline{\text{WR}}$ 信号实现数据的读/写；A_1 为 1，选中奇地址端口，再配合 $\overline{\text{RD}}$/$\overline{\text{WR}}$ 信号实现状态信息或控制信息的写入。

④收发联络信号。

- TxRDY：发送器准备好信号，用来通知 CPU 8251A 已准备好发送一个字符。

- TxE：发送器空信号，TxE 为高电平时有效，用来表示此时 8251A 发送器中并行到串行转换器空，说明一个发送动作已完成。

- RxRDY：接收器准备好信号，用来表示当前 8251A 已经从外部设备或调制解调器接收到一个字符，等待 CPU 来取走。因此，在中断方式时，RxRDY 可用来作为中断请求信号；在查询方式时，RxRDY 可用来作为查询信号。

- SYNDET：同步检测信号，只用于同步方式。

（2）8251A 与外部设备之间的连接信号分为两类。

①收发联络信号。

- $\overline{DTR}$：数据终端准备好信号，通知外部设备 CPU 当前已经准备就绪。
- $\overline{DSR}$：数据设备准备好信号，表示当前外设已经准备好。
- $\overline{RTS}$：请求发送信号，表示 CPU 已经准备好发送。
- $\overline{CTS}$：允许发送信号，是对 $\overline{RTS}$ 的响应，由外设送往 8251A。

实际使用时，这 4 个信号中通常只有 $\overline{CTS}$ 必须为低电平，其他 3 个信号可以悬空。

②数据信号。

- TxD：发送器数据输出信号。当 CPU 送往 8251A 的并行数据被转变为串行数据后，通过 TxD 送往外设。
- RxD：接收器数据输入信号。用来接收外设送来的串行数据，数据进入 8251A 后被转变为并行方式。

（3）8251A 的其他信号。

8251A 除了与 CPU 及外设的连接信号外，还有 3 个时钟信号、电源和地端。

①CLK：时钟输入，用来产生 8251A 器件的内部时序。同步方式下，要大于接收数据或发送数据波特率的 30 倍；异步方式下，则要大于数据波特率的 4.5 倍。

②TxC：发送器时钟输入，用来控制发送字符的速度。同步方式下，TxC 的频率等于字符传输的波特率；异步方式下，TxC 的频率可以为字符传输波特率的 1 倍、16 倍或者 64 倍。

③RxC：接收器时钟输入，用来控制接收字符的速度和 TxC 一样。在实际使用时，RxC 和 TxC 往往连在一起，由同一个外部时钟来提供，CLK 则由另一个频率较高的外部时钟来提供。

④V_{CC}：电源输入端。

⑤GND：接地端。

9.2.3　8251A 的控制命令

CPU 可以向 8251A 写入控制命令，包括方式选择控制字和操作命令控制字；还可以从 8251A 读取工作状态字。

（1）方式选择控制字。方式选择控制字可分为 4 组，每组两位。B_1、B_2 用于设定工作方式；L_1、L_2 用于设定字符的位数；PEN、EP 用于设定校验方式；S_1、S_2 用于设定异步方式下停止位的位数或同步方式下的方式。格式如图 9-14 所示。

（2）操作命令控制字。操作命令控制字用于设定 8251A 处于何种工作状态，以便接收或发送数据。格式如图 9-15 所示。

（3）工作状态字。8251A 进行数据传输后的状态字存放在状态寄存器中，CPU 通过读操作读入状态字，进行分析和判断，以决定下一步的工作。工作状态字的格式如图 9-16 所示。

例如，若要查询 8251A 接收器是否准备好，则可用下列程序段完成：

控制字格式：D_7 S_2，D_6 S_1，D_5 EP，D_4 PEN，D_3 L_2，D_2 L_1，D_1 B_2，D_0 B_1

B_2B_1：
- 0 0:同步方式
- 0 1:异步方式(×1)
- 1 0:异步方式(×16)
- 1 1:异步方式(×64)

L_2L_1：
- 0 0:字符长度为5位
- 0 1:字符长度为6位
- 1 0:字符长度为7位
- 1 1:字符长度为8位

PEN：
- 1:带奇偶校验
- 0:不带奇偶校验

EP：
- 1:偶校验
- 0:奇校验

	S_1	S_2	
异步	0	0	无效
	0	1	1位停止位
	1	0	1.5位停止位
	1	1	2位停止位
同步	1	1	1个同步字符，外同步SYNSET为输入
	1	0	1个同步字符，内同步SYNSET为输出
	0	1	2个同步字符，外同步SYNSET为输入
	0	0	2个同步字符，内同步SYNSET为输出

图 9-14　8251A 方式选择控制字格式

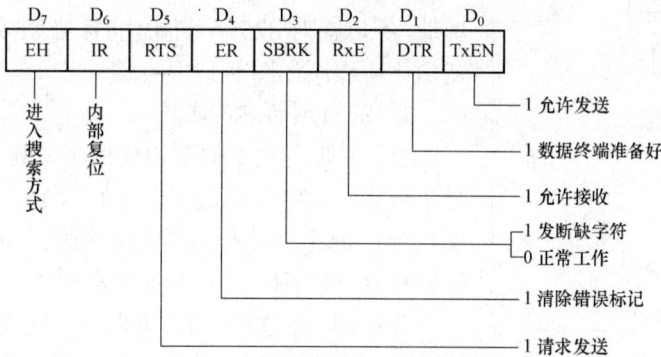

控制字格式：D_7 EH，D_6 IR，D_5 RTS，D_4 ER，D_3 SBRK，D_2 RxE，D_1 DTR，D_0 TxEN

- EH：进入搜索方式
- IR：内部复位
- TxEN：1 允许发送
- DTR：1 数据终端准备好
- RxE：1 允许接收
- SBRK：1 发断缺字符　0 正常工作
- ER：1 清除错误标记
- RTS：1 请求发送

图 9-15　8251A 操作命令控制字格式

状态字格式：D_7 DSR，D_6 SYNDET/BRKDET，D_5 FE，D_4 OE，D_3 PE，D_2 TxE，D_1 RxRDY，D_0 TxRDY

- DSR：数据装置准备好
- FE：帧校验错标志
- OE：溢出错标志
- PE：奇偶错标志
- TxRDY：1 发送器准备好
- RxRDY：1 接收器准备好
- TxE：1 发送器空
- SYNDET：1 已达到同步　0 未达到同步
- BRKDET：1 接收到断缺字符　0 正常工作

图 9-16　8251A 工作状态字格式

```
    MOV  DX, 0FFF2H          ;状态口
LP: IN   AL, DX              ;读状态口
    AND  AL, 02H             ;查 D1=1?准备好了吗?
    JZ   LP                  ;未准备好,则等待
    MOV  DX, 0FFF0H          ;数据口
    IN   AL, DX              ;已准备好则输入数据
```

9.2.4　8251A 的初始化编程与应用

1. 8251A 的初始化

（1）芯片复位以后，第一次用奇地址端口写入的值作为方式字送入方式寄存器。

图 9-17　8251A 初始化流程图

（2）如果方式字中规定了 8251A 工作在同步方式，CPU 接着往奇地址端口写入规定的 1 个或两个字节的同步字符，同步字符写入同步字符寄存器，同步字符的数目由方式字确定。

（3）只要不是复位命令，不论同步方式还是异步方式，均由 CPU 往奇地址端口写入控制命令字到控制寄存器，而往偶地址端口写入的值将作为数据送到数据输出寄存器。

初始化结束后，CPU 就可以通过查询 8251A 的状态字或采用中断方式进行正常的串行通信。由于方式字、命令字及同步字符均无特征标志位，且都写入同一个命令端口地址，所以在对 8251A 初始化时，必须按一定的顺序编程。初始化流程图如图 9-17 所示。

2. 8251A 的应用实例

（1）异步方式下的初始化程序举例。设 8251A 工作在异步模式，波特率系数（因子）为 16，7 个数据位/字符，偶校验，两个停止位，发送、接收允许，设端口地址为 00E2H 和 00E4H，完成初始化程序。

分析：根据题目要求，可以确定模式字为：11111010B，即 0FAH，而控制字为：00110111B，即 37H，则初始化程序如下。

```
MOV   AL, 0FA H           ;送模式字
MOV   DX,00E2H
OUT   DX, AL              ;异步方式,7 位/字符,偶校验,两个停止位
MOV   AL,37H             ;设置控制字,使发送、接收允许,清出错标志,使RTS、DTR 有效
OUT   DX, AL
```

（2）同步方式下的初始化程序举例。设端口地址为 52H，采用内同步方式，两个同步字符（设同步字符为 16H），偶校验，7 位数据位/字符。

分析：根据题目要求，可以确定方式字为：00111000B（38H），控制字为：10010111B（97H）。它使 8251A 对同步字符进行检索；同时使状态寄存器中的 3 个出错标志复位；此外，使 8251A 的发送器启动，接收器也启动；控制字还通知 8251A，CPU 当前已经准备好进行数据传输。具体程序段如下。

```
MOV   AL,38H            ;设置模式字,同步模式,用两个同步字符
OUT   52H,AL            ;7 个数据位,偶校验
MOV   AL,16H
OUT   52H,AL            ;送同步字符 16H
OUT   52H,AL
```

```
        MOV   AL, 97H                ;设置控制字,使发送器和接收器启动
        OUT   52H, AL
```

（3）利用状态字进行编程的举例。下面的程序段先对 8251A 进行初始化,然后对状态字进行测试,以便输入字符。本程序段可用来输入 80 个字符。

分析：8251A 的控制和状态端口地址为 52H,数据输入/输出端口地址为 50H。字符输入后,放在 BUFFER 标号所指的内存缓冲区中。具体程序段如下。

```
        MOV   AL,0FAH              ;设置模式字,异步方式,波特率因子为 16
        OUT   52H,AL              ;用 7 个数据位,两个停止位,偶校验
        MOV   AL,35H              ;设置控制字,使发送器和接收器启动
        OUT   52H,AL              ;并清除出错指示位
        MOV   DI,0                ;变址寄存器初始化
        MOV   CX,80               ;计数器初始化,共收取 80 个字符
BEGIN:  IN    AL,52H              ;读取状态字,测试 RXRDY 位是否为 1,如为 0,表示未收到字
                                   ;符,故继续读取状态字并测试
        TEST  AL,02H
        JZ    BEGIN
        IN    AL,50               ;读取字符
        MOV   DX,OFFSET  BUFFER
        MOV   [DX+DI],AL
        INC   DI                  ;修改缓冲区指针
        IN    AL,52H              ;读取状态字
        TEST  AL,38H              ;测试有无帧校验错、奇/偶校验错和
        JZ    ERROR               ;溢出错,如有,则转出错处理程序
        LOOP  BEGIN               ;如没错,则再收下一个字符
        JMP   EXIT                ;如输入满足 80 个字符,则结束
ERROR:  CALL  ERR-OUT            ;调出错处理
EXIT:   ……
```

（4）两台微型计算机通过 8251A 相互通信的举例。通过 8251A 实现相距较远的两台微型计算机相互通信的系统连接简化框图如图 9-18 所示。这时,利用两片 8251A 通过标准的串行接口 RS-232C 实现两台 8086 之间的串行通信,可采用异步或同步工作方式。

图 9-18 双机串行通信示意图

分析：设系统采用查询方式控制传输过程,异步传送。初始化程序由两部分组成：将一方定义为发送器。发送端 CPU 每查询到 TxRDY 有效,则向 8251A 并行输出一个字节数据。

将另一方定义为接收器。接收端 CPU 每查询到 RxRDY 有效，则从 8251A 输入一个字节数据，一直进行到全部数据传送完毕为止。

发送端初始化程序与发送控制程序如下：

```
    STT:MOV   DX,8251A 控制端口
        MOV   AL,7FH
        OUT   DX,AL            ;将 8251A 定义为异步方式,8 位数据,1 位停止位
        MOV   AL,11H           ;偶校验,取波特率系数为 64,允许发送
        OUT   DX,AL
        MOV   DI,发送数据块首地址   ;设置地址指针
        MOV   CX,发送数据块字节数   ;设置计数器初值
   NEXT:MOV   DX,8251A 控制端口
        IN    AL,DX
        AND   AL,01H           ;查询 TxRDY 有效否
        JZ    NEXT             ;无效则等待
        MOV   DX,8251A 数据端口
        MOV   AL,[DI];         ;向 8251A 输出一个字节数据
        OUT   DX,AL
        INC   DI               ;修改地址指针
        LOOP  NEXT             ;未传输完,则继续下一个
        HLT
```

接收端初始化程序和接收控制程序如下：

```
    SRR:MOV   DX,8251A 控制端口
        MOV   AL,7FH
        OUT   DX,AL            ;初始化 8251A,异步方式,8 位数据
        MOV   AL, 14H          ;1 位停止位,偶校验,波特率系数为 64,允许接收
        OUT   DX,AL
        MOV   DI,接收数据块首地址   ;设置地址指针
        MOV   CX,接收数据块字节数   ;设置计数器初值
   COMT:MOV   DX,8251A 控制端口
        IN    AL,DX
        ROR   AL,1             ;查询 RxRDY 有效否
        ROR   AL,1
        JNC   COMT             ;无效则等待
        ROR   AL,1
        ROR   AL,1             ;有效时,进一步查询是否有奇偶校验错
        JC    ERR              ;有错时,转出错处理
        MOV   DX,8251A 数据端口
        IN    AL,DX            ;无错时,输入一个字节到接收数据块
        MOV   [DI],AL
        INC   DI               ;修改地址指针
        LOOP  COMT             ;未传输完,则继续下一个
        HLT
    ERR:CALL  ERR-OUT
```

思 考 与 练 习

9-1 8255A 的 A 口、B 口、C 口有哪几种工作方式，其特点是什么？C 口有哪些使用

特点？

9-2　对 8255A 进行初始化，要求端口 A 工作于方式 1，输入；端口 B 工作于方式 0，输出；端口 C 的高 4 位配合端口 A 工作，低 4 位为输入。设控制口的地址为 006CH。

9-3　设 8255A 的四个端口地址分别为 00C0H、00C2H、00C4H 和 00C6H，要求用置 0、置 1 的方法对 PC6 置 1，对 PC4 置 0。

9-4　8255A 的 3 个端口在使用上有什么不同？

9-5　当数据从 8255A 的 C 端口读到 CPU 时，8255A 的控制信号 $\overline{CS}$、$\overline{RD}$、$\overline{WR}$、A1、A0 分别是什么电平？

9-6　8255A 作为打印机接口的电路示意图如图 9-19 所示，假设 8255A 以方式 1 工作，试编写用中断方式完成将内存缓冲区 BUFF 中的 100 个字符送到打印机打印的主程序和中断服务程序。已知中断向量为 2000H：3000H，向量地址为 0002CH，8255A 的端口地址为 E0H、E2H、E4H、E6H。

图 9-19　题 9-6 图

9-7　串行通信的特点是什么？

9-8　什么是串行通信的全双工和半双工？

9-9　什么是波特率？发送时钟和接收时钟与波特率有什么关系？

9-10　简述 8251A 的内部结构及工作过程。

9-11　对 8251A 进行初始化编程时应按什么顺序向它的控制口写入控制字？

第 10 章　模/数和数/模转换通道

当用计算机来构成数据采集或过程控制等系统时，所要采集的外部信号或被控制对象的参数，往往是温度、压力、流量、声音和位移等连续变化的物理量，即模拟量。但是，计算机只能处理不连续的数字量。因此，必须用模/数转换器（A/D 转换器或 ADC）将模拟量转换成数字量后，才能送入计算机进行处理。计算机处理后的结果，也要经过数/模转换器（D/A 转换器或 DAC）转换成模拟量，驱动执行部件实现对电动调节阀、模拟调试系统等的控制。

A/D 转换器和 D/A 转换器是微型计算机实时控制系统中不可缺少的输入/输出通道。本章主要介绍典型 ADC 和 DAC 接口芯片的性能参数、内部结构及使用方法。

10.1　微机系统的 A/D 和 D/A 通道

10.1.1　模拟量输入通道组成

典型的模拟量输入通道由以下几部分组成。

1. 传感器

能把生产过程的非电物理量转换成电量（电流、电压）的器件称为传感器。

例如，热电偶能把温度这个物理量转换成几毫伏或几十毫伏的电信号，因此可作为温度传感器。有些传感器不是直接输出电量，而是把电阻值或电容值或电感值的变化作为输出值，反映相应物理量的变化。例如，热电阻利用的是某些导线或半导体的电阻率随温度的变化而变化的特性（热电阻效应）；其他的温度传感器还有热敏电阻传感器和半导体集成温度传感器。热敏电阻传感器是利用半导体材料作为感温元件的测温元件，它具有负温度系数（即温度升高电阻值下降）。半导体集成温度传感器是利用硅半导体的温度敏感特性而组成的测量元件。

传感器的类型有温度传感器、压力传感器、流量传感器和液位传感器等。

2. 信号处理环节

信号处理环节的作用是将传感器输出的信号放大或处理成为与 A/D 转换器所要求的输入相适应的电压水平。信号处理环节的另一作用是利用低通滤波滤去干扰信号。这主要用在传感器处于恶劣的环境中，其输出有叠加的干扰信号时。常用的滤波电路有 RC 低通滤波电路和有源滤波电路。

3. 多路转换开关

多路转换开关，又称多路转换器。在实际数据处理系统或实际控制系统中，被测量或被控制的量往往可能是几路或几十路。对这些回路的参量进行采样和 A/D 转换时，为了共用 A/D 转换器，以便节省硬件，可利用多路开关开路（MUX）、轮流切换各被测量与 A/D 转换的通路来达到分时转换的目的，如图 10-1 所示。

4. 采样保持器

在 A/D 采样期间，保持输入信号不变的电路称为采样保持电路。由于输入的模拟信号是连续变化的，而 A/D 转换器完成一次转换是需要时间的，这段时间称为转换时间。不同类型的 A/D 转换芯片，其转换时间不同，对变化较快的模拟输入信号如不采取措施将会引起转换误差。对于同频率的信号如果 A/D 转换的时间过长，对采样频率模拟信号转换精度的影响就越大。为了保持转换精度，可采用采样保持器，使在 A/D 转换期间保持采样信号的大小不变。

图 10-1　多回路分时共用 A/D、D/A 转换器

5. A/D 转换器

这是模拟量输入通道的核心环节。其作用是将模拟输入量转换成数字量，以便由计算机读取进行分析处理。

10.1.2　模拟量输出通道组成

典型的模拟量输出通道由以下几部分组成。

1. D/A 转换器

这是模拟量输出通道的核心器件，其作用是把计算机输出的数字量转换成模拟量。

2. 锁存器

由于 D/A 转换需要一定的转换时间，在转换期间，输入待转换的数字量应该保持不变，而计算机输出的数据在数据总线上稳定的时间很短，因此在计算机与 D/A 转换器间必须用锁存器来保持数字量的稳定，若 D/A 转换芯片上已带有锁存器，则不必再额外增加锁存器。

3. 放大驱动电路

为了能驱动执行部件，可以采用功率放大器作为模拟量输出的驱动电路。

10.2　D/A 转换及其接口

10.2.1　D/A 转换的主要性能参数

1. 分辨率

分辨率是指 D/A 转换器对微小输入量变化敏感程度的描述，通常用数字量的位数来表示，如 8 位、10 位等。对于一个分辨率为 n 位的转换器能够分辨满刻度的 2^{-n} 输入信号。

例如，一个 8 位的 D/A 转换器，若转换后的电压满量程是 5V，则它分辨率的最小电压为 $5V/2^8 = 19.5mV$。而对于 10 位的 D/A 转换器，输出满量程也是 5V，则它分辨率的最小电压为 $5V/2^{10} = 4.9mV$。

2. 转换时间

转换时间是指数字量输入到 D/A 转换完成，输出达到最终值并稳定下来为止所需的时间。电流型 D/A 转换器的转换较快，一般在几微秒到几百微秒之间。电压型 D/A 转换器的速度较慢，这取决于运算放大器的响应时间。

3. 精度

精度是指 D/A 转换器实际输出电压与理论值之间的误差。

4. 线性度

线性度是指当数字量变化时，D/A 转换器的输出量按比例关系变化的程度。理想的 D/A 转换器是线性的，但实际上有误差模拟量输出偏离理想输出的最大值称为线性误差。

10.2.2　D/A 转换器的输入/输出特性

表示一个 D/A 转换器输入/输出特性的几方面因素如下。

1. 输入缓冲能力

D/A 转换器是否带有三态输入缓冲器来保存输入数字量这对转换器与微型计算机的接口设计是很重要的。这是因为计算机输出的数据在数据总线上稳定的时间很短，故需设计一个三态输入缓冲器来保持输入数字量，进而起到使数字信号能正确转化为模拟信号的作用。

2. 输入数据的宽度

D/A 转换器通常有 8 位、10 位、12 位、14 位、16 位之分，当 D/A 转换器的位数高于微机系统总线宽度时，需要两次分别输入数字量。

3. 电流输出型还是电压输出型

对于电流输出型，在几毫安到几十毫安之间，对于电压输出型，其电压一般在 5～10V 之间。

4. 输入码制

输入码制即表示 D/A 转换器能接收哪些码制的数字量输入。有的 D/A 转换器能够接收二进制或 BCD 码，对于双极性输出的 D/A 转换器能接收补码和偏移二进制码。

10.2.3　D/A 转换器的工作原理

图 10-2 给出了 D/A 转换器的基本结构框图，一个 D/A 转换器通常包含四个部分：电阻解码网络、权位开关、相加器和参考电源，D/A 转换的实质就是将每一位数据代码按其"权"的数值变换成相应的模拟量，然后将代表各位的模拟量相加，即可获得与数字量相对应的模拟量。

图 10-2　D/A 转换器的基本结构

以下介绍几种 D/A 转换器的基本结构。

1. 权电阻网络 D/A 转换器

权电阻网络 D/A 转换电路如图 10-3 所示，电路由权电阻网络、数据位切换开关、反馈电阻和运算放大器组成，由于运算放大器的虚短作用，权电阻网络的负载电阻可视作零（虚地）。当数据位 $a_i=1$ 时，相应开关 s_i 接电源，否则接地。

根据反相加法放大器输入电流求和的特性，不难得出该电路的输出电压为

$$V_O = -I_\Sigma R_f = -\frac{2V_R R_f}{R}(a_n 2^{-1} + a_{n-1} 2^{-2} + \cdots + a_1 2^{-n})　　　　（10-1）$$

在实际应用中，一般取 $R_f=R/2$，代入后得出

$$V_O = -V_R(a_n 2^{-1} + a_{n-1} 2^{-2} + \cdots + a_1 2^{-n})　　　　（10-2）$$

这时，当输入二进制代码 $a_n a_{n-1} \cdots a_1$ 为 100$\cdots$0 时，输出电压 $V_O=-V_R/2$，当输入代码为 111$\cdots$1 时，输出电压为 $V_O=-V_R(1-1/2^n)$，当输入代码为 000$\cdots$0 时，输出电压为 0。由此可见，利用图 10-3 所示的电路可实现 D/A 转换。

2. R-2R T 型电阻网络 D/A 转换器

图 10-4 所示是一种实用且工作原理简明的 T 型电阻网络 D/A 转换电路。在该电路中，

仍依靠运算放大器的虚短特性使 R-$2R$ T 型电阻网络的输出以短路方式工作。由图 10-4 可知，不论各开关处于何种状态，$S_n \sim S_1$ 的各点电位均可认为 0（虚地或实地）。这样，从右到左观察图中的 N，M，…，C，B，A 各点，从各点向右看对地的电阻值均为 R；从左到右分析，可得出各路的电流分配，其规律是 $I_R/2$，$I_R/4$，…，$I_R/2^{n-1}$、$I_R/2^n$，也满足按权分布的要求，从而可得

图 10-3　权电阻网络 D/A 转换电路

$$V_O = -\frac{V_R R_f}{R}(a_n 2^{-1} + a_{n-1} 2^{-2} + \cdots + a_1 2^{-n}) \tag{10-3}$$

如取 $R_f = R$，则式（10-3）与式（10-2）相同，因此利用图 10-4 所示的电路也可实现 D/A 转换。

图 10-4　R-$2R$ T 型电阻网络 D/A 转换电路

3. $2^n R$ 电阻分压式 D/A 转换器

当用均等的 2^n 个电阻串联成一串对 V_R 进行分压时就可得到 2^n 个分层的电压。如果再用 n–2^n 个译码器控制 2^n 个开关去选通这些分压器的分压端点，就可实现 n 位的 D/A 转换，图 10-5 给出了实现这种转换的一种电路结构（3 位转换）。在图 10-5 中，8 个均等的电阻将 V_R 分成 1/8，2/8，…，8/8 倍，14 个开关连成树状开关网络，在 3 位二进制数码 a_1、a_2、a_3 及 $\overline{a_1}$、$\overline{a_2}$、$\overline{a_3}$ 的控制下（a_i=1 时，奇数标号的开关合上，反之，偶数标号的开关合上），可完成选通各分压点以实现 D/A 转换的功能。

例如，当输入的 $a_1 a_2 a_3$=010 时，对应的 $\overline{a_1}\,\overline{a_2}\,\overline{a_3}$=101，这将使 S_2、S_3、S_5、S_8、S_{10}、S_{12}、S_{14} 各开关导通，其余断开，此时输出电压 $V_O = 2V_R/8$。当输入的 $a_1 a_2 a_3$=101 时，输出电压 $V_O = 5V_R/8$。以此类推，在任何数字输入下，此电路均符合线性 D/A 转换的关系。图 10-5 所示的 3 位 D/A 转换可以很容易地变换成 n 位 D/A 转换，此时所需要的电阻和模拟开关的数量较多，但实现并不困难。

图 10-5 2^3R 电阻分压式 D/A 转换电路

4. 集成化 D/A 转换器

集成化 D/A 转换器按其制作工艺划分目前有高速双极型和 CMOS 型两类。电阻网络有采用离子注入或扩散电阻条的，但高精度的 D/A 转换网络多采用薄膜电阻。高速双极型 D/A 转换器目前大多采用不饱和晶体管电流模拟开关，其建立时间（稳定时间）可缩短到数十至数百纳秒。CMOS 型 D/A 转换器中采用 CMOS 模拟开关及驱动电路，虽然这种电路有制造容易、造价低的优点，但转换速度目前尚不如双极型的高。

除了上面介绍的几类 D/A 转换器结构之外，还有 F/V（频率/电压）等类型的转换器结构。

10.2.4　D/A 转换芯片

1. DAC0832 的内部结构

DAC0832 是采用先进的 CMOS 工艺制成的双列直插 8 位 D/A 转换器，它的输出形式为电流型。该芯片主要由三部分组成，其中有两个为数据寄存器，另外一个为 D/A 转换器，如图 10-6 所示。

图 10-6   DAC0832 内部逻辑结构图

（1）输入寄存器。8 位输入寄存器的 $D_{I0}\sim D_{I7}$ 输入端可直接与 CPU 的数据线相连接，工作状态受控于 $\overline{LE_1}$。

（2）DAC 寄存器。8 位，受控于 $\overline{LE_2}$，它可以使 D/A 转换芯片工作于双缓冲工作方式下。这样可以在 D/A 转换的同时送下一个数据，以便提高转换速度。

（3）D/A 转换器。实现数/模转换，其转换结果以一组差动 I_{OUT1} 和 I_{OUT2} 输出。

2. DAC0832 的外部引脚

（1）$D_0\sim D_7$：数字量输入信号线，其中 D_0 为最低位，D_7 为最高位。

（2）$\overline{CS}$：片选输入信号，低电平有效。

（3）$\overline{WR_1}$：写输入寄存器信号，低电平有效。

（4）$\overline{WR_2}$：写 DAC 寄存器信号，低电平有效。

（5）ILE：输入寄存器允许信号，高电平有效。ILE 信号和 $\overline{CS}$、$\overline{WR_1}$ 共同控制选通输入寄存器。当 $\overline{CS}$、$\overline{WR_1}$ 均为低电平而 ILE 为高电平时，$\overline{LE_1}=1$，输入数据立即被送至 8 位输入寄存器的输出端；当上述三个控制信号（ILE、$\overline{CS}$、$\overline{WR_1}$）中的任何一个无效时，$\overline{LE_1}$ 由高变为低电平，输入寄存器的数值将锁存，输出端至保持状态。ILE=0 时，$\overline{LE_1}$ 也无效，输出端便不随 D 端变化。

（6）$\overline{XFER}$：从输入寄存器向 DAC 寄存器传送 D/A 转换数据的控制信号，低电平有效。当 $\overline{XFER}$ 和 $\overline{WR_2}$ 同时有效时，输入寄存器的数据将被装入 DAC 寄存器，并同时启动一次 D/A 转换。

（7）V_{REF}：D/A 转换器的基准电压输入端。

（8）I_{OUT1}：D/A 转换器输出电流 1，当输入数字为全"1"时其值最大，约为 $\dfrac{255}{256}\dfrac{V_{REF}}{R_{fb}}$，全"0"时最小，为 0。

（9）I_{OUT2}：D/A 转换器输出电流 2，它与输出电流 1 的关系为 $I_{OUT1}+I_{OUT2}=$ 常数。

（10）V_{CC}：芯片电压，其值可在+5～+15V 之间。

（11）R_{fb}：内部反馈电阻引脚。

（12）AGND：模拟信号地。

（13）DGND：数字信号地。

3. DAC0832 的工作方式

根据对 DAC0832 的输入锁存器和 DAC 寄存器的不同控制方法，DAC0832 有如下 3 种工作方式：

（1）双缓冲方式。此方式适用于多个模拟量输出通道同时进行 D/A 转换。

DAC0832 片内有两个数据寄存器，在双缓冲工作方式下，CPU 要对 DAC 芯片进行两步写操作：

①将数据写入输入寄存器。

②将输入寄存器的内容写入 DAC 寄存器。

其连接方式是：把 ILE 固定为高电平，$\overline{WR_1}$ 和 $\overline{WR_2}$ 均接到 CPU 的 $\overline{IOW}$，而 $\overline{CS}$ 和 $\overline{XFER}$ 分别接到两个端口的地址译码信号。

具体工作：输入寄存器接收数据，再通过输入寄存器将数据传送到 DAC 寄存器，可以实现多个模拟通道同时进行 D/A 转换，分次输出。

双缓冲工作方式的优点：DAC0832 的数据接收和启动转换可异步进行；可以在 D/A 转换的同时，进行下一数据的接收，以提高模出通道的转换率，即可实现多个模出通道同时进行 D/A 转换。

（2）单缓冲方式。此方式适用于只有一路模拟量输出或几路模拟量非同步输出的情形。

这种方式控制输入寄存器和 DAC 寄存器同时接收数据，使两个寄存器中的任意一个处于直通状态，另一个工作于受控锁存器状态。一般情况下，使 DAC 寄存器处于直通状态，即把 $\overline{WR_2}$ 和 $\overline{XFER}$ 端都接数字地。此时，数据只要一写入 DAC 芯片就立刻进行数/模转换。此种方式可减少一条输出指令，在不要求多个模出通道同步输出时，可采用此方式。

（3）直通方式。将 $\overline{CS}$、$\overline{WR_1}$、$\overline{WR_2}$、$\overline{XFER}$ 引脚都接数字地，ILE 引脚固定为高电平时，芯片即处于直通状态，此时 8 位数字量一旦达到 $D_{I0} \sim D_{I7}$ 输入端就立即进行 D/A 转换而输出。但在这种方式下，DAC0832 不能直接和 CPU 数据总线相连接，故很少采用。

4. DAC0832 的应用

【例 10.1】某 8086 系统中有一个由 DAC0832 构成的双极性电压输出的 8 位 D/A 转换电路，如图 10-7 所示，设 0832 的地址为 5AH，基准电压 V_{REF}= +1V。系统中定时器 8253 与中断控制器 8259 配合每 100μs 中断一次，试编写中断服务子程序使其输出三角波，并画出输出波形图。

图 10-7 双极性电压输出

主程序：

```
DATA  SEGMENT        ;数据段
COUNT DB 0
FLAG  DB 0
DATA  ENDS
CODE  SEGMENT        ;代码段
  ......             ;主程序略
 INTSERVE PROC FAR   ;中断服务程序
 PUSH AX
 MOV AL , COUNT
 OUT 5AH ,AL         ;由数据端口输出数据
```

```
CMP  FLAG,0
JNZ  DECREASE        ;FLAG!=0,转减 1 处理
INC  COUNT           ;加 1
CMP  COUNT,255
JNZ  NEXT            ;不等于 255 则转移
NEXT:MOV FLAG,1      ;置减 1 标志
JMP NEXT
DECREASE:DEC COUNT   ;FLAG!=0,减 1
JNZ NEXT             ;COUNT 不等于 0 则转移
MOV FLAG,0           ;COUNT 等于 0 则置加 1 标志
NEXT:MOV AL,20H
OUT 20H,AL           ;设 8259 端口地址为 20H 和 21H
POP AX
IRET
INTSERVE ENDP
CODE  ENDS
```

输出波形图如图 10-8 所示。

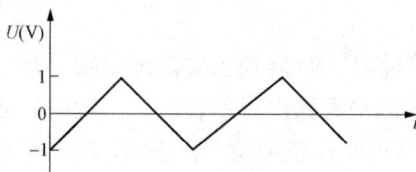

图 10-8　输出波形图

10.3　A/D 转换及其接口

10.3.1　A/D 转换的基本概念

1. 从物理信号到电信号的转换

对于外界连续变化的物理量必须先将其转换成电模拟量,这种转换是靠传感器来完成的。传感器一般是指能够进行非电量和电量之间转换的敏感元件,由于物理量的多样性使得传感器的种类繁多,如温度传感器、压力传感器、光电传感器和气敏传感器等。

2. 采样、量化与编码

要将电模拟量转换成数字量一般要经过采样、量化和编码三个过程。

(1)采样。被转换的模拟信号在时间上是连续的,它有无限多个瞬时值,而模/数转换过程总是需要时间的,不可能把每一个瞬时值都一一转换为数字量,因此必须在连续变化的模拟量上按一定的规律(周期性地)取出其中某一些瞬时值(样点)来代表这个连续的模拟量,这个过程就是采样(Sample)。

奈奎斯特采样定理:当采样器的采样频率 f_0 高于或至少等于输入信号最高频率 f_m 的两倍时(即 $f_0 \geqslant 2f_m$ 时),采样之后的数字信号完整地保留了原始信号中的信息。在应用中,一般取采样频率 f_0 为最高频率 f_m 的 4~8 倍。

(2)量化。所谓量化,就是以一定的量化单位,把采样值取整,或者说是把采样值取整为量化单位的整数倍。量化单位是输入信号的最大范围除以数字量的最大范围,量化过程有

舍入问题就必然会出现舍入误差，这个误差称为量化误差。

（3）编码。量化得到的数值通常用二进制数表示，对有正、负极性（双极性）的模拟量一般采用偏移码来表示，数据的最高位为符号位，数值为正时符号位为1，反之为0。例如，8位的二进制偏移码10000000代表数值0，00000000代表负电压满量程，11111111代表正电压满量程。

3．A/D 转换器的性能参数和术语

（1）量化误差。A/D 转换器将连续的模拟量转换为离散的数字量，对一定范围内连续变化的模拟量只能量化为同一个数字量。量化误差是在 A/D 转换中由于整量化所产生的固有误差。对于舍入（四舍五入）量化法，量化误差在 ±1/2LSB 之间。它是量化器所固有的，是不可克服的。

（2）分辨率。分辨率表示 A/D 转换器对输入信号的分辨能力。通常用输出二进制数的位数表示。n 位输出的 A/D 转化器能区分 2^n 个不同等级的输入模拟电压，能区分的输入电压的最小值为满量程输入电压的 $\dfrac{1}{2^n}$。当满量程输入电压一定时，输出的位数越多，分辨率越高。例如，某 A/D 转换器的分辨率为 8 位，满量程输入电压 V_{fs}=5V，则能区分的输入电压最小值是 5/（2^8），即 0.01953V。

（3）转换误差。转换误差说明 A/D 转换器实际输出数字量与理论上的输出数字量之间的差值，通常以整个输入范围内的最大输出误差表示。一般用最低有效位的倍数来表示转换误差，例如转换误差≤±1LSB 就说明在整个输入范围内，输出数字量与理论上的输出数字量之间的误差小于最低位的一个数字。

（4）转换时间。转换时间是指 A/D 转换器开始一次转换到完成转换得到相应的数字量输出所需的时间。

（5）量程。量程是指 A/D 转换器能够实现转换的输入电压范围。

4．A/D 转换器的类型

A/D 转换器的类型较多，主要的有并行比较型、逐次比较型、双积分型等。

并行比较型的转换速度最高，但分辨率一般在 8 位以内。因为 n 位并行比较型 A/D 中需要 2^n-1 个电压比较器，当 $n>8$ 以后，需要的电压比较器太多使得芯片的面积大，成本高。

双积分型的分辨率高，抗干扰能力强，但转换速度低，一般为 1～1000ms，通常用在对速度要求不高但需要很高精度的场合。

逐次比较型的分辨率高，转换时间在 0.1～100μs 之间。转换速度比并行比较型低，但远高于双积分型。随着集成电路工艺的提高，其转换速度也在提高。因此逐次比较型的 A/D 适合既要求精度，又要求速度的场合。

一般地，将转换时间大于 1ms 的称为低速 A/D，在 1μs～1ms 之间的称为中速 A/D，小于 1μs 的称为高速 A/D。

10.3.2　A/D 转换器的工作原理

1．双积分型的 A/D 转换器

双积分式也称为二重积分式，其实质是测量和比较两个积分的时间：一个是对模拟输入电压积分的时间 T_0，此时间往往是固定的；另一个是以充电后的电压为初值，对参考电源 V_{REF} 反向积分，积分电容被放电至零所需的时间 T_1（或 T_2）等。模拟输入电压 V_i 与参考电压 V_{REF} 之比等于上述两时间之比。由于 V_{REF} 和 T_0 固定而放电时间 T_i 可以测出，因而可计算出模拟输入电压的大小（V_{REF} 与 V_i 符号相反），其转换结构如图 10-9 所示。

图 10-9　双积分型 A/D 转换结构

具体工作过程如下。

转换开始后首先使积分电容完全放电，并将计数器清零。然后开关接通输入电压 V_i，积分器对 V_i 进行定时积分。当定时 T_0 到时，控制逻辑使 S 合向基准电压 V_{REF} 端，并让计数器开始计数，此时积分电容开始反向积分（放电）至输出电压为 0 时，比较器翻转，控制计数器停止计数。

定量进行计算：

第一阶段，S 合向 V_i，积分器对模拟输入电压 V_i 的固定时间（T_0）积分。输出 V_A 为

$$V_A = \frac{1}{RC} \int_0^{T_0} V_i \mathrm{d}t = \frac{T_0}{RC} V_i \qquad （10\text{-}4）$$

即积分器的输出与模拟输入电压 V_i 成正比。

第二阶段，开关 S 合向基准电压 V_{REF} 时，积分器对 V_{REF} 进行反向积分，直至积分器输出为 0，即

$$V_A + \frac{1}{RC} \int_0^{T_1} V_{REF} \mathrm{d}t = 0$$

$$V_A + \frac{T_1}{RC} V_{REF} = 0 \qquad\qquad V_A = \frac{-T_1}{RC} V_{REF} \qquad （10\text{-}5）$$

由式（10-4）和式（10-5）得

$$\frac{T_0}{RC} V_i = -\frac{1}{RC} T_1 V_{REF}$$

$$V_i = -\frac{T_1}{T_0} V_{REF}$$

由于 T_0、V_{REF} 为已知的固定常数，因此反向积分时间 T_1 与输入模拟电压 V_i 在 T_0 时间内的平均值成正比。输入电压 V_i 越高，输出 V_A 越大，T_1 就越长。在 T_1 开始时刻，控制逻辑打开计数器的门开始计数，直至积分器恢复到零电平时计数停止。计数器所计出的数字正比于输入电压 V_i 在 T_0 时间内的平均值，于是完成了一次 A/D 转换。

2. 逐次逼近型的 A/D 转换器

逐次逼近型（也称逐位比较型）A/D 转换结构如图 10-10 所示，其应用比积分型更为广泛。

它主要由逐次逼近积存器 SAR、D/A 转换器、比较器及时序控制逻辑等组成。它的实质是逐次把逐次逼近寄存器中的数字量经 D/A 转换后得到电压 V_C 与待转化模拟电压 V_X 进行比

图 10-10 逐次逼近型 A/D 转换结构

较。比较时，先从 SAR 的最高位开始，逐次确定各位的数码是"1"还是"0"，其工作过程如下。

转换前，先将 SAR 寄存器的各位清零。转换开始时，控制逻辑电路先把逐次逼近寄存器中的最高位置"1"，其余位为"0"。此试探值经 D/A 转换成电压 V_C，然后将 V_C 与模拟输入电压 V_X 进行比较。如果 $V_X > V_C$，则说明 SAR 最高位"1"应予保留；如果 $V_X < V_C$ 说明 SAR 中的最高位应清零。然后再对 SAR 的次高位置"1"。依上述方法进行 D/A 转换和比较。如此重复上述过程，直至确定 SAR 寄存器的最低位为止。最后，逐次逼近寄存器 SAR 中的内容就是与输入模拟量 V_X 相对应的二进制数字量。显然 A/D 转换器的位数决定 D/A 的位数和 SAR 的位数。转换结果能否准确逼近模拟量，位数越多，越能准确逼近模拟量，但转换所需时间也越长。

逐次逼近型 A/D 转换器的主要特点是：转换速度快；转换时间固定；抗干扰能力差。

10.3.3 典型 A/D 转换器介绍

1. 8 位 A/D 转化器 ADC0809

（1）ADC0809 的主要性能。ADC0809 是一个 8 通道的 A/D 转换器芯片，采用逐次逼近式的 A/D 转换提供模拟多路开关和联合寻址逻辑。它的主要特性如下。

①分辨率为 8 位，零偏差和满量程误差均小于 1/2LSB。

②8 个模拟输入通道，有通道地址锁存，数据输出具有三态锁存功能。

③转换时间为 100μs。

④工作温度范围为 -40～+85℃。

⑤功耗为 15mW。

⑥输入电压范围为 0～+5V。

⑦单一 +5V 电源供电。

（2）ADC0809 的内部结构。ADC0809 的内部结构框图如图 10-11 所示。0809 内部由三部分组成：通道选择、8 位 A/D 转换器和定时与控制电路。

（a）

（b）

图 10-11 ADC0809 的内部逻辑结构及引脚图

（a）逻辑结构图；（b）引脚图

1）通道选择。通道选择包括一个树状通道选择开关和相应的地址锁存、译码电路。通道地址经锁存和译码以后选中 8 个输入通道中的一个进入 A/D 转换。

2）8 位 A/D 转换器。0809 内部采用逐次逼近式的 A/D 转换，其中开关树和 $256k\Omega$ 电阻连在一起实现单调性的 D/A 转换，转换后的数据经数据锁存器和三态门输出。

3）定时与控制电路。定时与控制电路具有控制启动转换和报告转换结束的功能。

（3）ADC0809 的引脚功能。图 10-10 给出的 ADC0809 芯片引脚图，各引脚的功能说明如下。

1）$IN_0 \sim IN_7$：8 个模拟输入通道，每个通道输入电压范围为 $0 \sim 5V$。

2）ADDA、ADDB、ADDC：模拟通道选择（也称通道地址选择），输入信号，由这三个引脚的编码决定本次转换的模拟量来自哪个输入通道。具体对应关系见表 10-1。

表 10-1 ADC0809 的通道选择

选中通道	地址		
	C	B	A
IN_0	L	L	L
IN_1	L	L	H
IN_2	L	H	L
IN_3	L	H	H
IN_4	H	L	L
IN_5	H	L	H
IN_6	H	H	L
IN_7	H	H	H

3）ALE：地址锁存允许，输入信号，当它有效时，将来自 ADDA~ADDC 的通道地址打入地址锁存译码器进行译码。

4）START：启动转换，输入信号，要求持续时间在 200ns 以上，用来启动 A/D 转换。

5）EOC：转换结束，输出信号，当转换正在进行时为低电平，转换结束后自动跳为高电平，用于指示 A/D 转换已经完成且结果数据已存入锁存器。在系统中这个信号可用作中断请求或查询信号。

6）$D_0 \sim D_7$：8 位数字数据输出，来自具有三态输出能力的 8 位锁存器，可直接接到系统数据总线上。

7）OE：允许数据输出，输入信号，该信号有效时，输出三态门打开，数据锁存器的内容输出到数据线上。

8）$V_{REF(+)}$、$V_{REF(-)}$：基准电压。基准电压 V_{REF} 根据 V_{CC} 确定，典型值为 $V_{REF(+)} = V_{CC}$，$V_{REF(-)} = 0$，$V_{REF(+)}$ 不允许比 V_{CC} 高，$V_{REF(-)}$ 不允许比地电平低。

9）V_{CC}：电源。

10）CLOCK：时钟，要求频率范围为 $10kHz \sim 1MHz$（典型值为 640kHz），可由微处理器时钟分频得到。

11）GND：地。

（4）ADC0809 的工作时序。ADC0809 的工作时序如图 10-12 所示。由 START 为高电平来启动转换，上升沿将片内 SAR 复位，真正转换从 START 的下降沿开始。在 START 上升沿之后的 2μs 加 8 个时钟周期（不定），EOC 输出信号将变低，以指示转换操作正在进行中。EOC 保持低电平直至转换完成后再变为高电平，此时转换后的数据已进入数据锁存器。当 OUTPUT ENABLE（即 OE）被置为高电平时，输出三态门打开，数据锁存器中的内容输出到数据总线上（CPU 可通过 IN 指令获取数据）。

2. 0809 通过 8255 与 CPU 的连接举例

【例 10.2】 如图 10-13 所示，0809 的 $D_7 \sim D_0$ 接 8255 的 PA 口，PA 口工作于方式 0 输入；0809 的 ADDC、ADDB、ADDA 接 8255 的 $PB_2 \sim PB_0$，PB 口工作于方式 0 输出。8255 的 PC 口高 4 位工作于方式 0 输入，PC7 接 0809 的 EOC。8255 的 PC 口低 4 位工作于方式 0 输出，PC0 接 0809 的 START 和 ALE。8255 的地址为 70H～73H。试编写程序，以查询的方式对 IN_0 端进行 100 次采样并将数据存入 DATA 开始的内存中。

图 10-12　ADC0809 的工作时序

图 10-13　ADC0809 与 8255 连接图

主程序：

```
MOV  AL , 10011000B          ;8255 编程
OUT  73H ,AL
MOV  AL , 00H
OUT  72H ,AL                 ;START、ALE=0
MOV  BX , OFFSET DATA        ;DATA 是数据区首地址
MOV  CX , 100
MOV  AL , 00H
```

```
            OUT   71H ,AL                    ;选 IN0
    AGAIN:  MOV   AL , 01H
            OUT   72H ,AL                    ;START、ALE=1
            MOV   AL , 00H
            OUT   72H ,AL                    ;START、ALE=0
    WAIT0:  IN    AL , 72H
            AND   AL , 80H
            JNZ   WAIT0                      ;若 EOC 为低,则顺序执行指令
    WAIT1:  IN    AL , 72H
            AND   AL , 80H
            JZ    WAIT1                      ;若 EOC 为高,则顺序执行指令
            IN    AL , 70H                   ;从 PA 口输入数据
            MOV   [BX],AL                    ;存入内存
            INC   BX
            LOOP  AGAIN
```

思考与练习

10-1　D/A 转换器和 A/D 转换器在微机应用中分别起何作用?

10-2　什么是 D/A 转换器的分辨率和精度?

10-3　D/A 转换器中采用双缓冲的目的是什么?

10-4　已知某 D/A 转换器,最小分辨率电压为 V_{omin} = 5 mV,最大(满刻度)输出电压 V_{omax}=10V,试问此电路输入数字量的位数 n 应为多大? 参考电压 V_{Ref} 应为多大?

10-5　A/D 转换为什么要进行采样? 采样频率应根据什么选定?

10-6　设被测温度变化范围为 0~1200℃,如要求误差不超过 0.4℃,应选用分辨率为多少位的 A/D 转换器(设 A/D 转换器的分辨率和精度的位数一样)?

10-7　某 8 位 ADC 输入电压范围为 0~+10V,当输入电压为 4.48V 和 7.81V 时,其输出二进制数各是多少? 该 ADC 能分辨的最小电压变化量为多少毫伏?

附录A　ASCII 字 符 集

1. 标准 ASCII 字符集

ASCII 值	字符	控制字符	ASCII 值	字符	ASCII 值	字符	ASCII 值	字符
000/00H	null	NULL	032/20H	space	064/40H	@	096/60H	`
001/01H	☺	SOH	033/21H	!	065/41H	A	097/61H	a
002/02H	●	STX	034/22H	"	066/42H	B	098/62H	b
003/03H	♥	ETX	035/23H	#	067/43H	C	099/63H	c
004/04H	♦	EOT	036/24H	$	068/44H	D	100/64H	d
005/05H	♣	ENQ	037/25H	%	069/45H	E	101/65H	e
006/06H	♠	ACK	038/26H	&	070/46H	F	102/66H	f
007/07H	beep	BEL	039/27H	'	071/47H	G	103/67H	g
008/08H	back space	BS	040/28H	(	072/48H	H	104/68H	h
009/09H	▣	HT	041/29H	)	073/49H	I	105/69H	i
010/0AH	line feed	LF	042/2AH	*	074/4AH	J	106/6AH	j
011/0BH	♂	VT	043/2BH	+	075/4BH	K	107/6BH	k
012/0CH	♀	FF	044/2CH	,	076/4CH	L	108/6CH	l
013/0DH	carriage return	CR	045/2DH	−	077/4DH	M	109/6DH	m
014/0EH	♫	SO	046/2EH	.	078/4EH	N	110/6EH	n
015/0FH	☼	SI	047/2FH	/	079/4FH	O	111/6FH	o
016/10H	▶	DLE	048/30H	0	080/50H	P	112/70H	p
017/11H	◀	DC1	049/31H	1	081/51H	Q	113/71H	q
018/12H	↕	DC2	050/32H	2	082/52H	R	114/72H	r
019/13H	‼	DC3	051/33H	3	083/53H	S	115/73H	s
020/14H	¶	DC4	052/34H	4	084/54H	T	116/74H	t
021/15H	§	NAK	053/35H	5	085/55H	U	117/75H	u
022/16H	▬	SYN	054/36H	6	086/56H	V	118/76H	v
023/17H	↨	ETB	055/37H	7	087/57H	W	119/77H	w
024/18H	↑	CAN	056/38H	8	088/58H	X	12078H	x
025/19H	↓	EM	057/39H	9	089/59H	Y	121/79H	y
026/1AH	→	SUB	058/3AH	:	090/5AH	Z	122/7AH	z
027/1BH	←	ESC	059/3BH	;	091/5BH	[	123/7BH	{
028/1CH	∟	FS	060/3CH	<	092/5CH	\	124/7CH	|
029/1DH	↔	GS	061/3DH	=	093/5DH	]	125/7DH	}
030/1EH	▲	RS	062/3EH	>	094/5EH	^	126/7EH	~
031/1FH	▼	US	063/3FH	?	095/5FH	_	127/7FH	del

2. 扩充 ASCII 字符集

ASCII 值	字符	ASCII 值	字符	ASCII 值	字符	ASCII 值	字符
128	Ç	160	á	192	└	224	α
129	ü	161	í	193	┴	225	β
130	é	162	ó	194	┬	226	Γ
131	â	163	ú	195	├	227	π
132	ä	164	ñ	196	─	228	Σ
133	à	165	Ñ	197	┼	229	σ
134	å	166	ª	198	╞	230	μ
135	ç	167	º	199	╟	231	τ
136	ê	168	¿	200	╚	232	φ
137	ë	169	⌐	201	╔	233	θ
138	è	170	¬	202	╩	234	Ω
139	ï	171	½	203	╦	235	δ
140	î	172	¼	204	╠	236	∞
141	ì	173	¡	205	═	237	∮
142	Ä	174	«	206	╬	238	∈
143	Å	175	»	207	╧	239	∩
144	É	176	░	208	╨	240	≡
145	æ	177	▒	209	╤	241	±
146	Æ	178	▓	210	╥	242	≥
147	ô	179	│	211	╙	243	≤
148	ö	180	┤	212	╘	244	⌠
149	ò	181	╡	213	╒	245	⌡
150	û	182	╢	214	╓	246	÷
151	ù	183	╖	215	╫	247	≈
152	ÿ	184	╕	216	╪	248	°
153	Ö	185	╣	217	┘	249	•
154	Ü	186	║	218	┌	250	·
155	¢	187	╗	219	█	251	√
156	£	188	╝	220	▄	252	ⁿ
157	¥	189	╜	221	▌	253	²
158	Pt	190	╛	222	▐	254	■
159	ƒ	191	┐	223	▀	255	blank

附录 B　8086/8088 指令系统一览表

助记符	指令格式		指令功能	对标志位的影响 ODITSZAPC
MOV	MOV dst, src		dst←src	─ ─ ─ ─ ─ ─ ─ ─ ─
PUSH	PUSH src		SP←SP−2 SP+1, SP←src	─ ─ ─ ─ ─ ─ ─ ─ ─
POP	POP dst		dst←SP+1, SP SP←SP+2	─ ─ ─ ─ ─ ─ ─ ─ ─
XCHG	XCHG opr1, opr2		opr1↔opr2	─ ─ ─ ─ ─ ─ ─ ─ ─
IN	IN ac, port IN ac, DX		ac←port ac←（DX）	─ ─ ─ ─ ─ ─ ─ ─ ─
OUT	OUT port, ac OUT DX, ac		port←ac （DX）←ac	─ ─ ─ ─ ─ ─ ─ ─ ─
XLAT	XLAT			
LEA	LEA	reg, src	reg←src	─ ─ ─ ─ ─ ─ ─ ─ ─
LDS	LDS	reg, src	reg←src DS←src+2	─ ─ ─ ─ ─ ─ ─ ─ ─
LES	LES	reg, src	reg←src ES←src+2	─ ─ ─ ─ ─ ─ ─ ─ ─
LAHF	LAHF		AH←flags 低字节	─ ─ ─ ─ ─ ─ ─ ─ ─
SAHF	SAHF		flags 低字节←AH	─ ─ ─ ─ r r r r r
PUSHF	PUSHF		SP←SP−2 （SP+1, SP）←flags	─ ─ ─ ─ ─ ─ ─ ─ ─
POPF	POPF		flags←（SP+1, SP） SP←SP+2	r r r r r r r r r
ADD	ADD	dst, src	dst←src+dst	x ─ ─ ─ x x x x x
ADC	ADC	dst, src	dst←src+dst+CF	x ─ ─ ─ x x x x x
INC	INC	opr	opr←opr+1	x ─ ─ ─ x x x x ─
SUB	SUB	dst, src	dst←dst−src	x ─ ─ ─ x x x x x
SBB	SBB	dst, src	dst←dst−src−CF	x ─ ─ ─ x x x x x
DEC	DEC	opr	opr←opr−1	x ─ ─ ─ x x x x ─
NEG	NEG	opr	opr←−opr	x ─ ─ ─ x x x x x
CMP	CMP	opr1, opr2	opr1−opr2	x ─ ─ ─ x x x x x
MUL	MUL	src	AX←AL*src　　src 为 8 位 reg/mem （DX, AX）←AL*src　src 为 16 位 reg/mem	x ─ ─ ─ u u u u x
IMUL	IMUL	src	AX←AL*src　　src 为 8 位 reg/mem （DX, AX）←AL*src　src 为 16 位 reg/mem	x ─ ─ ─ u u u u x

续表

助记符	指 令 格 式		指 令 功 能	对标志位的影响 ODITSZAPC
DIV	DIV	src	AL←AX/src 的商　src 为 8 位 reg/mem AH←AX/src 的余数 AX←（DX，AX）/ src 的商，src 为 16 位 reg/mem DX←（DX，AX）/ src 的余数	－ － － － u u u u u
IDIV	IDIV	src	AL←AX/src 的商　src 为 8 位 reg/mem AH←AX/src 的余数 AX←（DX,AX）/ src 的商 src 为 16 位 reg/mem DX←（DX，AX）/src 的余数	u － － － u u u u u
DAA	DAA		AL←把 AL 中的和调整到压缩的 BCD 格式	u － － － x x x x x
DAS	DAS		AL←把 AL 中的差调整到压缩的 BCD 格式	u － － － x x x x x
AAA	AAA		AL←把 AL 中的和调整到非压缩的 BCD 格式 AH←AH+调整产生的进位值	u － － － u u x u x
AAS	AAS		AL←把 AL 中的差调整到非压缩的 BCD 格式 AH←AH−调整产生的借位值	u － － － u u x u x
AAM	AAM		AX←把 AH 中的积调整到非压缩的 BCD 格式	u － － － x x u x u
AAD	AAD		AL←10*AH+AL，AH←0 实现除法的非压缩的 BCD 调整	u － － － x x u x u
AND	AND	dst，src	dst←dst ∧src	0 － － － x x u x 0
OR	OR	dst，src	dst←dst ∨src	0 － － － x x u x 0
NOT	NOT	opr	opr← $\overline{opr}$	－ － － － － － － － －
XOR	XOR	dst，src	dst←dst ∀ src	0 － － － x x u x 0
TEST	TEST	opr1，opr2	opr1∧opr2	0 － － － x x u x 0
SHL	SHL SHL	opr，1 opr，CL	逻辑左移	x － － － x x u x x
SAL	SAL SAL	opr，1 opr，CL	算术左移	x － － － x x u x x
SHR	SHR SHR	opr，1 opr，CL	逻辑右移	x － － － x x u x x
SAR	SAR SAR	opr，1 opr，CL	算术右移	x － － － x x u x x
ROL	ROL ROL	opr，1 opr，CL	循环左移	x － － － － － － － x
ROR	ROR ROR	opr，1 opr，CL	循环右移	x － － － － － － － x
RCL	RCL RCL	opr，1 opr，CL	带进位循环左移	x － － － － － － － x
RCR	RCR RCR	opr，1 opr，CL	带进位循环右移	x － － － － － － － x
MOVS	MOVSB MOVSW		（DI）←（SI） SI←SI ±1 或 2 DI←DI ±1 或 2	－ － － － － － － － －

助记符	指 令 格 式		指 令 功 能	对标志位的影响 ODITSZAPC
STOS	STOSB STOSW		（DI）←AC DI←DI ±1 或 2	— — — — — — — — —
LODS	LODSB LODSW		AC←（SI） SI←SI ±1 或 2	— — — — — — — — —
REP	REP 串指令		当 CX=0，退出重复；否则 CX←CX−1，执行其后的串指令	— — — — — — — — —
CMPS	CMPSB CMFLAGS		（SI）←（DI） SI←SI ±1 或 2 DI←DI ±1 或 2	x — — — x x x x x
SCAS	SCASB SCASW		AC←（DI） DI←DI ±1 或 2	x — — — — — — — x
REPE/ REPZ	REPE/REPZ 串指令		当 CX=0 或 ZF=0 退出重复，否则 CX←CX−1，执行其后的串指令	— — — — — — — — —
REPNE/ REPNZ	REPNE/ REPNZ 串指令		当 CX=0 或 ZF=1 退出重复，否则 CX←CX−1，执行其后的串指令	— — — — — — — — —
JMP	JMP JMP JMP JMP JMP	short opr near ptr opr far ptr opr word ptr opr dword ptr opr	无条件转移	— — — — — — — — —
JZ/JE	JZ/JE	opr	ZF=1 则转移	— — — — — — — — —
JNZ/JNE	JNZ/JNE	opr	ZF=0 则转移	— — — — — — — — —
JS	JS	opr	SF=1 则转移	— — — — — — — — —
JNS	JNS	opr	SF=0 则转移	— — — — — — — — —
JO	JO	opr	OF=1 则转移	— — — — — — — — —
JNO	JNO	opr	OF=0 则转移	— — — — — — — — —
JP/JPE	JP/JPE	opr	PF=1 则转移	— — — — — — — — —
JNP/JPO	JNP/JPO	opr	PF=0 则转移	— — — — — — — — —
JC/JB/ JNAE	JC/JB/JNAE	opr	CF=0 则转移	— — — — — — — — —
JNC/JNB/ JAE	JNC/JNE/JAE	opr	CF=0 则转移	— — — — — — — — —
JBE/JNA	JBE/JNA	opr	CF ∨ZF=1 则转移	— — — — — — — — —
JNBE/JA	JNBE/JA	opr	CF ∨ZF=0 则转移	— — — — — — — — —
JL/JNGE	JL/JNGE	opr	SF ∀OF=1 则转移	— — — — — — — — —
JNL/JGE	JNL/JGE	opr	SF ∀OF=0 则转移	— — — — — — — — —
JLE/JNG	JLE/JNG	opr	(SF ∀OF) ∨ZF =1 则转移	— — — — — — — — —
JNLE/JG	JNLE/JG	opr	(SF ∀OF) ∧ZF =0 则转移	— — — — — — — — —

续表

助记符	指　令　格　式		指　令　功　能	对标志位的影响 ODITSZAPC
JCXZ	JCXZ	opr	CX=0 则转移	— — — — — — — — —
LOOP	LOOP	opr	CX≠0 则循环	— — — — — — — — —
LOOPZ/ LOOPE	LOOPZ/ LOOPE	opr	ZF=1 且 CX≠0 则循环	— — — — — — — — —
LOOPNZ/ LOOPNE	LOOPNZ/ LOOPNE	opr	ZF=0 且 CX≠0 则循环	— — — — — — — — —
CALL	CALL	dst	过程调用指令	— — — — — — — — —
RET	RET		返回指令	— — — — — — — — —
RET	RET	n	带参数的返回指令	— — 0 0 — — — — —
INT	INT	type	软中断指令 type=3 时，是 1 字节指令 type≠3 时，是 2 字节指令	— — 0 0 — — — — —
INTO	INTO （type=4）		若 OF=1，则产生类型为 4 的中断	— — 0 0 — — — — —
IRET	IRET		从中断返回指令	r r r r r r r r r
CBW	CBW		AL 的符号扩展到 AH	— — — — — — — — —
CWD	CWD		AX 的符号扩展到 DX	— — — — — — — — —
CLC	CLC		进位位置 0	— — — — — — — — 0
CMC	CMC		进位位求反	— — — — — — — — x
STC	STC		进位位置 1	— — — — — — — — 1
CLD	CLD		方向标志置 0	— 0 — — — — — — —
STD	STD		方向标志置 1	— 1 — — — — — — —
CLI	CLI		中断标志置 0	— — 0 — — — — — —
STI	STI		中断标志置 1	— — 1 — — — — — —
NOP	NOP		无操作	— — — — — — — — —
HLT	HLT		停机	— — — — — — — — —
WAIT	WAIT		等待	— — — — — — — — —
ESC	ESC		换码	— — — — — — — — —
LOCK	LOCK		封锁	— — — — — — — — — — — — — — — — — —

符号说明如下。

（1）指令中的符号。

opr—操作数；

src—源操作数；

dst—目的操作数；

reg—寄存器；

mem—存储器；

data—立即数。

（2）对标志位的影响中的符号。

0—置 0；

1—置 1；

x—根据结果设置；

——不影响；

u—无定义；

r—恢复原先保存的值。

附录 C　通用汇编程序伪指令

伪　指　令	功　　能
.286	选择 80286 指令系统
.286P	选择 80286 保护模式指令系统
.386	选择 80386 指令系统
.386P	选择 80386 保护模式指令系统
.486	选择 80486 指令系统
.486P	选择 80486 保护模式指令系统
.586	选择 Pentium 指令系统
.586P	选择 Pentium 保护模式指令系统
.287	选择 80287 数字协处理器
.387	选择 80387 数字协处理器
.code	定义代码段
.data	定义数据段
.EXIT	用来使程序设计模型退回到 DOS
.MODEL	选择编程模式
.stack	定义堆栈段
.STARTUP	在编程模型中指示程序的开始
ALIGN2	按字或双字分界的段中数据的开始
ASSUME	规定段所属的段寄存器
BYTE	指示字节长度的操作数，如 BYTE PTR
WORD	起字操作数的作用，如 WORD PTR
DWORD	定义双字节长度操作数，如 DWORD PTR
DB	定义字节（8 位）
DW	定义字节（16 位）
DD	定义字节（32 位）
DQ	定义字节（64 位）
DT	定义 10 个字节（80 位）
DUP	产生重复的字符或数字
END	指示程序结束
MACRO	定义宏的名字、参数和开始　　　宏名　MACRO
ENDM	指示宏序列结束　　　ENDM
PROC	指示过程开始　　　过程名 PROC

伪　指　令	功　　能
ENDP	指示过程结束　　过程名 ENDP
STRUC	定义结构的开始　　结构名 STRUC
ENDS	指示结构结束　　结构名 ENDS
EQU	标号等于数据
=	赋值
FAR	定义远指针
NEAR	定义近指针
ORG	设置段内的起始地址
PTR	指示存储器指针
SEGMENT	定义段　段名 SEGMENT
STACK	指示这个段是堆栈段
USES	MASM 6.X 版本指示自动保存过程使用的寄存器
USES16	指导汇编程序 80386～Pentium 以上微处理器使用 16 位的指令模式和数据长度
USES32	指导汇编程序 80386～Pentium 以上微处理器使用 32 位的指令模式和数据长度
PUBLIC	说明在本模块中定义的外部符号
EXTRN	可使指定的段都在 64KB 的物理段内

附录 D　常用 DOS 功能调用（INT 21H）

功　能　号	功　　能	入　口　参　数	出　口　参　数
00H	程序终止	CS=程序段前缀的段地址	
01H	键盘输入		AL=输入字符
02H	显示输出	DL=输出显示的字符	
03H	串行通信输入		AL=接收字符
04H	串行通信输出	DL=发送字符	
05H	打印机输出	DL=打印字符	
06H	控制台输入输出	DL=FFH（输入）， DL=字符（输出）	AL=输入字符
07H	无回显键盘输入		AL=输入字符
08H	无回显键盘输入		AL=输入字符
09H	显示字符串	DS：DX=字符串地址	
0AH	输入字符串	DS：DX=缓冲区地址	
0BH	检验键盘状态		AL=00 有输入，AL=FF 无输入
0CH	清除输入缓冲区，执行指定输入功能	AL=输入功能号 （1、6、7、8、0AH）	
0DH	磁盘复位		清除文件缓冲区
0EH	选择磁盘驱动器	DL=驱动器号	AL=驱动器数
0FH	打开文件	DS：DX=FCB 首地址	AL=00H 文件找到 AL=FFH 文件未找到
10H	关闭文件	DS：DX=FCB 首地址	AL=00H 目录修改成功 AL=FFH 未找到
11H	查找第一个目录项	DS：DX=FCB 首地址	AL=00H 找到，AL=FFH 未找到
12H	查找下一个目录项	DS：DX=FCB 首地址	AL=00H 文件找到 AL=FFH 未找到
13H	删除文件	DS：DX=FCB 首地址	AL=00H 删除成功 AL=FFH 未找到
14H	顺序读	DS：DX=FCB 首地址	AL=00H 读成功 AL=01H 文件结束，记录无数据 AL=02H DTA 空间不够 AL=03H 文件结束，记录不完整
15H	顺序写	DS：DX=FCB 首地址	AL=00H 写成功 AL=01 盘满 AL=02H DTA 空间不够
16H	创建文件	DS：DX=FCB 首地址	AL=00H 创建成功 AL=FFH 无磁盘空间
17H	文件改名	DS：DX=FCB 首地址 （DS：DX+1）=旧文件名 （DS：DX+17）=新文件名	AL=00H 改名成功 AL=FFH 不成功

功　能　号	功　　能	入　口　参　数	出　口　参　数
19H	取当前磁盘		AL=当前驱动器号
1AH	设置 DTA 地址	DS：DX=DTA 地址	
1BH	取默认驱动器 FAT 信息		AL=每簇的扇区数，DS：BX=FAT 标识字节 CX=物理扇区的大小，DX=驱动器和簇数
21H	随机读	DS：DX=FCB 首地址	AL=00H 读成功 AL=01H 文件结束 AL=02H 缓冲区溢出 AL=03H 缓冲区不满
22H	随机写	DS：DX=FCB 首地址	AL=00H 写成功 AL=01H 磁盘满 AL=02H 缓冲区溢出
23H	文件长度	DS：DX=FCB 首地址	AL=00H 成功，长度在 PCB AL=1 未找到
24H	设置随机记录号	DS：DX=FCB 首地址	
25H	设置中断向量	DS：DX=中断向量， AL=中断向量号	
26H	建立 PSP	DX=新的 PSP	
27H	随机块读	DS：DX=FCB 首地址 CX=记录数	AL=00H 读成功 AL=01 文件结束 AL=02H 缓冲区溢出 AL=03H 缓冲区不满
28H	随机块写	DS：DX=FCB 首地址 CX=记录数	AL=00H 写成功 AL=01H 盘满 A：=02H 缓冲区溢出
29H	分析文件名	ES：DI=FCB 首地址 DS：SI=ASCII 串 AL=控制分析标志	AL=00H 标准文件 AL=01H 多义文件 AL=FFH 非法盘符
2AH	取日期		CX：DH：DL=年：月：日
2BH	设置日期	CX：DH：DL=年：月：日	
2CH	取时间		CH：CL=时：分，DH：DL=秒：百分秒
2DH	设置时间	CH：CL=时：分， DH：DL=秒：百分秒	
2EH	设置磁盘写标志	AL=00 关闭，AL=01 打开	
2FH	取 DTA 地址		ES：BX=DTA 首地址
30H	取 DOS 版本号		AL=主版本号，AH=辅版本号
31H	程序终止并驻留	AL=返回码，DX=驻留大小	
33H	ctrl-break 检测	AL=00 取状态 AL=01 置状态	DL=00H 关闭，　DL=01H 打开
35H	获取中断向量	AL=中断向量号	ES：BX=中断向量

续表

功 能 号	功　　能	入 口 参 数	出 口 参 数
36H	取可用磁盘空间	DL=驱动器号	成功：AX=每簇扇区数， BX=有效簇数 CX=每扇区字节数，DX=总簇数 失败：AX=FFFFH
38H	取国家信息	DS：DX=信息区地址	BX=国家代码
39H	建立子目录	DS：DX=ASCII 串	AX=错误码
3AH	删除子目录	DS：DX=ASCII 串	AX=错误码
3BH	改变目录	DS：DX=ASCII 串	AX=错误码
3CH	建立文件	DS：DX=ASCII 串， CX=文件属性	成功：AX=文件号；失败： AX=错误码
3DH	打开文件	DS：DX=ASCII 串， AL=0/1/2 读/写/读写	成功：AX=文件号；失败： AX=错误码
3EH	关闭文件	BX=文件号	AX=错误码
3FH	读文件或设备	DS：DX=数据缓冲区地址 BX=文件号 CX=读取字节数	成功：AX=实际读出字节数 AX=0 已到文件尾 出错：AX=错误码
40H	写文件或设备	DS：DX=数据缓冲区地址， BX=文件号，CX=写入字节数	成功：AX=实际写入字节数 出错：AX=错误码
41H	删除文件	DX：DX=ASCII 串	成功：AX=00； 失败：AX=错误码
42H	移动关闭指针	BX=文件号，CX： DX=位移量 AL=移动方式	成功：DX：AX=新指针位置 出错：AX=错误码
43H	读取/设置文件 属性	DS：DX=ASCII 串，AL=0/1 取/置属性，CX=文件属性	成功：CX=文件属性 失败：AX=错误码
44H	设备 I/O 控制	BX=文件号： AL=0 取状态，AL=1 置状态， AL=2 读数据，AL=3 写数据， AL=6 取输入状态， AL=7 取输出状态	DX=设备信息
45H	复制文件号	BX=文件号 1	成功：AX=文件号 2； 出错：AX=错误码
46H	强制文件号	BX=文件号 1，CX=文件号 2	成功：AX=文件号 1； 出错：AX=错误码
47H	取当前路径名	DL=驱动器号 DS：SI=ASCII 串地址	DS：SI= ASCII 串 失败：AX=错误码
48H	分配内存空间	BX=申请内存容量	成功：AX=分配内存首址 失败：BX=最大可用空间
49H	释放内存空间	ES=内存起始段地址	失败：AX=错误码
4AH	调整分配的内存空间	ES=原内存起始地址 BX=再申请内存容量	失败：AX=错误码 BX=最大可用空间
4BH	装入/执行程序	DS：DX= ASCII 串 ES：BX=参数区首地址 AL=0/3 执行/装入不执行	失败：AX=错误码

功　能　号	功　　能	入　口　参　数	出　口　参　数
4CH	程序终止	AL=返回码	
4DH	取返回码		AL=返回码
4EH	查找第一个目录项	DS：DX= ASCII 串地址，CX=属性	AX=错误码（02，18）
4FH	查找下一个目录项	DS：DX= ASCII 串地址	AX=错误码（18）
54H	读取磁盘写标志		AL=当前标志值， 00 为关，01 为开
56H	文件改名	DS：DX=旧 ASCII 串 ES：DI=新 ASCII 串	AX=错误码（03，05，17）
57H	设置/读取文件日期和时间	BX=文件号，AL=0 读取 AL=1 设置（DX：CX）	DX：CX=日期和时间 失败：AX=错误码
58H	取/置分配策略码	AL=0 读取， AL=1 设置（BX）	成功：AX=策略码， 失败：AX=错误码

附录 E　常用 ROM-BIOS 功能调用

E.1　显示器功能调用（INT 10H）

（1）AH=00H——设置显示方式。

入口参数：AL=方式号。本功能调用使显示器工作在设定的显示方式，并清屏。

AL=00:　　40×25 单色文本	AL=01:　40×25 彩色文本
AL=02:　　80×25 单色文本	AL=03:　80×25 彩色文本
AL=04:　　320×200 彩色图形	AL=05:　320×200 黑白图形
AL=06:　　640×200 黑白图形	AL=07:　80×25 单色文本
AL=08:　　160×200 16 色图形	AL=09:　320×200 16 色图形
AL=0A:　　640×200 16 色图形	AL=0B, 0C: 保留 EGA
AL=0D:　　320×200 彩色图形 EGA	AL=0E:　640×200 彩色图形 EGA
AL=0F:　　640×350 单色图形 EGA	AL=10:　640×350 彩色图形 EGA
AL=11:　　640×480 单色图形 EGA	AL=12:　640×480 16 色图形 EGA
AL=13:　　320×200　256 色图形 EGA	

（2）AH=01H——设置光标形状。

入口参数：$CH_{0\sim3}$=光标起始的扫描线号，$CL_{0\sim3}$=光标终止的扫描线号。

（3）AH=02H——设置光标位置。

入口参数：DH=光标所在的行号，DL=光标所在的列号，BH=光标所在的页号。

（4）AH=03H——查询光标形状和位置。

入口参数：BH=要查询光标所在的页号。

出口参数：CH=光标起始扫描线号，CL=光标终止扫描线号，DH=光标行号，DL=光标列号。

（5）AH=04H——查询光标位置。

（6）AH=05H——设置当前显示页。

入口参数：AL=页号。设定某页，则此页变为当前显示页。默认时为 0 页。

（7）AH=06H——窗口上滚。

入口参数：CH=滚动窗口左上角的行号，CL=滚动窗口左上角的列号，DH=滚动窗口右下角的行号，DL=滚动的行数，BH=填充的正文属性字节（字符方式）或填充字节（图形方式）。

（8）AH=07H——窗口下滚。

入口参数：同 6 号功能。

（9）AH=08H——读光标处的字符及其属性。

入口参数：BH=所在页号。

出口参数：AL=所读字符的 ASCII 码，AH=所读字符的属性。

（10）AH=09H——在光标处写字符及其属性。

入口参数：AL=字符的 ASCII 码，BL=属性字节（文本方式）或颜色值（图形方式），BH=

页号，CX=连续写字符的个数。

（11）AH=0AH——在光标处写字符。

入口参数：AL=字符的 ASCII 码，BL=颜色值（图形方式），BH=页号，CX=连续写字符的个数。

（12）AH=0BH——设置 CGA 调色板。

入口参数：①BH=0 时，BL=图形方式的背景色或字符方式的边界色（0～15）。②BH=1 时，BL=选用的调色板号（0 或 1 对应第 0 或第 1 色组）。

（13）AH=0CH——写图形像素（写点）。

入口参数：AL=像素值，CX=像素写到的列值，DX=像素写到的行值。

（14）AH=0DH——读图形像素（读点）。

入口参数：CX=欲读像素所在的列值，DX=欲读像素所在的行值。

出口参数：AL=像素值。

（15）AH=0EH——在光标处写字符并移动光标。

入口参数：AL=字符的 ASCII 码，BL=字符的颜色值（图形方式），BH=页号（字符方式）。

（16）AH=0FH——查询当前显示方式。

出口参数：AH=显示的列数，AL=显示方式号，BH=当前显示页号。

E.2 异步通信功能调用（INT 14H）

（1）AH=00H——UART 初始化设置。

入口参数：AL=初始化参数。其中 $D_7D_6D_5$ 设置波特率：取 000～111 值依次对应 110、150、300、600、1200、2400、4800、9600b/s；D_4D_3 设置奇偶校验位：X0、01、11 分别表示无校验、奇校验、偶校验；D_2 设置停止位：0，1 分别表示使用 1，2 停止位；D_1D_0 设置数据位：10 和 11 分别表示 7 和 8 位数据位。

出口参数：AH=通信线路状态，D_7～D_0 为 1 依次表示发生超时、发送移位寄存器空、发送保持寄存器空、中止字符、帧格式错、奇偶校验错、溢出错、数据准备好。AL=调制解调器状态，D_7～D_0 为 1 依次表示发生载波检测到、振铃指示、DSR 有效、CTS 有效、载波改变、振铃指示断开、DSR 改变、CTS 改变。

0 号功能是将 AL 中的 D_4～D_0 位直接写入 8250 的线路控制寄存器 LCR 的低 5 位，指定串行通信的数据格式；同时，还使 LCR 的 D_6、D_5 位复位，既不使用强制奇偶校验位，也不发送中止字符。该功能利用 AL 中的 $D_7D_6D_5$ 建立数据传输速率，还清除中断允许寄存器 IER，即不使用中断方式。最后，该功能取出线路状态和调制解调器状态送入 AH 和 AL。

（2）AH=01H——发送一个字符。

入口参数：AL=欲发送的字符代码。

出口参数：AH=线路状态（同 0 号功能），其中，D_7=1 表示未能发送。

（3）AH=02H——接收一个字符。

出口参数：AL=接收的字符；AH=线路状态（同 0 号功能），其中，D_7=1 表示未能成功接收。

（4）AH=03H——读取异步通信口状态。

出口参数：AH=线路状态（同 0 号功能），AL=调制解调器状态（同 0 号功能）。

E.3　键盘功能调用（INT 16H）

（1）AH=00H——读取键值。

出口参数：AX=键值代码，根据按键可以分为以下 3 种情况。

①标准 ASCII 码按键：AL=ASCII 码（0～127），AH=接通扫描码。

②扩展按键（组合键、F1～F10 功能键、光标控制键等）：AL=00H，AH=键扩展码（0FH～84H）。

③Alt+小键盘的数字键：AL=数字值（1～255），AH=00H。

（2）AH=01H——判断是否有键按下。

出口参数：标志 ZF=1，无键按下；ZF=0，有键按下，且 AX=键值代码（同 AH=0 功能）。

（3）AH=02H——读当前 8 个特殊键的状态。

出口参数：AL=KB-FLAG 字节单元内容，从高位到低位依次为 Ins、Caps Lock、Num Lock、Scroll Look、Alt、Ctrl、左 Shift、右 Shift 各键的按下标志位。按下时，相应位为 1。

E.4　打印机功能程序（INT 17H）

（1）AH=00H——送入打印机一个字符。

入口参数：AL=打印字符，DX=打印机号（0～2）。出口参数：AH=打印机状态。

（2）AH=01H——初始化打印机。

入口参数：DX=打印机号（0～2）。出口参数：AH=打印机状态。

（3）AH-02H——读打印机状态。

入口参数：DX=打印机号（0～2）。出口参数：AH=打印机状态。

上述 3 个功能调用返回的参数都是打印机状态字节。某位为 1，则表示不忙（D_7）、响应（D_6）、无纸（D_3）、选中（D_4）、出错（D_3）和超时错误（D_0）。

E.5　日时钟功能调用（INT 1AH）

（1）AH=00H——读取日时钟。

出口参数：CX=计时变量高字内容，DX=计时变量低字内容；AL=0，表示未超过 24h。

（2）AH=01H——设置日时钟。

入口参数：CX=计时变量高字内容，DX=计时变量低字内容。

（3）AH=02H——读取实时时钟。

出口参数：CH=BCD 码小时值，CL=BCD 码分值，DH=BCD 码秒值。

（4）AH=03H——设置实时时钟。

入口参数：CH=BCD 码小时值，CL=BCD 码分值，DH=BCD 码秒值，DL=0（不调整天数）。

（5）AH=04H——读取实时日期。

出口参数：CH=BCD 码世纪值，CL=BCD 码年值，DH=BCD 码月值，DL=BCD 码日值。

（6）AH=05H——设置实时日期。

入口参数：CH=BCD 码世纪值，CL=BCD 码年值，DH=BCD 码月值，DL=BCD 码日值。

（7）AH=06H——设置报警时钟。

入口参数：CH=BCD 码小时值，CL=BCD 码分值，DH=BCD 码秒值。

（8）AH=07H——复位报警时钟。

参 考 文 献

[1] 倪继烈,刘新民.微机原理与接口技术 [M]. 成都:电子科技大学出版社,2001.

[2] 郑学坚,等. 微型计算机原理与应用 [M]. 3 版. 北京:清华大学出版社,2001.

[3] 艾德才. Pentium 系列微型计算机原理与接口技术 [M]. 北京:高等教育出版社,2001.

[4] 沈美明,温冬婵. IBM PC 汇编语言程序设计 [M]. 2 版. 北京:清华大学出版社,2002.

[5] 冯博琴. 微型计算机原理与接口技术 [M]. 北京:清华大学出版社,2002.

[6] 李继灿,等. 新编16/32位微型计算机原理与应用 [M]. 北京:清华大学出版社,2003.

[7] 谢瑞和,等. 微机原理与接口技术 [M]. 2 版. 北京:高等教育出版社,2007.

[8] 王忠民,王钰,王晓婕. 微型计算机原理 [M]. 2 版. 西安:西安电子科技大学出版社,2007.

[9] 牟琦,聂建萍. 微机原理与接口技术 [M]. 北京:清华大学出版社,2007.

[10] 周荷琴,吴秀清. 微型计算机原理与接口技术 [M]. 4 版. 合肥:中国科学技术大学出版社,2008.

[11] 杨素行,等. 微型计算机系统原理及应用 [M]. 3 版. 北京:清华大学出版社,2009.

[12] 洪永强,王一菊,颜黄苹. 微机原理与接口技术 [M]. 2 版. 北京:科学出版社,2009.

[13] 戴梅尊,史嘉权. 微型机原理与技术 [M]. 2 版. 北京:清华大学出版社,2009.

[14] 李继灿,谭浩强. 微机原理与接口技术 [M]. 北京:清华大学出版社,2011.

[15] 陈继红,徐晨,王春明. 微机原理及应用 [M]. 2 版. 北京:高等教育出版社,2011.

[16] 冯博琴,吴宁. 微型计算机原理与接口技术 [M]. 3 版. 北京:清华大学出版社,2011.